JN192790

天才たちのスペイン

España de los Genios

谷口江里也

TANIGUCHI Elia

未知谷

アルタミラの洞窟の天井に描かれた人類最古の絵画空間表現／アルタミラの洞窟絵画を描いた無名の画家（本文12頁）

『婦人の肖像画』グラスゴー、ポロック・ハウス美術館　1577〜79年頃 930 x 1133mm／エル・グレコ（本文57〜8頁）

『受胎告知（Anunciación）』プラド美術館／エル・グレコ（本文59頁）

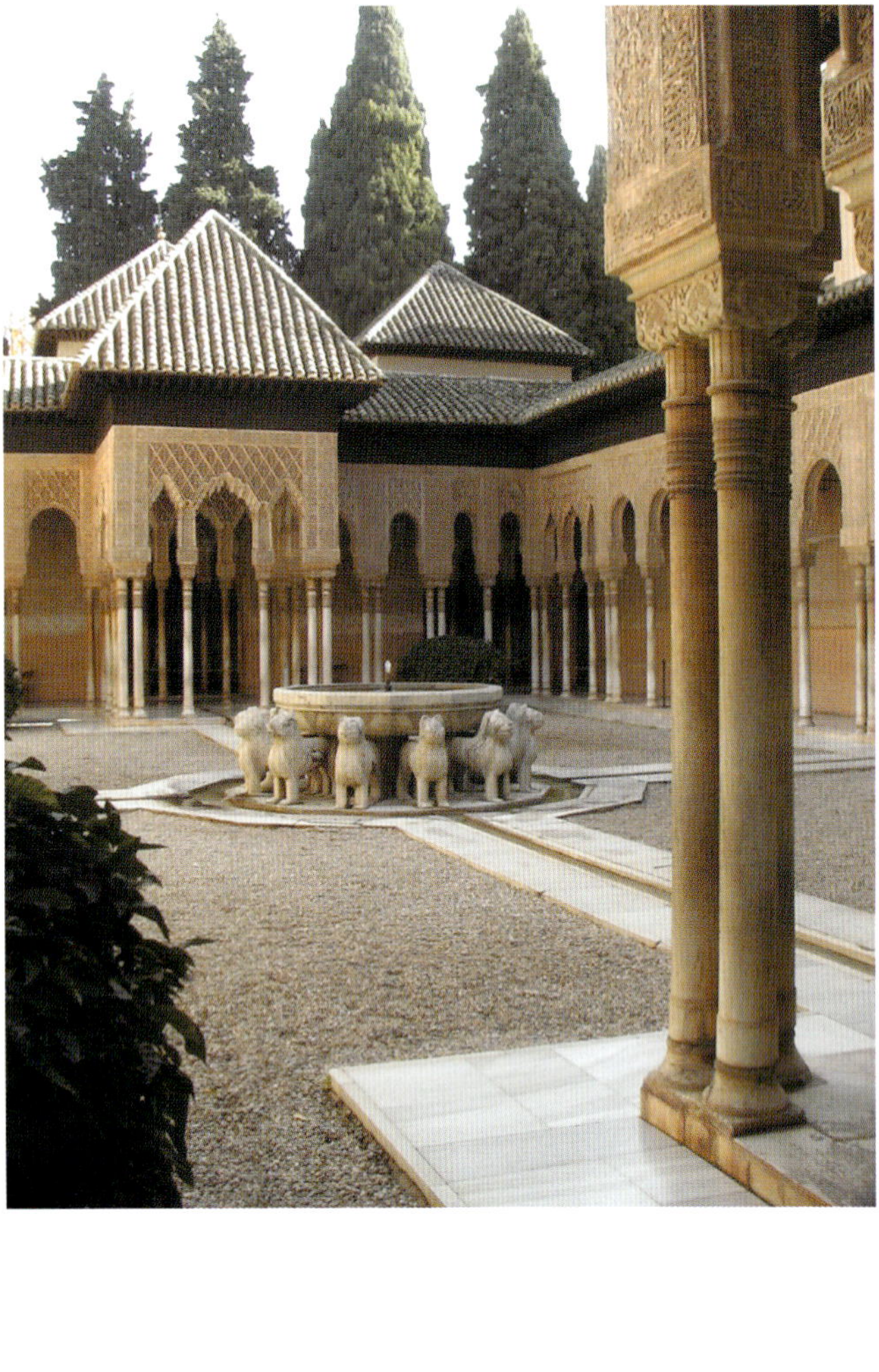

ライオンのパティオ　photo by Toshiaki Tange／ラ・アランブラを構想し、造り、護った人々（本文40頁）

『ラス・メニーナス（Las meninas）』1656〜57年制作　318 x 276cm　プラド美術館／ディエゴ・ベラスケス（本文130頁）

サグラダファミリアとバルセロナの街区　Photo by Toshiaki Tange／アントニ・ガウディ（本文二一七頁）

ガウディが設計した共同住宅カサ・ミラ　photo by Toshiaki Tange／アントニ・ガウディ（本文206頁）

はじめに

スペインの面白さは、突如、世界の文化に多大な影響を及ぼすような天才たちを生みだすことだ。どうしてなのかは分からない。ただ、豊かな自然と、そこに幾重にも折り重なった多様な文化や歴史、そこで育まれた強烈な文化的風土が、そのことと強く関係していることは確かだ。

ユーラシア大陸の西南端に位置しながら、ピレネー山脈によってヨーロッパの他の国々と一線を画し、アフリカと向かい合うかのようにしてあるスペイン。地中海と大西洋に接するイベリア半島の大地を、ケルト、ゴート、フェニキア、カルタゴ、ギリシャ、ローマ、ルネサンス、イスラム、ゴシック、バロック、フランス革命、モダニズム、ファシズムなど、幾多の民族や時代や文化の風が吹き抜け、それらの痕跡をいたるところに遺し、それらが混在することによって、スペインという、独特の文化的風土と、そこでしたたかに日々を生きるスペイン人の気質が育まれた。

あらゆることがすでに三千回起きてしまったために、何が起きても動じないと言われるスペイン人。なのに、瑣末なことで口角泡を飛ばして議論をすることに熱中するスペイン人。スペインとは、そういう国があるのではなく、四千五百万人のばらばらなスペイン人の総称に過ぎないと言われるスペイン。にもかかわらず、スペイン的としか言いようのない、他のどこの国とも違う強烈な気質のようなものを誰もが持つスペイン。道を尋ねれば、そこに居た全員が、競って別の方向を指さすとまで言われるスペイン。

そこでは画家であれ詩人であれ建築家であれ、アーティストたちは傑出しなければ生きていけない。というより、全てを圧倒するほどの人間力と豊饒な創造力がなければアーティストになどなれない。スペインではアートは、太陽の光やオリーブオイルや会話と同じように、どこにも溢れているけれども、それがなければ生きて行けないことを誰もがあたりまえのように知る、天の恵だからだ。だからスペインでは、天才たちが生みだした美、絵や音楽や文学や建築は、個別のジャンルや個性の枠を平然と超えて、人間の本質的な何かと呼応する社会的な景色のなかに、あるいは、私たちの日々の生活を彩り育む空間と共に生き続ける。

この本は、スペインの文化的風土と時空が生みだした天才たちと、彼らが創り出した美意識と作品、そしてそれらをとりまくさまざまな理想《ヴィジョン》を巡る対話です。

天才たちのスペイン

目次

Indice

天才たちのスペイン

España de los Genios

El Pintor Desconocido de la Cueva de Altamira

1　アルタミラの洞窟絵画を描いた無名の画家

空間創造において
絵画が持つ力を自覚し
それを効果的に用いた最初の天才

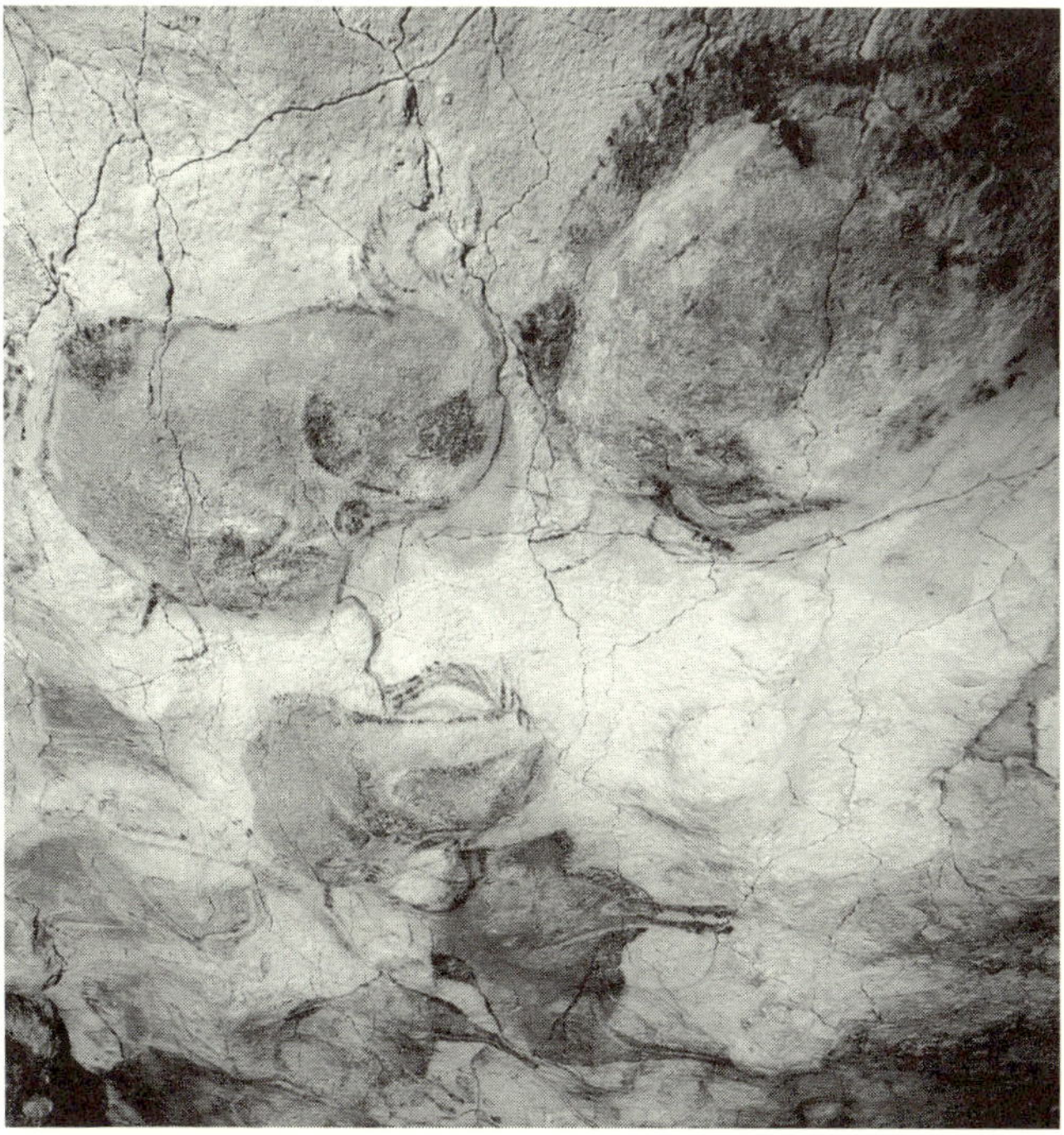

スペイン北部の大西洋岸の街サンティジャーナ・デル・マールの近郊にある洞窟に遺された、二万年ほど前の、石器時代に描かれた、世界最古の絵画の一つ。

一八七九年に偶然発見されたが、保存状態が非常に良く、炭と赤い顔料などを用いて、牛などの動物の姿が鮮明に活き活きと描かれている（口絵一頁）。近くにはほかに、一七の洞窟絵画が発見されており、現在それらと一緒に世界遺産に登録されている。

石器時代の洞窟絵画としては、ほかにもフランスのラスコーの壁画などがあるが、アルタミラの絵は、同じ筆触《タッチ》を持った絵が多くあり、ピカソが絶讃したほどすぐれた描写力に支えられたそれらの主要な絵の多くが、同じ人物によって描かれたのではないかと考えられている。

そこに最も多く描かれている牛は、後に家畜化する水牛や乳牛などの種とは違い、かつてイベリア半島に多く生息していながら絶滅したといわれている、大きくて鋭い角と激しい気性を持ち、闘争心が極めて高いアフリカ系の野牛と考えられる。

現在のスペインの闘牛に登場する勇壮な牡牛《トロブラボー》はその血統を最も良く伝える子孫だとされていて、アルタミラ洞窟に描かれている牛の姿は、その角の形や体形などが、トロブラボーによく似ている。

中東から南部ヨーロッパの広い地域では、古代から、牡牛が豊饒な自然や力の象徴として信仰の対象となっていた。スペインの闘牛は、それが最もダイレクトに、かつ洗練された形で受け継がれたもので、絵が描かれたアルタミラの洞窟も、何らかの信仰的な行事や儀式などが行なわれる、特別な場所だったのではないかとも考えられている。なおアルタミラ（Altamira）というスペイン語には、上を見よ、という意味の響きがある。

アルタミラの洞窟に絵を描いた無名の画家

アルタミラの洞窟絵画は、さまざまな文化的な知恵や技が、今日のようには蓄積されていなかった太古の昔、二万年も前の石器時代を生きていた私たちの遠い祖先が、意識的に描いた人類最古の絵画である。

それは、自然の洞窟を自分たちの居場所として利用することを覚えた人たちの中に、絵という、言葉や音楽や建築と共に、人間が発明した最も人間的な幻想共有媒体《メディア》の持つ不思議な力を駆使して、自然がつくり出したありふれた洞窟の一つを、唯一無二の、その洞窟を用いる人々のための特別な空間に変化させ得ることを知った天才がいたことの、一つの確かな証《あかし》にほかならない。

牛であれ馬であれ、立体的な形や命をもつものを、絵として平面的に描き、そうして描かれた絵や図象を見た人が、それを介して心のなかで、再び実体としての牛や馬を想い描けることを、人間がいつから自覚し、その働きを知り、絵を、人と人の想いをつなげる幻想共有媒体として用いることができるようになったのかは分からない。

アルタミラの洞窟に描かれた牡牛の絵

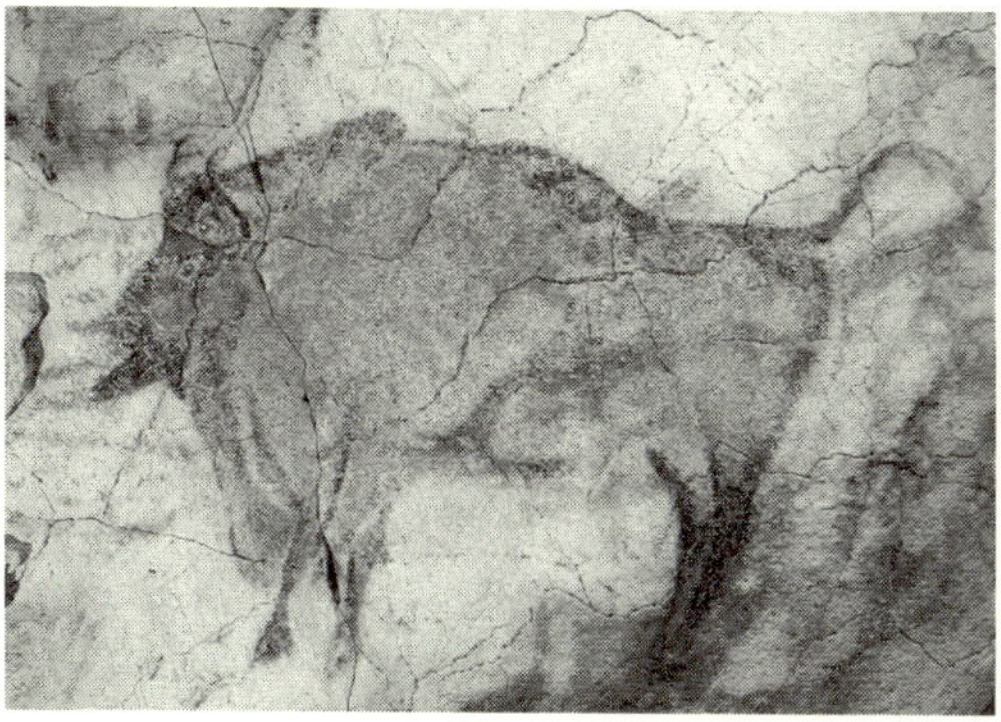

しかしアルタミラ洞窟絵画は、不思議なことに太古の昔にすでに、人が絵という、人の手によって創りだされた、自然界にはない画像が持つ魔法のような働きを知って、明らかにその力を意識的に用いた誰かが確かにいたことを私たちに実感させる。

私が強い興味を覚えるのは、その絵が洞窟という、その場所を用いた人々にとって、おそらくは重要な場所であった空間に描かれていたということ。別の言い方をすれば、絵が、その洞窟を特別な場所にする上で、極めて重要な働きをしていたのではないかということだ。

その洞窟が具体的に何のためのものであったかについては、もはや分かりようがない。ただ、鋭い牙や硬い皮膚や、敵の身体を引き裂く爪も、一撃で相手を倒すほどの力も持たないけれど、寄り集まり、力を合わせる事で生き延びてきた私たちの祖先にとって洞窟は、身を隠し、あるいは獣などに襲われる恐怖から少しでも逃れて眠るためには、少なくとも野原や森などの野外よりはずっと安全な、自然のなかから彼らが発見し居場所と定めた、自分たちのための空間だったはずだ。

そこにみんなで棲《す》んでいたのか、あるいは出産をしたり、何か特別なことをするための場所だったのかについても、今となっては分からない。もしかしたらそこで、プリミティヴな歌のようなものが歌われたこともあったかもしれない。

興味深いのは、ある時、何もなければ単に真っ暗な空間に、誰かが、おそらくは松明《たいまつ》か何かに灯を点して、その光をたよりに、わざわざ天井に絵を描いたこと。そうしてその洞窟が、絵が描かれたことによって、ほかとは異なる、特異性を持った場所になったということだ。

象徴的に言えば、この瞬間から人間は、物理的なものとしてある空間や時間だけではなく、昨日や明日、記憶や願望を含めたイマージナティヴな世界と共に生きる存在に、つまり人間的な『時空』を生きる存在になったということだ。


やがて時を経て人間は、建築や、それらを集合させた街や道を創り、そこで大勢の人が共に暮らしを営むためのルールを創るようになっていく。アルタミラの洞窟絵画は、人がそのようにして協働生活を営む社会的な存在になっていく、その一つの重要な始まりを表している。

洞窟の闇のなかで松明などの火を点した途端に、天井にぼんやりと現れ、より近くに炎をかざせば、突然、鮮やかな姿で躍動する牛たちの姿は、それを目にした人々に、今日の映画にも勝る、幻想的な感動や臨場感をもたらしたにちがいない。つまりそこに生まれたのは、ある種の劇場的な空間であり、絵を描いた人は、その演出家、あるいはそのような存在の人と意を共有するアーティスト的な人だったと考えられる。

誰かがたまたま落書きをしたというようなレベルを遥かに超えたアルタミラ洞窟絵画には、描写力や画題《テーマ》に一貫性や統一性があり、空間的な調和のようなものも感じられる。そこには、洞窟の岩の凹凸を利用して描いた立体的な動物の頭部さえある。つまりそれは、意識的に、あるいは意図的に描かれたということであって、だからこそ、それを目にする者の心に、さまざまな想いや興味を喚起する。

そこに絵と、そして絵と一体になった空間がつくりだす力の不思議さがある。アルタミラの洞窟絵画は、そうした人間的な創造力がいかんなく発揮された、人類最古の天才の技芸《アート》と意図《ヴィジョン》の証《あかし》だ。

ところで、建築デザインなどでよく用いられる、いわゆるインテリアという言葉には内部《インテリオール》という意味があり、それを施された空間が、それ以外の全ての外部《エクステリオール》とは異なる、個有の空間であることを表す。

人が人になっていく過程《プロセス》には、火や石器などの道具が大きく関与したが、それにも増して大きな影響を人間に及ぼしたものに、言葉や音楽や絵や建築などの、人が他者と想いを共有し、そして互いに想像力を刺激しあう、対話《コミュニケーション》のための手段、すなわち幻想共有媒体《メディア》がある。

これらのメディアは文字どおり、自分と他者、あるいは自分ともう一人の自分との中間《メディオ》にあって、意思や想いをつなげたり、それらを仲介したり喚起したりする働きをする。

言葉は、どんなにプリミティヴな、たとえば「お腹が空いた」というような言葉であったとしても、その言葉が発せられた瞬間に、お腹を空かせている人がそこに居ることを表す。その言葉を聞いた人は、何も言われなければそうは思わないかもしれないけれども、その言葉によって、その言葉を発した人が幼児であれ、道端で倒れている人であれ、そこに、お腹を空かせた人がいるのだということを知る。

それに対してどうするかは別にして、誰でも空腹を感じたことはあるので、そのことを想い出したり、相手のことを思いやったり、さまざまなことを、その言葉をきっかけにして思い浮かべ、行動を起こしたりする。

また文字に書き記された言葉は、たとえそれを書いた人が死んでしまったとしてもなお、過去のある一瞬に、そこに書き記されているような想いや意思や物語を抱いていた人がいたことを、つまりそのような幻想的な空間が、誰かの中に存在していたことを表し続ける。

さらには、言葉でなされた恋人同士の約束は、あるいは書き記された憲法や法律は、言葉によって、ある特定の営みやことがらを保障したり、促進したり、制限したりする。

それらはいつでもどこでも、要するに、空間や時間を超えて、普段はそれほど意識されることはなくても、しかし、ある領域を超えようとした場合に、その言葉が意味する、目には見えない柔らかな壁のようなものが囲い込んでいる時空の中に、人を、押しとどめようとする。

つまりそれらは、私たちが暮らしている時空という不思議な空間を、言葉によって構成し、その内と外とを区切る透明な壁の働きをする。

絵もまた、それが描かれた瞬間から、そのように描かれるべき何かが、誰かの心のなかである瞬間、確かに存在していたことの証であり続ける。

小さな娘が描いたお父さんやお母さんの絵は、たとえ幼稚であっても、その子がそれを描こうとしたことの証にほかならない。だからこそ、仕事から帰ってきた父親がそれを見て、頬をゆるませたりもする。

つまり絵によって、絵を描いた人とそれを見る人の間に、何らかのかたちで想いが共有されるという状態が生まれる。


演奏が終われば消えてしまう音楽もまた、実に不思議な幻想共有媒体《メディア》であって、演奏されている間は、その音が聞こえる範囲の時空を緩やかに包み込む。

もちろんだからといって、それを聞いている人たちが、同じ想いや感情を共有するとはかぎらない。音を聴きながら人はそれぞれ勝手に、さまざまな感情や想いを抱く。演奏とは別のことを考えている人だっているだろう。それでも音楽は、それが流れている間、その時空を、その音楽の色合《トーン》いや雰囲気《ムード》で染める。

そして、音が消えても、その場所を離れてもなお、そのような音楽が流れていた時空の印象とその記憶は、それぞれの人の心のなかに、いつまでも残る。それが感動的であった場合はなおさらだ。

昔流行った歌が流れてきた途端、その歌を聞いていた時代や、その頃つきあっていた仲間たちや別れた恋人の表情などが、たちまち蘇ってもくる。

つまり音楽には、それぞれ個有の幻想的な空間性《イマージナティヴ》があり、その把握のされ方は、人によってさまざまだけれども、その空間性は、それと触れあった人たちのなかで、何らかのかたちで共有され得る。

もちろん建築もそうだ。建築はハードな壁や床や天井などによって空間が構成されているために、一般的には、形や大きさや空間の配置や機能などの現実的な側面に目を奪われがちだけれども、建築もまた、自然がつくりだした空間とは違い、人が身の回りの材料を使って人の手で、自分たちの営みのための居場所として人工的に構築し始めた幻想共有媒体にほかならない。たとえば住宅は、それが家族という共同体のための場所であることを暗黙のうちに物語り、その象徴ともなる。学校や仕事が終わって家に帰る人は、具体的には建築のある場所を目指して電車に乗ったり道を歩いたりするけれども、目指しているのは実は、家や家族という、現実的であると同時に、幻想的な共同体にほかならない。

エンパイアステートビルや、シドニーのオペラハウスや、東京タワーやルーブル美術館なども また、一つの場所に建つ一個の建築ではあるけれども、同時に、それぞれ何かを象徴する幻想共有媒体でもある。ルーブルに行く人は、主にそこに展示されている絵画や彫刻などの芸術や文化を観に行くのであって、ルーブル宮殿そのものを観に行くのではない。

つまり建築は、一つの場所に現実的な建造物として建ってはいるけれども、同時に幻想的な《イマージナティヴ》空間として、それを知る人々の心のなかにもあって、その人がそこへ行くことを待ち続けている空間でもある。

何かの象徴として有名な建築、たとえば伊勢神宮なども、その建築に実際に入ったことがなくても、実際に見たことがなくても、そこに行きたい多くの人の心のなかで、それぞれのイメージと共に存在し続ける。

しかも、友人の家であれホテルであれ、どこかの会社の応接室であれ、ある建築を訪れた人が、そこを出た後に記憶するのは、その外観の一部や、入った部屋の印象にほかならない。たとえ正面玄関しか見ていなくても、無数にある部屋の、たった一つの部屋としか触れ合っていなかったとしても、その人にとっては、そこで受けた空間の印象こそがその建築であって、その印象をもとに、誰かとその建築について話すこともできれば、こんど創る別荘に、そのような印象を付与することはできないだろうかと考えたりすることもできる。

重要なのは、人が言葉を発したとき、そして発せられた言葉を受け取ったとき、絵を描いた時、そしてそれを見た時、あるいは音楽や建築と触れ合ったとき、触れ合った人々の心のなかに、イマージナティヴで人間的な空間性が生まれるということだ。

そこでは、言葉や音楽や絵や建築というメディアを介して、イメージや意味や意思や想いといった、あやふやだけれども確かにあると実感できる、極めて人間的な、幻想空間が存在し始める。

そしてその幻想空間は、何らかの共有性を持っているために、人の心のなか、あるいは頭のなかで、それを巡る対話を可能にする。もちろん対話は、二人の人のあいだでも、大勢の人たちのあいだでも、また自分という、たった一人の人間の心の中でも成立しうる。どちらかといえば、自分自身との対話の方が、他者との対話より多いくらいだ。人は常に、過去の記憶や不可視の未来に生きる自分を含めた、もう一人の自分と対話をする。

またその記憶は、それが印象的なものであればあるほど、共有空間と共にある自分の残像のようなものとして、自分自身の中のどこかに、いつまでも残る。そしてなにかの拍子に、その時の匂いや痛みや喜びや肌触りや声と共に、蘇ってくる。

さて、アルタミラの洞窟絵画に話をもどせば、当時その洞窟を利用していた人たちは、洞窟の天井に描かれた牛の絵をはじめて見たとき、あるいはそれを見るたびに、それぞれさまざまな想いを持ったにちがいない。

ある人は、何日か前にみんなで仕留めて食べた肉の美味しさを思い出したかもしれないし、またある人は、狩りをした際に、牛の鋭い角で足を突かれたときの痛みを思い出したかもしれない。

絵を描いた人も、人々が絵に見入る様子を見て、上手く描けたなと満足の笑みを浮かべたかもしれないし、全体のバランスなどを見て、もう少し角を大きく鋭く描けば良かったかな、よし今度はあそこの隅にこういう姿の牛を描こうなどと思ったりしたかもしれない。

また実際には、そのあたりにはそのような牛はいなくて、牛の絵は、絵を描いた人が、その場所から遠く離れた場所で牛を目にして、このような動物がいたということを伝えるために、その絵を描いたということも考えられる。

絵という幻想共有媒体《メディア》を手にしていた頃には、人はすでにプリミティヴであれなんであれ、言葉というメディアも用いていただろう。

牛の絵を描いた人は、何度も仲間に言葉で牛のことを説明したけれども、牛を見たことがない人には上手く伝えられず、本当なんだということを伝えたくて絵を描いたのかもしれない。描き方や、色の出し方などについては、それなりに試行錯誤もしただろう。

あるいは、みんなで寒さに凍え、飢えに耐えながら、暖かで食べ物がたくさんある場所を夢見たり、牡牛が持つ豊饒な力を少しでも自分たちも得たいと考え、みんなでその絵を見て、祈りにも近い気持を共に抱いたり、自分たちの居場所を、強い牡牛たちが護ってくれることを願ったりしたのかもしれない。

実際にその洞窟がなんのための空間であり、そのために絵がどのような働きをしていたのかというようなことの一切は、遠く遥かな時空の彼方にあって、もはや分かりようがない。

ただ、どちらにしてもそこでは人々が、その絵によって何かを喚起され、洞窟の中の絵が触発する不思議な幻想空間を、何らかのかたちで共有しただろう。つまり絵や空間には、人間の創造力を刺激すると同時に、人々の間に幻想的な共有空間をつくり出して、個性や社会性を醸成する力もある。

たとえば、牛と闘ったときに恐怖を感じた人が、「恐かったね」と言うのを聞いて、もう一人の、狩りには参加しなかったけれども、獲れた獲物をみんなで食べて、おいしかったことを思い出した人が、「どうして？　みんな喜んでたじゃない」と言った時、そこで絵を介して、もう一つの対話が起きる。つまり、象徴的な言い方をすれば、そこから自他という概念、つまり、自分と他人との違和や、同じ想いを共有する者どうしの仲間意識などが息づき始める。どちらにしてもそれは、人の想像力や表現力や社会性の発達を促す。


長い長い歴史を通じて、人は力を寄せ合い、自分たちのためのさまざまな居場所を創ることで生き延び、生活を共にする仲間であることを居場所を介して確認しあいながら生きてきた。たとえば洞窟のなかで、その洞窟を誰がいつ発見したか、そのとき何があったか、そこでこれまでどんなことがなされてきたかなどを語り合い、親しみを育み、あるいは想いを共にして苦難に耐えながら、過去と明日の間にある、今という特別な時間を過ごしもしただろう。

大切なのはそのとき、言葉や絵や音楽や創られた空間が、人が思いを共にし、想いをつなげ、物語をつむぎ、哀しみを癒し、喜びを育み、自然に対する畏れを語り、あるいは明日への元気を養ったりするために、つまりは人が人になっていくために、大きな働きをしたということだ。

言葉も絵も音楽も建築も、本来、別個にあるようなものではなく、全てが重なり合い溶けあい関係し合いながら、総体として人々の想いを育み、あるいはそこから何かを喚起し、自分たちのための時空を創り、そうして創りあげた個有の文化ともいうべき共有幻想を未来につなげて行くための、極めて人間的な幻想共有媒体《メディア》としての働きをする

その後、時を経て、大きな街や文明や文化が生まれ、絵も言葉も音楽も建築も、まるで別個のものであるかのようにジャンル分けされ、それぞれ独立した芸術となったり、芸術と工芸とが分けられたり、特に近代に入ってからは、あらゆることが細分化され分業化され専門化されてしまった。

しかし、人間にとっての時空の豊かさは、もともと、それらのすべてが一体となって醸し出されるものだ。その働きの初源の姿を今にとどめて、今もなお見る人に、さまざまな想いを喚起するアルタミラの洞窟絵画を擁した空間は、人間の想像力が生みだす時空が持つ無限の豊かさや、その可能性をあらためて感じさせる確かな力を持っている。それと同時に、絵というメディアが持つ力を自覚し、それを意識的に空間創造に用いた最初の天才の一人が、そこに確かにいたことを実感させる。

面白いのは、この近辺には、数千にも上る、人が用いたと考えられる洞窟があり、そこには、現在発見されているだけでも、十七もの、絵が描かれた洞窟があることだ。

それらのどれが先か、などということはそれほど重要ではない。大切なのは、洞窟に絵が描かれることによって、そこが特別な空間へとダイナミックに変化したこと。その成果に触れ、

その不思議な豊かさに感化されて、同じように、その働きを活かした空間を創り始めた人たちが現れたということだ。

これは個有の文化というものが、どのようにして始まり、そしてどのように伝播していくかということを自ずと表してもいる。

●アルタミラの洞窟壁画へは、サンタンデールから電車で四十分ほどのサンティジャーナ・デル・マールで下車。現在は博物館になっているが、オリジナルの見学は制限されていて極めて難しい。現地に再現されたレプリカがあり、マドリッドの国立考古学博物館の地下にも、洞窟の一部を精巧に再現した展示室がある。

La Gente que Soñó, Construyó y Perservó La Alhambra

2　ラ・アランブラを構想し、造り、護った人々

人間の、美を夢想し
それをこの世に現出させることに
労を惜しまない特性が創り出した天与の空間

アルバイシンの丘から望むラ・アランブラ　phoyo by Toshiaki Tange

ラ・アランブラ（通称アルハンブラ宮殿）は、スペイン南部のアンダルシア地方の都市グラナダの丘に、ムスリムたちによって、九世紀にはすでに砦や邸宅が築かれ始めたが、主にナサリ王朝期（一二三八～一四九二）、王《スルタン》の居城として本格的に建設が始められ、特に十四世紀を中心に増築、改築を重ねて創られた、宮殿や庭や砦や塔などのさまざまな表情を見事に融合させた複合建築空間。

イスラム教を信奉するムスリムがイベリア半島南部に進出し始めたのは八世紀初頭だが、その後、一気に勢力を広げ、たちまちのうちにイベリア半島全域を制圧し、やがてウマイア王朝が栄華を誇る。

この時期のウマイア王朝は、灌漑や建築や工芸などを含めた技術力が総合的に極めて高く、芸術や学問などの文化を大いに振興させたため、独自のアル・アンダルース文化（アンダルシア化されたアラビア文化）が華開き、その都であったコルドバは、当時のヨーロッパ最大の文化都市として栄華を誇った。

しかし十一世紀に入ると、キリスト教圏の巻き返し、いわゆるレコンキスタが勢いを増し、十一世紀の後半にはトレドが、そして十二世紀の前半にはコルドバとセビージャが相次いで陥落し、ムスリムの勢力圏は、グラナダを中心とする南アンダルシアのみとなった。

ラ・アランブラは、その最後の王朝が、持てる文明力、文化力、構想力を結集して創り出した、中東から遠く離れたイベリア半島に華開いた一つの王朝の美意識のエッセンスであり、ムスリムが来世に夢見る天国をこの世に出現させたような空間だった。

ナサリ王朝はしかし一四九二年、コロンブスが新大陸を発見した年に、イザベルとフェルナンドのカトリック両王率いるスペイン王国によってグラナダが陥落させられたことによって終わり、八百年ものあいだ続いたレコンキスタも幕を下ろす。文化が、多様で異質な文化の衝突と融合によって飛躍し成熟するものだとすれば、ラ・アランブラはその最良の証でもある。

ラ・アランブラという奇蹟　アランブラを構想し、創り、遺した人々

外から見れば堅固な城壁に囲まれた城塞だが、いったん中に入れば、明るい光と水と緑。そしてこの世のものとは想えないほどの、けれど同時に、何よりも人のためにこそあると想える美しい空間。優しく吹き過ぎる風。

そこに建てられたのではなく、まるでその場所に、空から舞い降りてきたかのような軽やかな空間と緑が連なるラ・アランブラ。そこに水音と共に静かに流れる時と触れ合った後、去り難い気持を抱えたまま、陽が落ちる頃、谷間を挟んだ向い側の斜面の、アルバイシンの丘から谷間の向うに建つ、夕陽で赤く染まったラ・アランブラを眺めれば、そこに漂うのは至福の時間。心のなかに自ずと溢れるさまざまな想い。静かな安らぎ。そしてどこまでも高い空のような、哀しみ。

遠く遥かな昔、同じように、その小高い丘を眺めながら、何もなかったその丘に、地上の楽園のような空間を建設することを夢想し、その実現にとりかかった一人の天才がいたことが、そして、やがて少しずつ姿を現してきたその構想を、自らの夢として引き継いだ天才たちがい

アラネアスのパティオ　photo by Toshiaki Tange

たことが、さらには、それを具体的に実現するために精魂を傾けた、無数の天才職人たちがいたことが、その気配までもが実感されて胸を打つ。

その天才が、たまたま王や宰相であったということは、現に遺された素晴らしい空間の前では瑣末なことに想われてくる。また、無数の職人たちが、所詮は王に命令されて奴隷のように強制的に働かされていただけではなかったのかといった、したり顔の雑音なども、精緻で美しい天井やモザイクや、ラ・アランブラの空間に満ちる、清逸で、明るくかすかな微笑みを湛えたような時空に触れれば、いつのまにか、消え失せてしまう。

そこでひしひしと、体に染み入るように感じられるのは、人はきっと、本質的に、美を愛する存在なのだということだ。人は、そのためにこそ生きる。それを見失うことが、何よりも哀しいことなのではないか、そしてそう思った途端、なぜかわけもなく切なくなってくる、そんな想いだ。

遠い昔、この空間が創られていた頃、少しずつでき上がっていく空間を見て、どれだけ多くの人が、何度目を細めたことだろう。

あるいは、床や、壁や、天井や、それらに用いられる大理石や木片やタイルや複雑な凹凸のある漆喰の模様を、職人が一つひとつ組み合わせていったとき、その一つの作業を終えた時に、その人の手と目と心が感じたであろう一瞬の喜び、あるいは秘かな感動。

そんな喜びや感動が、無数に積み重なり、幾重にも折り重なってラ・アランブラができたのだということが、なぜか自然に、自分自身の喜びのように感じられる不思議。

そして、遠い昔、この空間を愛し、この空間に愛された人たちが、この場所を、去らなければならなかった時が、現にあったという事実。それが、今を生きる私の心のなかの何かと、どこか深いところで、静かにささやきあうように、音のない言葉を交わし始める気がしてくる不思議。人のための場所としての、あるいは夢の住み処としての、至高の空間の、ひとつの姿がそこにある。

ラ・アランブラには王を描いた絵もなければ、聖者の姿をした彫刻もない。ゴシックの大聖堂《カテドラル》の、心身を圧するような重厚感の対極にある、繊細で軽やかな、自然と一体となった空間は、それと触れあう人々の心に、実に豊かに、多くのことを語りかけてくる、あるいは、さりげなく想いをすくいとって、かすかな水音にのせて、乾いた風の中にさらりと流す。

いたるところに水があり
いたるところに空と緑がある。
そして柔らかく光を返す壁や細い列柱につつまれた空間。
壁には人の手技で織り成された漆喰や大理石の
あるいはタイルやガラスや木片の
幾何学模様というにはあまりにも自然な
シンプルで視覚的な言葉の連なり。

そこではアンダルシアの強い光が
壁に施された模様や彫込みのなかにいったん溶け込み
薄いヴェールを通した光のように目に届く。
あるいは、なめらかな鏡のような水面に空と建築の姿を映す。

光を透すガラス。
光をかえす水。
細い列柱の向うの空間。
柔らかなアーチと

繊細なパターンを繰り返した細工を施した窓の向うに見える景色。
ラ・アランブラでは、なにもかもが
ひと呼吸を置いて発せられる賢人の言葉のように何気なく
そして豊かだ。

ラ・アランブラは明らかに
あるがままの自然よりも
人が施したしつらえと共に映る自然の方が美しいことを知っている。
硬く頑丈な壁に囲まれた空間よりも
中庭《パティオ》を抱いて、光や水や風と触れ合える空間の方が
人の心にも体にも優しいことを知っている。
建築の中にいるだけではなく
ときどきは庭に出て
あるいは木立の中を歩いて
そして再び戻ってきた時に感じる安らぎこそが
建築の本当の美しさだということを知っている。
そこにこそ人の居場所としての
建築の有り難さがあることを知っている。

ラ・アランブラは、そんな空間的な言葉に満ちている。
音のない音楽に満ちている。
なにかの拍子にすぐにでも音楽が流れ
どこからともなく言葉が聞こえてくるかのような
人間的な気配や予感に満ちている。

考えてみれば人は
空がなければ、水がなければ
草木がなければ、土がなければ
風がなければ、光がなければ
生きてこられなかった。
そして、言葉をつくらなければ
物語を創らなければ
絵を描かなければ
音楽を創らなければ
そして建築を創らなければ
人は人になれなかった。
美と共に生きる存在にはなれなかった。

よく知られているように、イスラム教では、偶像を崇拝することを禁じている。偶像というのは、たとえばキリスト教徒が教会に飾っている、十字架の上のイエス・キリストの絵や、彫像や、マリア様や、ほかにも大勢いる聖人たちの絵などのことを主に指す。

イスラム教では神は、唯一無二の存在であるアッラーのみとされていて、教祖のムハンマドも、神の言葉を預かった預言者ではあるけれども、あくまでも一人の人間であるとしていて、そんな彼らから見れば、人の子であるイエスや、母親のマリアや聖人などを、神として、あるいは神と同じように崇め、それに向かって祈るとは何事かということになる。

キリスト教もイスラム教も、もとはといえば、中東の荒れ地から生まれた、いわゆるモーセの五書を中心とする神の言葉を大切にするユダヤ教から派生した宗教で、私たちが現在、どこにいても簡単に目にすることができる旧約聖書を、共通の原典としている。

そこでは基本的に、偶像を崇拝することは禁じられている。崇めるべきは神の言葉であって、偶像などではないとされていて、神の箱には神の言葉を記した書が収められているともされる。

モーセが神の言葉が刻まれた石版を持って山から民のもとに降りてくるのはそのためだし、民が、他の宗教の偶像などを拝んでいることに激怒した神は、しばしばそのような偶像を壊しもする。

しかしそのことは、逆に、人間は何か形のある物に向かって祈る方が、信仰心を実感しやすいということを表してもいる。

キリスト教では、一般に、神《ヤウェイ》の姿を絵に描くことはたしなめられているけれども、神の子であるとされるイエスや聖人たちを描くことはさかんになされて、教会にも古くからイエスや聖人たちの絵や、新約聖書の場面などを表した絵や彫像が飾られてもいる。それらはより実感しやすいように、次第にリアルに描かれるようになり、さらによりリアルな表現が求められ、それが、ヨーロッパの絵画の表現レベルを高めることにつながりもした。

しかしイスラム教社会では、美は、全く異なる方向で追求された。イエスや聖人ばかりではなく、動物や植物をリアルに描き、それに特別の価値を与えて大切にすることもまた、一種の偶像崇拝であるとして退けられた。

キリスト教社会では、教会にも王宮にも、貴族や富豪たちの館にも、神々たちばかりではなく自分たちの姿を描いた絵が飾られ、優れた絵や、自分たちの姿をより良く描く画家はもてはやされ、その作品には、独立した価値が付与され、高値で取引されるようにもなった。

しかし、イスラム教社会では、モスクにも王宮にも、具象的なものはほとんど用いられない。そこにあるのは、抽象化され、図案化された幾何学的な連続模様や造形や、装飾を施された言葉であり、追求されたのは、それらの総体が建築空間と一体となって創り出す、ある意味ではピュアでストイックだけれども、しかし全てが精密に調和しあって織り成す豊かな空間美にほかならない。

それらを創り出したのは、無数の、無名の職人たち。傑出した技を持つとして、王の力によって、また目利きの建設担当者によって集められた彼らが、おそらくは時間や手間を度外視するかのようにして創りあげたラ・アランブラ。ある者は壁に漆喰細工を施し、ある者は精巧なタイルを敷き詰め、ある者は大理石の柱を磨き、ある者は木片を組み合わせて宇宙さえ感じさせるような天井を創り、レンガを積み、屋根を葺き、あるいは水を引いて草木を植えた。

そして、まだ実現していない、別の表情を持つ空間を想い描いたであろう、幾多の、無名の空間の構想者。

およそ十三ヘクタールの、高い城壁に囲まれた敷地の中に、やがて地上の楽園となっていくラ・アランブラは、もともとは、ローマ時代の建築の遺跡があった丘に、現在アルカサバと呼ばれ、もともとは赤い城とよばれていた城塞が建造されたのがその始まりとされている。

やがて丘には、城塞を大きく取り囲む城壁が築かれ、多くの建築や庭が創られていくが、遠い昔にその場所に、コンパクトシティとも言うべき、全てを備えた別天地とも言うべき場所を創り、そこを自らの居城とすることを決意した王《スルタン》がいたことは、今日、その夢の成果を目にすることができる私たちにとってラッキーだった。

というより、もしその夢想と決意がなかったならば、そしてその夢想を引き継いだ人々がいなければ、ラ・アランブラは存在し得なかったと思えば、全ては奇蹟のようであり、人が何かを夢想し、その実現を決意する、その瞬間の貴さと凝縮された豊かさ、そしてそれを長い歳月

光と影のなかに浮かび上がる精巧な壁細工　photo by Toshiaki Tange

をかけて実現していく気の遠くなるような時間と労苦が胸を打つ。

ラ・アランブラがある程度その姿を整え始めた頃には、城壁や、それに取り囲まれた敷地の中に、三十もの塔が建っていたといわれているが、現在ではその三分の一が、すでに崩壊している。また崩壊を免れた建築にも、スペイン王国の時代になってから、壊されたり改修されたりしたものも多く、イスラム教の礼拝時刻を告げるための詠唱が行われる塔《ミナレット》も、キリスト教の鐘楼につくり変えられたりもした。

建設が始められた頃から数えれば、数百年にも渡って建設が行なわれたラ・アランブラであってみれば、城壁のなかには、もともとは兵士たちの住居や、さまざまな建築が建てられていたと考えられるが、その多くは朽ち果てて今はない。その夢の残像が最もよく今に遺されているのは、ナサリ王朝の絶頂期の王、ユスフ一世と、その息子のムハンマド五世の時代に建てられた建築群、コマレスの塔やアラヤネスの中庭《パティオ》を擁するコマレス宮や、ライオンのパティオ（口絵四頁）を擁する、スルタンやその妻たちの住居であったとされる通称ライオン宮などだ。

それらに隣接するメスアール宮などは、名残を残すとはいえ、ラ・アランブラがスペイン王家の手に渡ってからすっかり改装されてしまっている。

それらと接してある、全体のバランスから見れば異常なほどに大きなカルロス五世の宮殿などは、その名前が示すように、イベリア半島を制覇してレコンキスタを完結させたスペイン王国が、ハプスブルグ家の神聖ローマ帝国と合体してスペイン帝国となった時の皇帝であるカルロス五世が、最後のスルタンの居城であったアランブラを別荘地として用いることを決め、アランブラの建築美に対抗するかのようにして、その中心に、これみよがしに築こうとした王宮であって、古のスルタンの夢や、ムスリムたちによるアラビア文化とアンダルシアの風土とが融合して創り出されたアル・アンダルース様式とは何の関係もない。ただ、この宮殿は建設中にカルロス五世が死去したために建設が中断され、二十世紀も半ばを過ぎて、ようやく現在の姿になった。

ラ・アランブラとは全く異なるルネサンス風の様式をとりいれているその外観も形状も、複雑な配置を持つ繊細なラ・アランブラの建築群とは全く異り、正方形の宮殿の内部に、時おり闘牛などを行うための大きな円形の広場を置いたものだ。

ただ、面白いのは、イスラム的な美意識の結晶とも言うべき空間の中心に、そんな異物のような建築を築かれてもなお、ラ・アランブラが全体として、その風格を失ってはいないことだ。カルロス五世がどんな宮殿の建設を命じたのかは分からないが、しかし実際にその建築を設計し建設したのは、建築家であり職人たちだ。そのとき、ラ・アランブラがたとえ異教徒たちの手になるものであろうとなかろうと、およそ空間というものを知るまともな建築家や職人であれば、強大な権力と領土を持つ王の命令を満足させるものを創ることを、とりあえず目指すと共に、できればなんとか、ラ・アランブラの空間と調和し、せめてそれを破壊するようなことだけは避けたいと考えたはずだ。それが建築というものを愛し、それに携わるものの本能だ。

だからこそ、ローマ風の円柱が建ち並ぶ広場を、四角い建築の内部に、秘めるようにして収納する建築にしたのだと私は思う。しかもそこには、ラ・アランブラのほかの建築が擁する中《パテ》庭《イオ》の印象に通じるものを目指した気配のようなものさえある。設計をしたのが、わざわざイタリアに留学までして建築を学んだ建築家であってみれば、彼が苦慮し、可能な限りの配慮をしたことは想像に難くない。

ましてやそれを実際につくりあげる職人たちのなかには、たとえグラナダの街の主が変わろうが変わるまいが、昔からグラナダに住んで、石を刻み、レンガを積んできた熟練工たちも多くいただろう。実際にラ・アランブラの建設や修復や庭の手入れに関った者たちや、その子孫だっていただろう。

大きく、全く異質ではあるけれども、しかしそれゆえに周囲に気を使って、なんとなく息をひそめ、周囲から無視されることをむしろ望んでいるかのようなカルロス五世の宮殿の佇まいを見ていると、私には、その建設に携わった現場の職人たちの溜息が聞こえてくるような、あるいは、誰に何を言われようが、石の色や形状や仕上げを、自分の判断で平然と選び、黙々と積みかさねる職人たちの表情が目に見えるような気がする。

考えてみれば、それがスペインのしたたかさ。さまざまな文化が幾重にも折り重なったスペインの文化的風土の強さ、あるいは奥深さ。スペインでは傑出して圧倒的な、時代や文化のタガなど軽く超えるほどの力を感じさせるものしか美として認知されない。そこそこのものなど、周りにうんざりするほどあるからだ。

ラ・アランブラの敷地には、古代ローマの遺跡が残されているが、スペインのほかの都市にあるゴシックの大聖堂なども、古代の礎石の上に建てられていたりしているものが多くある。

スペインでは、どこを掘っても遺跡が現れる。あるいは街のいたるところに、さまざまな時代のさまざまな痕跡があり、全てが混在しながらあたりまえのようにその存在を主張している。

アルタミラの洞窟絵画を生み出した石器時代に始まり、イベリア半島全域には古くから多くの人が居住していたが、その豊かな大地の上を、ゴート、フェニキア、カルタゴ、ギリシャ、ローマ、イスラム、ゴシック、ルネサンス、バロック、モダニズム、そして現代と、無数の時代の風が吹き過ぎ、さまざまな文明や文化が、いたるところにその痕跡を残した。

しかもスペインは、コロンブスを大航海に送りだして新大陸を発見して以来、七つの海を支配するスペイン帝国として栄え、新大陸からもたらされたスペインの富がヨーロッパの経済全体の活性化を支えるほどの世界の覇者であったという過去さえ持っている。

世界の海とスペインとを繋いだ港であったセビージャを擁するアンダルシア地方は、スペイン帝国時代に隆盛を極めた場所となったが、それ以前にすでに、北アフリカや、イスラム圏の文明や文化がイベリア半島に入り込む入り口でもあったため、先進的な文化と豊かさを誇る地域となっていた。

スペインの南部の地中海側にあるムルシアなどでも、九世紀頃から、グラナダと同じようにアル・アンダルース文化が栄え、彼らがもたらした灌漑の技術によって、さらに豊饒な場所になったが、街の下には、ほとんど全域にわたって、古代カルタゴの都市が眠っている。

アル・アンダルース文化の中心都市であり、当時、世界最先端の文化都市でもあったコルドバには、有名なメスキータがあるが、それは八世紀から十世紀にわたって建造されたイスラム教のモスクであり、レコンキスタ後も、それが壊されずにそのまま遺されてカトリックの大聖堂として用いられている。

それは、美というものの力を示していると同時に、この地の人々が、いかに美に親しみ美を敬愛し、それを評価する能力を備えていたかを表してもいる。

またコルドバには、メスキータに隣接してユダヤ人街や彼らのための礼拝堂《シナゴーグ》があることは、いたるところからアーティストや職人や賢者や科学者を集めたといわれている当時のコルドバの文化的風土が、多様性と文化的包容力に富んでいたことを表してもいる。

決して堅牢な造りではないラ・アランブラが、多くの部分が朽ちてしまったとはいえ、今なお当時の姿をとどめていることは、ほとんど奇蹟的なことだが、そのことも、傑出した美に対するスペイン人たちの愛情や熱意や誇りと、どこかで確かにつながっていると思える。


言うまでもないことだが、文化の変遷は、急に起きるものではない。ローマとの闘いに敗れて、カルタゴの街の全体が一気に破壊されたり燃やされたりしたこともなくはないが、多くは緩やかに移り変わる。

文化の表層などを列記したに過ぎない歴史の教科書などを読めば、たとえば、キリスト教徒とイスラム教徒との抗争とされるレコンキスタは、まるで宗教の異なる異人種による戦争の連続のように見える。

しかしレコンキスタは、イベリア半島全域を統治下に置いたイスラム勢力に対して、キリスト教徒たちが反撃を開始してから、ナサリ王朝の最後の王《スルタン》がラ・アランブラを明け渡すまでの間に、なんと八百年もの、気の遠くなるような歳月が横たわっている。

当然のことながら、その間ずっと両者が戦争をしていたというわけではない。また、そこらじゅうで戦争が行われていたというわけでもない。

こうした勢力争いによる戦争で重要なのは、たまに集中的に行われる象徴的《シンボリック》な拠点の奪い合いであって、何も広大なイベリア半島全域で、大軍と大軍が向かいあったわけでもなければ、勝ったり負けたりするごとに敵方を皆殺しにしたわけでもない。そんなことをしていては、あっという間に兵糧も兵力も財力も尽きて共倒れになってしまう。

こうした戦争は今日から見れば、小隊と小隊との小競り合いのようなものであって、王にとって大切なのは、どれだけ損害を少なくして領土を広げるか、そのためには、どこをどのように攻めれば最も効果的かということを考え、相手がこちらの存在を忘れた頃に、長い間に貯め込んだ力を、ここぞとばかりに一気に展開することにほかならない。

もちろんその間もずっと、農夫は畑を耕しオリーブやオレンジやナツメヤシの木を育て、ワインをつくり、あるいは牧童は羊を飼ってチーズをつくった。パン屋も肉屋も毎日パンや肉を売り、鍛冶屋や大工は、道具をつくったり家を建てたり壁を塗ったり城壁を修復したりした。そんな営みがあってこその村や街や国であって、そんな日常は基本的に、王さまたちの争いとは、ほとんど無縁だ。

たまに、まるで嵐がやってきたかのように、騎馬に乗り槍を持った連中が村を通って食料を調達したりしたことも、それよりちょっと大きな嵐のような戦も、あるにはあっただろうけれども、実際にはごく稀だ。

それが八百年のレコンキスタの実態にほかならない。人類史で最も愚かだった二十世紀の大戦争などとは、規模も次元も作法もまるで違う。

どんな王にとっても、街や農地や農民や職人は宝であり資本であって、領民の人気を失ってしまえば王は、もはや領土を治められない。職業軍人ならばともかく、民が望むのは家族や仲間との平穏な豊かで楽しい、少なくとも家族を飢えさせることのない暮らしであって、王がどんな神さまを信じているかなどではない。

だから王たちは精一杯、その権威と沽券にかけて農地や道を整備し、街を美しくしようとする。大聖堂や宮殿をつくり、あるいはモスクや王宮をつくってその美しさや壮麗さや荘厳さなどを競い合う。

要は、どちらがちゃんと食べさせてくれそうか、どちらが長い間、街に平安をもたらしてくれそうか、そして、どちらがかっこいいか、そんな民の気分が、周り回って勝負を決める。

別の言い方をすれば、王であれ権力者であれ富豪であれ、その力を、豊かな農地や街の快適さ、あるいはどこにも無いような、至高の美を創り出すことに活かしてこそ意味があり、またそこにこそ、力を有するものの喜びもある。それをしなければ、ただの守銭奴であり、暴君でしかない。

スペインでは人々は、うんざりするほど、盟主の移り変わりを見てきた。同時に、街や建築の創り方の違い、つまりは文化の移り変わりを見てきた。

ローマがつくった巨大な建造物、貴重な水を重視するイスラムの農法や建築や工芸技術、フェニキアの航海技術、そうした多様な文化が混ざりに混ざって、スペイン、あるいはイベリア半島の文化的風土の独自性をかたちづくってきた。

それは具体的には、街並みや家のつくりの中に、あるいは、言葉や食事や音楽や習慣や、それらの全てを混ぜ合わせたなかで育まれた美意識や価値観や気質となって、彼らの日常の暮らしそのものの中にある。

何百年にわたって、入れ替わり立ち替わり、ラ・アランブラの建設に携わった無数の職人たちは、その仕事だけをしたわけではない、タイル仕事に携わった職人も、左官や大工や石工や、パティオの噴水を手がけた職人たちも、一つの仕事が終われば、村や街に戻り、あるいは仕事を探してほかの街に行き、生きるために、同じような仕事を続けただろう。

ラ・アランブラのような職人技の極地を要求されるような現場をこなしたほどの腕の持ち主であれば、その腕前を発揮する場はほかにいくらでもあっただろう。それを弟子に教えもしただろう。

文化というものは、そうして広まり、そうして街を彩り、街の景観の中に具体的に目に見えるものとして遺されていく。繰り返すが、もし仮に、王のように財力や権力を有し、それを用いる者に、それなりの存在理由や、力の行使の免罪符のようなものがあるとすれば、それは、そうした権力や財力を集中的に活かして、それまでは無かった美しい何かを新たに創り出し、街や文化や人々の暮らしをより豊かにすることに、結果的に寄与し得たかどうかだ。

美や文化とは不思議なものだ。美を見た者の目には、そうではないものは貧しく映る。美味しい料理に馴れた者が、微妙な美味しさの違いが分かるように、成熟した文化や美意識は、あるいはその成果を宿した街は、そうではないものを一瞬にして見分ける力を自ずと養う。

美や文化とは不思議なものだ。それは時代によって、あるいは場所によって、高い密度で一気に華開く場合と、そうではない場合がある。

イタリア・ルネサンスにせよ、アンダルシアでラ・アランブラという大輪の華を咲かせた、アラビア文化がスペインのアンダルシアと溶けあって生まれたアル・アンダルース文化にせよ、長い長い歴史からみれば、一瞬の熱狂のうちに、後世に残る美を、花火のように咲かせた。


広い世界からみれば、フィレンツェもグラナダもコルドバも、ほんの小さな場所に過ぎない。しかしそこから、広い世界に、ずっと影響を与え続けるような美が生まれた。

不思議なことにそうした文化的なムーヴメントは、何百年に一度現れるかどうかというほどの天才たちを一瞬にして輩出する。あるいは、今はもう再現できないような精緻な技術と、それを用いる無名の職人たちを輩出する。

もしかしたら天才と呼ばれるような人がいるように、めったにないような文化的密度や緊張感や自由感や解放感や創造性を伴った、天才的な時代や場所というものが、条件が重なりあいさえすれば、なぜか生まれることがあるのだろう。そして、その文化的な風こそが、名のある、あるいは名も無い無数の天才たちを生む。

それは美や文化や時代の不思議さであると同時に、なぜか美を好み、もし条件さえそろえば、そして何かのきっかけさえあれば、いつでもどこでも咲き誇ることができる、人間と社会の無限の可能性を表してもいる。

象徴的な言い方をすれば、もしイタリア・ルネサンスがなければ、世界の美術の歴史は、今とは全く違うものになっていただろうが、同じように、もしアル・アンダルース文化の風が吹かなければ、スペインの街が、タイルやモザイクや精巧な木組みや中庭《パティオ》や噴水など、私たちがスペイン的と感じる、独特の何かをスペインの都市が宿すことはできなかっただろう。

フラメンコもそうだ。ラ・アランブラの窓からは、グラナダの最も古い住居地域で、白い家々が重なりあうアルバイシンの丘が見える。それに隣接して、洞窟住居で有名なサクラモンテがあり、そんな住居を利用したタブラオで、今でも夜ごと、フラメンコが行われる。

インド辺りから流れ流れて、ユーラシア大陸の最西端にまで辿り着いたロマと呼ばれる人たちと、アラビアからアフリカを経て、遠く離れたイベリア半島まで勢力を広げてきたムスリムたちが創り出したアル・アンダルース文化とが融合することによって、歌と演奏と踊りと空間とが渾然一体となった、後にフラメンコと呼ばれるようになる総合アートが生まれた。

そしてそれを世界的にしたアントニオ・ガデスやパコ・デ・ルシアなどの現代の天才たちもまた、彼らを育んだ文化的風土があればこそ生まれた。

今でもアンダルシア地方では歌や踊りや闘牛、そして乗馬が盛んだが、そこで見られるアル・アンダルースと呼ばれる、見事なまでに美しい体躯をした白馬を見事に操る乗馬アートや、様式美溢れる闘牛も、こうした文化的な風土のなかでこそ生まれ洗練され、そして今日まで生き続けてきた。

スペイン人たちは一般に、極めて誇《プライド》りが高いが、それは、幾多の文化と自然とが重なりあい、混在しあって育まれたスペインの文化的風土《カルチャーグラウンド》の強さ不思議さ、あるいはしたたかさ。そして、そこから生み出された多くの美と、きっとどこかでつながっている。

そしてそれこそが、偶然のようにして創りだされた至高の美を、明日へと遺し、そこにまた新たな何かをつけ加える力の秘密。

●ラ・アランブラのあるグラナダへは、マドリッドやバルセロナから飛行機で約一時間。電車では、マドリッドのアトーチャ駅から五時間弱。セビージャからは、アル・アンダルースという超豪華列車も出ているが、三泊四日などの、観光パッケージになっていて、運行は限定されている。ラ・アランブラには、宮殿のほかに、ヘネラリフェという庭園を有する王の離宮があり、敷地内には国営の宿泊施設パラドールもある。なお、夕刻にアルバイシンの丘からラ・アランブラを望む眺めは格別。

3　エル・グレコ

教会の中心的な場所である祭壇に
誰が見てもエル・グレコだと分かる
独自の演劇的空間を展開して
自らをブランド化した天才空間プロデューサー

受胎告知（Anunciación）プラド美術館　1596～1600年制作　315X174cm

ギリシャのクレタ島生まれ。本名、ドメニコス・テオトコプロス。職業画家《マエストロ》としての職人的な技術を身につけた後、二十五歳の頃にベネチアに渡り、その後ローマを皮切りにイタリア各地を転々と渡り歩く。三十五歳頃、スペインの古都トレドに渡って工房を構え、そこを拠点にスペイン各地で、エル・グレコの通り名で、主に教会の祭壇画家としての仕事をし、トレドで没した。

　イベリア半島におけるさまざまな文化の移り変わりのなかで、それぞれの文化の、常に中心的な都市のひとつであり続けてきたトレドに、エル・グレコが移り住んだのは、スペイン王家がマドリッドに王宮を移し、マドリッドがスペインの首都となった直後だった。

　当時スペインは、レコンキスタを完了してからすでに百年以上が過ぎており、ハプスブルグ家のスペイン帝国は広大な領土を支配し、その領土を維持するための戦費と、当時のキリスト教社会における宗教改革の嵐のなかで、プロテスタントに対抗し、カトリック教会の権威の保持とその高揚のために、新大陸からもたらされる富を湯水のように浪費していた。

スペイン帝国の黄金時代の最後の絶対君主ともいうべきフェリッペ二世がマドリッドに都を遷したのは、イベリア半島の、ちょうど中心にあるマドリッドから全土を統治するためだったと考えられる。

異邦の画家であるエル・グレコは、自らの力量を持ってすれば、当然、当時欧州で最も強大だった王家をパトロンにできると考えて、はるばるスペインにまでやってきたと思われるが、結果的には、彼の画風、あるいは人柄がフェリッペ二世の好みに合わなかったため宮廷画家にはなれず、もっぱら、教会の祭壇画の仕事を行い、次第に、彼のトレードマークともいうべきダイナミックな、ある意味では奇抜なまでに大胆な構図と色使いとデフォルメを駆使した独自の画風で、多くの教会に多くの宗教画を描き遺した。

エル・グレコと祭壇空間絵画

人の目は一般に、動くものや、通常と違うことや、大きさや奇抜さを含めた過剰な何かに反応しやすくできている。そして人の感動は、驚きという感情と、とても近いところにある。

エル・グレコは、人の目が何に反応し、どのようなことによって、どのような感情がもたらされるかを熟知した、ある意味では理知的な、あるいは冷徹《クール》な画家であり、人間の感受システムの一般的な特徴と、自らの卓抜した画家としての技能を組み合わせて、極めて意図的に、もしくは戦略的に、まるでエル・グレコというブランドのアイコンが全体に刻印されているかのような、過激で煽情的な祭壇画の絵のスタイルを発明し、その絵を取り巻く空間的なしつらえが、絵がもたらす印象に極めて大きな働きをすることを効果的に利用した天才だ。

エル・グレコのキリスト教を題材にした巨大な作品群は、今はプラド美術館などの、明るい壁に飾られているものが多いけれども、それらはもともとは、荘厳なカトリック教会の祭壇画として描かれたものだった。

祭壇画は、本来であれば、宗教的な厳粛さや敬虔さと共に、絵がもたらす美しさや感動によって信仰を鼓舞し、イエス・キリストをはじめとする聖人たちに対する畏敬の念を信者たちに抱かせるための絵画だ。

エル・グレコは、その祭壇画に与えられた役割を、意図的に過剰解釈、あるいはあえて逸脱して、自らの絵を、単にそのような役割を果たすものとしてではなく、荘厳な薄暗い建築空間や祭壇や、そこで鳴り響くであろう讃美歌や、ゆらめく蝋燭の光や、ステンドグラスや天窓から漏れる一筋の光などと一体となって、劇場的な感動を、その場に立つ人々にもたらす、空間演出のメインアイテムにしようとしたように思われる。そしてその戦略は、彼の絵が、現在、実に多く遺されていることにおいて、成功したと言ってよい。

私には、遠い昔、トレドの大聖堂の、自らが描いた祭壇画を、別のどこかの教会の司祭や、教会のパトロンたちに見せながら、「もしあなた方が、このような感動的な空間を、自分たちの教会にも再現して欲しいとおっしゃるのであれば、必ずや、その希望は、このエル・グレコが叶えてみせましょう」と平然と言い切る彼の表情が目に見えるような気がする。

実は彼は、何もそのような絵でなくても、ハッキリいえば、どんな絵でも、描こうと思えば描けた。スペインでは、いつの時代でも、ある程度の画家であれば、誰でも、上手く描く技術くらいは持っている。そうでなければ画家として生きていけない。そしてエル・グレコは、通常のレベルをはるかに超えた技能の持ち主だ。

しかし、単に画家として生きていくことと、大きな表現の場という活躍の舞台を得て、それに相応しい仕事をして歴史に名を残すような画家になることとは違う。

すでに価値ある絵として社会的に評価された絵や、その表現スタイルや技法の流れを汲むような絵を描いて地道に生きようとする画家ならばともかく、それでは満足できずに、絵画の歴史に新たな一ページをつけ加えようとする野望を抱く者にとっては、事はそう簡単ではない。

そのような野望はもちろん、人並みはずれた巧みな技量と、漲《みなぎ》る表現力の持ち主でなければ抱きようがない。たとえ若い頃に田舎で、誰よりも絵が上手だったために、一瞬そのような夢を見た若者がいたとしても、やがて彼が大きな街に行き、教会などで古今の名作を見たりすれば、そのような夢の多くはすぐに萎む。あまりにも素晴らしい絵が、多くの巨匠《グランマエストロ》たちによって、さまざまな方法やアプローチを駆使して、すでにたくさん描かれていたことに愕然とするからだ。

それでもなお、さらに意を強くする者がいたとすれば、それは単に彼が鈍感か自信過剰か、それとも、底知れない潜在力を秘めた天才の卵かの、どちらかだ。そしてエル・グレコは後者だった。

エル・グレコ、本名ドメニコス・テオトコプロスは、もとはといえば、当時ベネチアの統治下にあったクレタ島で、ビザンチン様式の祭壇画などを描く技術を工房でたたき込まれた。そこを出て渡ったベネチアでは彼は、後期ルネサンス最大の巨匠の一人、ティツィアーノの代表作である、ダイナミックな画面構成を持つ巨大な祭壇画『聖母被昇天（Assunta）』などを見ただろうし、ローマなど、イタリア各地を流浪した際には、ミケランジェロやラファエロをはじめ、多くのルネサンスの天才たちの作品を眼にしたはずだ。

つまり彼は、絵画史に燦然と輝くイタリアルネサンスの天才たちの作品をすでに眼にしている。そのうえで、当時のヨーロッパに君臨するスペイン帝国や、その都であったトレドを目指した。

よほどの事情があったのか、それともなかったのかは、今となっては分からない。画家として地道に生きていこうというのであれば、わざわざそんなことをしなくても、彼の筆力を見れば、彼を雇ってくれる工房ならいくらでもあったはずだ。つまり、ルネサンスの名作を見てもなお、めげることのなかった自信と胆力の持ち主であったエル・グレコは、明らかに、当時絶頂期にあったスペイン帝国の王、フェリッペ二世、あるいは、当時カトリック教会の一大拠点となっていたスペインの教会をクライアントとするためにスペインに渡った。

現に、トレドに渡ってすぐに、大聖堂の祭壇画を依頼されてもいて、これは本場イタリア仕込みの画家《マエストロ》という経歴もさることながら、実際にエル・グレコの筆力が抜きんでていたからだろう。

一般にエル・グレコは、見ていると眩暈《めまい》がするようなエル・グレコ的な画風で有名だけれども、それ以外の描写力も非常にすぐれている。

たとえば、エル・グレコがトレドに移住してすぐに知りあい、長い間共に暮らし、彼女との間に息子も得ている恋人を描いたといわれている『婦人の肖像画（通称白貂の毛皮をまとう貴婦人）』

（口絵二頁も参照）などを見れば、彼が類い稀な筆力と繊細な表現力の持ち主であったことが分かる。

『婦人の肖像』グラスゴー、ポロック・ハウス美術館
1577〜79年頃　930X1133mm

この絵では、婦人がまとう毛皮のショールや身につけたヴェールの表現の見事さはもちろん、夫人の表情の描き方にも、ほとんど現代的とさえ言えるほどの人間的なリアリティがある。このような絵を描ける画家が、なぜ、エル・グレコという名が一般に想起させるあのような絵を

描いたのか。

そこにこそ、エル・グレコという画家の創意、あるいは画家としての理知的《クール》な戦略、もしくは謎がある。

この絵と、この章の扉に載せた『受胎告知』（口絵三頁も参照）との違いは歴然としている。それはもちろん、この絵のサイズと巨大な『受胎告知』との、絵の大きさの違いからくるものなどではない。

端的にいえば、『婦人の肖像画』は、極めてプライベートな絵であり、おそらくは、恋人であったといわれている彼女を喜ばせるために、そして繊細な表現がどこまで可能か、どのような筆触がどのような効果をもたらし得るかということを、自らが見極めるために描かれている。

それに対して『受胎告知』は、大教会の祭壇画というパブリックな絵であり、そのクライアントや信者たちを驚かせるために、そしてエル・グレコが、他の誰にもなし得ない、クラクラと眩暈《めまい》がしてくるような唯一無二の独特の感覚を、いつでもどこでも再現できる力量を持つ、偉大な画家であることの証《あかし》として描かれている。

縦に長い巨大な画面は、大きな教会の祭壇画であってみれば当然だけれども、問題は、その画面構成と色使い、そして何よりも主要人物たちの描き方だ。

そこではルネサンスの巨匠たちが開発した、油絵の特徴を活かした、薄く塗り重ねていくことによる深みのある透明感などは用いず、赤、青、緑、そして黄色という、文字どおり光の原色ともいうべき色を大胆なタッチで用いているばかりか、マリアさまも、彼女に神の子イエスが宿ったことを知らせる大天使ガブリエルも、奇妙なまでに縦に長い体に、まるで上下に引き伸ばされたかのように描かれている。

しかも頭が小さいために、十頭身を軽く越えているように感じられる。これもまた、黄金率をはじめとする、プロポーションや構図の完璧さを重視したルネサンスの絵画のセオリーを完全に無視している。しかも、本来ならば重要な主題を描くべき絵の中心には、ほとんど何も描かれてはおらず、中心はまるで虚空のようであり、そこに原色の黄色が置かれ、そこに精霊、あるいは神の意思を示す白い鳩が大雑把に描かれている。

つまりこの絵は、鳩が絵の中心に置かれているからには、基本的には、マリアさまのお腹に精霊が宿った瞬間、天界と地上とが交差した瞬間を表し、そのことを天界が祝福する場面が描かれているということになる。

しかし同時に、マリアさまの横に、大天使ガブリエルがいるからには、後に聖母となる、それまで子どものいなかったヨセフの妻マリアに、やがて神の子が宿ることを告げる、いわゆる受胎告知をガブリエルが行なう場面が描かれてもいる。つまりこの絵には、起きた時間が異なる二つの場面が一緒に描かれていることになる。

それはともかく、画面構成としては、痩せた二人の人物に支えられてあるかのような絵の上部に、大勢の天使たちが密集して描かれていて、つまり重心が上の方にあり、中央の密度が薄いので、なんだか不安定極まりない。

楽器を弾いている天使などは、雲からずり落ちてきそうな感じさえする。筆触《タッチ》は、雲も衣装もなにもかも極めて荒く、全体はくねくねと、まるで炎のように、ゆらゆらと揺らめいているかのよう。

『婦人の肖像画』では実にまっとうな、あるいはそれ以上の自然な描写力をみせていたエル・グレコは、ここではなんだか、あらゆるセオリーをことごとく、あえて破っているように見える。

そして肝心なのは、にもかかわらず、この絵が全体として、なぜか見事に絵として成立しているということだ。

この絵が、蝋燭の光が揺らめく教会の薄暗い祭壇に、そこだけがぼんやりと浮かび上がるようにして飾られていた時の情景を想像していただきたい。

当時この絵を前にした人たちは、おそらく誰もが同じような感覚を、つまりなんだか眩暈がしてきそうな、わけもなく不安になってくるような、有り難いような不気味なような、奇妙で不思議な感覚に襲われたはずだ。

それは、他の多くの祭壇画にあるような、重厚さとも、荘厳さとも、厳粛さとも、神々しさとも、全く違う、そこで初めて感じる奇妙な臨場感。そしてまた、今日この絵を見る私たちの心にも呼び覚まされる不思議な感覚。つまりはそれこそが、エル・グレコの意図、あるいは戦略だった。

リアルな描写ならいくらでもあるスペインの地で、必ずしもリアルに描かれてはいないのに、誰もがリアルに実感してしまう何か。それは後に、サルバドール・ダリが、その手法を反転させて積極的に展開するシュールレアリズムにもつながる、エル・グレコの発明ともいうべき、極めて奇抜だけれども、しかし彼独自の描写方法だった。

当時スペインでは、頑なにカトリック教圏を護ろうとして、異端審問所まで設けて、不信心ものを、あるいはカトリック教会に楯突くものを弾圧していた。そんな時期に、彼の絵が、しばしば物議を巻き起こしたのも無理はない。なにしろそこに描かれていたのは、有り体に言えば、信仰心やその鼓舞というより、エル・グレコという画家の存在そのものだった。

祭壇に描かれたエル・グレコの絵に対して、発注者の教会が支払を渋ったり、それに対してエル・グレコが訴訟を起こしたり、そのあまりの不謹慎さに、異端審問所に訴えるぞと脅されて引き下がったり、いろんなトラブルがエル・グレコの周りで発生したが、当時の教会の人たちは、さぞかし面食らっただろう。もしかしたら、絵を前にして、どう解釈すればよいか解らず、途方に暮れた司祭たちもいたに違いない。

エル・グレコの絵には、明らかにそれまでの宗教画とは違う何かがあった。しかし同時に、誰の目にも明らかに、それを見る者を圧倒する、まるで魔力のような力があった。絵の前で、打ち震えるようにして、手を合わせる信者たちの姿もあっただろう。だからこそエル・グレコは、スペインのあちらこちらの教会から注文を受けて、次から次へと祭壇画を描いた。

当時スペインでは、マドリッドに新たに首都をつくったため、王宮を建てたり、新たに教会を建てたりしなければならず、当然、優秀な画家を大いに必要としていたが、フェリッペ二世からは、最初に依頼されただけで、それからはお召しがなく、宮廷画家にはなれなかったエル・グレコだが、逆にいえばだからこそ、信者たちの受けを狙った祭壇画を、自らの仕事のターゲットとして選んだとも言える。もし彼が、宮廷画家になっていたとしたら、おそらく、別のスタイルを編み出していただろう。

ともあれエル・グレコは、トレドを中心にして、スペイン各地の教会にエル・グレコ・ブランドの祭壇画と、それを効果的に見せる空間的なしつらえまでをも請け負う空間プロデューサ的な画家として名をはせた。

現在は、旧市街全体が世界遺産になっているトレドは不思議な古都だ。カスティージャ地方の中心に位置し、太古の昔から人が住んでいたが、タホ川に囲まれた天然の要塞ともいうべき絶好のロケーションを持つために、ローマ時代はもちろん、常にカスティージャ地方の中心的な都市であり続けてきた。このあたりをゴート人が支配していた時にもその中心都市であり、その時代の、スペインのキリスト教会の中心でもあった。

そして八世紀にイスラム教を信奉するムスリムたちがイベリア半島を席巻してから、トレドはイスラム文化圏に入ったが、その後十一世紀に、キリスト教徒たちによるレコンキスタが始まると、トレドは双方の重要拠点として、取ったり取られたりして、両方の文化が入り乱れる場所となった。

面白いのは、そのようなことを背景にして、基本的にはキリスト教圏下となった十一世紀末以降も、トレドはキリスト教徒と、イスラム教徒と、ユダヤ教徒と、そしてもちろん、そのどちらともつかない人たちが混在して暮らす街になったということだ。

さらに文化や学問を重視したアル・アンダルース文化の風を受けて、コルドバに次いでトレドもまた、一大文化拠点となったという歴史と文化的風土を受け継ぐようにして、十二世紀に入ってからも十三世紀になってもなお、多様性に富んだ学問のメッカであり続けた。

その中心的な役割を果たしたのが、そのようなトレドの文化都市としての伝統を受け継いで十二世紀につくられた、『トレド翻訳学院（Escuela de Traductores de Toledo）』だった。これは十三世紀になってから、後に賢王（El Sabio）と呼ばれるようになり、文化の興隆に力を尽くした王であるトレド国王アルフォンソ十世の支援を受けて、ヨーロッパはもちろんイスラム圏からも貴重な書物と、それを読み解き翻訳することができる優秀な学者たちを集めた、いわば、文学、哲学、科学、天文学、医学、語学などの総合的な研究機能をもった、王立図書館のようなものとなった。

そこでは、今日の旧約聖書から派生したユダヤ、キリスト、イスラムの三つの宗教の学者たちはもちろん、語学や文化的な知識に長じたさまざまな学者や賢者たちが寄り集まり、さかんに古代ギリシャやローマの文化をラテン語やスペイン語に翻訳した。

聖書も、ヘブライ語やギリシャ語で書かれていたものが定本であったために、それをラテン語やスペイン語に翻訳する作業が必要だったが、それと平行して、ギリシャ神話や詩学や哲学などが研究され、アリストテレスの哲学をはじめ、多くのギリシャ文化の粋が、ここで翻訳されてヨーロッパ各地に広められた。その成果がヨーロッパ全土にもたらされ、それがひいては、ルネサンスという、歴史的な文化ムーヴメントを巻き起こす要因ともなっていった。

こうした書物の原本は、もともとのギリシャ語のものもあっただろうけれども、イスラム教徒たちが、古今東西の名著をアラビア語に翻訳したものも多く、それをラテン語やスペイン語に翻訳する作業は、当然のことながら、ムスリムたちの力を必要とした。

このような活動は、ユダヤとイスラムとキリスト教徒が入り混じったイベリア半島ならではであり、また、レコンキスタによってイスラム教圏を奪回しても、アル・アンダルース文化を評価し、それを破壊するようなことのなかった、その頃のスペインの王たちの見識がなければ、ありえないことでもあっただろう。

つまりトレドは、ヨーロッパの中の最高のレベルの文化拠点の一つであり、エル・グレコがトレドに来た大きな理由がそこにある。なにしろエル・グレコはその通り名のとおりギリシャ人であり、ギリシャ語で書かれた聖書をスペイン語に翻訳することがさかんに行われていた場所でもあったトレドには、彼を受け入れる素地のようなものがあるはずだと彼が考えたとしても不思議はない。

　ただ、もしかしたらエル・グレコにとって誤算だったのは、その頃の世界の覇者であって、マドリッドを首都とするという一大事業を行なっていたことを考えれば、画家にとって絶好のパトロンとなるはずだったフェリッペ二世が、どうやら彼をあまり好まなかったことと、そしてもう一つ、エル・グレコがトレドに来た頃、ドイツなどの北ヨーロッパを中心に、ヨーロッパ全土で宗教改革の嵐が吹いていたことだ。

　当時、プロテスタントとローマ・カトリックとは激しい対立を繰り広げていたが、イザベルとフェルナンドのカトリック両王の国としてレコンキスタを成し遂げたところから始まるスペイン帝国は、当然ことながらカトリック教会側、というよりむしろ、その権威を、ある意味では利用しながら大きくなった帝国でもあり、スペイン国内に、国家権力と宗教的権威とを合体させた独自の国家運営体制を確立してきていた。

　そんななかで、異端者の生命を財産ごと奪うといった経済的な理由もあって、スペイン独自の異端審問所がつくられ、主に財産のあるユダヤ人や、キリスト教徒を名乗ってはいても、それにそぐわない行動を取るものを弾圧し始め、やがてかつてのイベリア半島独自の、多様な文化に対する包容力を次第に失い始めていた。

　おりしもドイツを中心に、ヨーロッパ各地で宗教改革が激しくなり、それがある種の独立戦争のようにして各地で叛乱が起き始めると、フェリッペ二世はその鎮圧に忙殺され、その間に、スペインのカトリック教会はさらに権力を強め、異端審問所は、弾圧の対象を文化にまで広げ始めていた。

エル・グレコがトレドにやってきたのは丁度その頃であり、こうした背景のなかで、エル・グレコは、相反する奇妙なパワーバランスのなかで、それまでとは異る、奇妙な祭壇画の画風を確立していく。

エル・グレコにとって追い風となったのは、カトリック教会が、その権威を増大させようとしていたことで、このことは画家に、多くの宗教画や、人々を圧倒し教会の権威を高めるような大きな祭壇画の需要を提供した。

エル・グレコにとって逆風となったのは、異端審問所が、その権力を濫用するようになっていたことだ。もともとは、スペインの各地にユダヤ人街をつくり、大きな財力も持っていたユダヤ人たちの財産を取りあげるという、後のヒトラーが行なったような強権的経済政策を、宗教を隠れ蓑として行なうために始まったスペイン独自の異端審問所だったが、いつの時代でも、虎の威をかる権力が陥りがちなことに、この異端審問所も、やがて権力を誇示するあまり、あらゆることを弾圧の対象にしていくようになる。

偏屈な石頭の権力者が文化に口を出すようになるとロクなことがないのはいつの時代でも同じだが、それが異端審問所となると事態は深刻だ。

これはエル・グレコにとっては、面白くない時代の風だっただろう。おそらくエル・グレコは、この新天地で、当初、絵画史に新たな頁を描き加えるべく、イタリアルネサンスを超える何かを備えた、新たな画風を目指したに違いない。

先に紹介した『婦人の肖像』では、シンプルな画面構成の中に繊細な描写力を披露しているし、スペインに渡って最初に注文を受けたトレド大聖堂の祭壇画『聖衣剥奪』では、まず画題《テーマ》に、イエス・キリストが十字架に架けられる時に、着ていた服を剥ぎ取られる、その直前の様子という目新しいテーマを選んでいるが、そこでは、エル・グレコ的とも言うべき奇抜な画面構成を用いてはいない。


この絵では、後にエル・グレコの絵の特徴となる、赤、緑、黄といった原色に近い色がすでに強調されて用いられてはいるが、しかし、『受胎告知』に見られるような、彼の専売特許とも言うべき、どこを見ていいか分からずに視点が揺れ動いてしまうような幻惑的なマジックは、ここでは用いられていない。

構図も、中央にしっかりとイエス・キリストを配し、手前の画面の左側には、処刑の際にはその場から逃げてしまっていた男の弟子たちとは違って、最後までイエスを支え、イエスを見護り続けた母のマリア、マグラダのマリアなどの女たちが描かれ、右には、十字架の上に掲げる罪状として、ローマ総督のピラトがあえて用いた表現、「ナザレのイエス、ユダヤ人の王」を表すＩＮＲＩの文字を記す人の姿が描かれている。

イエスの右端には、イエスがユダヤ人の長老たちによってローマの手に渡され裁判にかけられる際に、何度もイエスを救おうと努力したピラトの姿があり、反対側には、イエスを十字架に架ける際にイエスから聖衣を剥ぎ取ることになる処刑人が描かれている。

一般にイエスを描いた絵は、十字架に架けられた姿が多いが、エル・グレコが描いたこの場《シー》面《ン》は、そこに至るまでの、新約聖書のなかで最もドラマティックで感動的な、クライマックス

『聖衣剥奪（El expolio）』トレド大聖堂　1577〜79　258X173cm

に至るプロセスを描いたもので、その意味では、エル・グレコは、新約聖書の持つ優れた文学性を良く理解していたと考えられる。

そして描写には、ルネサンスにおいて、たとえばレオナルドが極めたような、こちらから彼方へとなめらかに霞んでいく遠近法や、ラファエロのような完璧な構図と緻密な筆遣い、そしてミケランジェロのようなダイナミックな躍動感とは違う意図のようなものが何気なく描き込まれている。

それはたとえば、後にカラヴァッジオが描くような、イエスがいる画面から、人物がこちら側に向かって飛びだしてきているように見える、それまでの絵画にはほとんど見られない、大胆で立体的な画面構成や、画面を、ルネサンスの絵画のような遠近法ではなく、バロックの時代に全盛を誇ることになる演劇の、いわば書き割りのような、近景、中心、遠景、背景の四つに大きく不連続にわけた配置。そして、一瞬の場面の再現ではなく、画題《テーマ》にまつわる物語《ストーリー》、すなわち異る時間の中で起きた過程《プロセス》を一枚の絵の中に描くという斬新な手法だった。

これらを見ると、エル・グレコが極めて理知的な、そして戦略的な構想力を備えた自信家であったことが分かる。エル・グレコは居場所を転々としながらも、ヴァザーリの『美術家列伝』と、紀元前のローマ時代の書物で、世界で初めて建築に関する理論を書いた書と言われているウィトルウィウスの『建築十書』を常に携えて座右の書としていた。

そんな知能と技能と教養を兼ね備えたエル・グレコは、このとき、明らかに絵画史の、次の一歩を目指したのだ。

ところが、エル・グレコの思惑に反して、トレドの教会関係者たちは、その彼の渾身《こんしん》の意図を、全く理解しなかった、というより、できなかった。それどころか彼らは、なんだかんだと彼の絵に難癖をつけた。

聖母マリアさまを特別な存在としてちゃんと描くのではなく、マグラダのマリアのような怪しげな素性のマリアなど、イエス・キリストの死後の復活を目撃した三人のマリアを一緒に、イエスさまの前に描くとは何事か。イエスさまの頭より高い位置に、たくさんの、彼を処刑に追いやった人間たちを大勢描くとは何事か。それにこの真っ赤な服はなんだ、などなど。彼らはそれを理由に、絵の代金を値切りさえした。

エル・グレコは、心底うんざりしたに違いない。その頃の新約聖書の最も権威のある写本はギリシャ語で書かれており、だからこそ当時、それがさかんに翻訳されたりもしていたのだが、当然のことながらエル・グレコは、ダイレクトにギリシャ語版を読むことができた。

彼は思っただろう。この馬鹿どもは、ちゃんと新約聖書を読んだことがあるのか。偉そうに、キリスト教の番人のように威張っているけれども、果して何をどこまで理解しているのか。それより何より、こいつらは、絵というものを知らなさ過ぎる。何も、ルネサンスの名画のことなど知らなくったっていい。しかしせめて、最低限の、絵や聖書に関する教養ぐらいは持っているべきだろう。上手い下手さえ分からないものに、俺の絵のことで、好き勝手なことを言われたくはない。

余計なことだが、もし私なら、そんなことを言われた瞬間に嫌になって、何もかも投げ出してしまうだろうと思う。

エル・グレコは、よっぽど頭に来たのだろう。描いた絵を教会に渡すのを拒否した。そして値切ってきた教会を相手に裁判まで起こした。もちろんこの時代に、教会相手のそんな裁判に勝てるわけがない。

結果的には、つべこべ言うなら異端審問所に訴えて裁いてもらうぞと脅されて、エル・グレコは当初の約束のギャラの三分の一をもらって泣き寝入りをするが、そうする以外に、外国から流れてきた一介のギリシャ人の画家に、どんな手立てがあっただろう。下手をすれば、命だって危ない。それでも三分の一の代金をもらえたのは、誰が見ても、エル・グレコの絵が、群を抜いて見事であったからであり、またその絵に、尋常ではない迫力があったからだろう。

しかしエル・グレコは、それから急激に、まるで意図を反転させるかのように、自ら作風を変えていく。しかもエル・グレコは、それからもしばしば、彼の絵や、それを巡る契約のことで問題を起こす。もちろん、黙って自分が求める道を追求していく道はあっただろう。しかし、画家である自分自身から見れば、一歩先を目指したとはいえ、基本的には実にまっとうな絵である『聖衣剥奪』でさえそんなことを言われるのであれば、この先どんなに真面目にやったところで、無教養な馬鹿たちに、何を言われるか分からない。そのうち、金にうるさい変な画家と言われ、やがて注文だって来なくなるだろう。

ならばいっそのこと、奴らを問答無用とばかりに圧倒するような絵を、誰もやったことがないような描き方で、そしてそれに空間的な演出をほどこして、誰も何にも言えなくなるほどの評判を巻き起こすものとして描いてやろう、とエル・グレコが思ったのも無理はない。

そうだ、どうせならと、建築にも造詣が深かったエル・グレコは思ったかもしれない。絵を単なる絵としてではなく、教会という空間の、祭壇という場所の特殊性を逆手にとって、絵の迫力と空間と画題《テーマ》とが一体となって人々を幻惑させる装置のような、絵のある空間を創ってみるのも面白いのではないかと。

結果として彼は、そのような絵を描くエル・グレコとして名を成し、スペインの名だたる聖堂に、次から次へとエル・グレコを、まるでネガフィルムで写真を焼き増しするかのように、再現し続けた。


歴史に、もしも、はないけれども、しかし、もしエル・グレコが、ベラスケスにおけるフェリッペ四世のようなパトロンを得ていたら、あるいは当時のトレドに、かつてそうであったような、豊かな文化的包容力があったならば、ドメニコス・テオトコプロスは自ずと、エル・グレコ的な奇抜さの少ない、もうすこし絵画の王道に近い道を行く絵を描く画家になっていたかもしれない。そんなエル・グレコの熟成した作品を見てみたいような気もする。

しかし、もちろんそれは、無数にあり得たかもしれないけれど、実際には叶わなかった夢たちの向こうでゆらめく儚い幻影。ただ、ここに挙げた三つの作品を見ただけでも、その輪郭のようなものが、おぼろげに見えてくるような気もする。

画家であろうと、文学者であろうと、その作品はすべて、作家の技量と能力と過去と夢、そして彼が暮らした場所や時代や、そこでの関係や無数の偶然が重なりあって織り成す、そのつどそのつどの、それぞれたった一つの、そうでしかあり得なかった生きた証。

エル・グレコもまた、ルネサンスのあとの、この時代のスペイン帝国の、トレドという場所で燃え上がった、不思議な炎。

●エル・グレコの作品は世界中の美術館に散在しているが、主要な作品は、マドリッドのプラド美術館やエスコリアル宮殿、トレドの教会などで見ることができる。またトレド市内に『エル・グレコの家』という、彼が住んでいたとされる家を利用した美術館があり、そこでは、祭壇画とはすこし違ったエル・グレコが見られる。ほかにも、トレドの、サンタ・クルス美術館にもエル・グレコの作品がある。マドリッドからトレドまでは電車で約一時間。なおスペインのさまざまな街の教会でも、エル・グレコの作品を発見することができ、日本の大原美術館でも、『受胎告知』を描いた絵を見ることができる。

Miguel de Cervantes

4　ミゲール・デ・セルバンテス

ドン・キホーテとサンチョ・パンサという
文学史上もっとも有名なキャラクターを創造し
彼らをとおして
人間の本質を書き表した天才

『風車に突撃したドン・キホーテ』ギュスターヴ・ドレによる木口木版の挿画

セルバンテスは、かつてのトレド王国領の古い街で、十五世紀から十六世紀にかけて、都市計画概念に基づいてつくられた世界最古の総合大学、アルカラ大学を擁する都市として世界遺産に登録されているアルカラ・デ・エナーレスに、貧しい医者の息子として生まれた。なお、神聖ローマ帝国皇帝フェルディナント一世（一五〇三～六四）はこの街の出身。

父の身分は下級貴族の郷士（イダルゴ）だったと言われていて、ドン・キホーテの身分が郷士なのも、そこからきていると思われるが、生活は貧しく、父親が仕事を求めてスペイン各地を転々としたため、ミゲール少年は、読み書きが大好きだったにもかかわらず、自らの才能に相応しい教育を受けることができなかった。ただ、もともと文才があったと思われ、青年期に家族がマドリッドに移った後、人文学者ロペス・デ・オヨスに可愛がられ、彼が編んだ詩文集にセルバンテスの詩が載せられている。

その後、二十二歳の時にローマに渡ってスペイン帝国海軍に入隊し、二年後、オスマントルコ軍にスペインが勝利した歴史的な海戦『レパントの海戦』に従軍するが、左腕に銃弾を受け、生涯、左手が不自由な体になった。

二十八歳で退役して船でスペインに向かうが、その途中、海賊に襲われて捕虜となり、四度の脱獄を企てるも失敗し、五年間、アルジェリアで捕囚生活を送ったのち、母国の慈善団体からの身代金と引き換えに開放される。そのときすでに三十三歳になっていた。この時の経験をもとにセルバンテスは、『ドン・キホーテ』のなかの挿話として『捕虜になった男の身の上話』を書いている。

帰国してから、海戦での名誉の負傷を理由に軍隊の事務職を求めて画策するが果せず、それではと小説を書いて出版するが全く売れず、やむなく徴税係や食料調達係などの契約下級役人となって主にアンダルシア各地を転々として生活費を稼ぐも、運悪く、集金を一時的に預けていた銀行が倒産したため横領の罪に問われて収監される。しかし、そこで着想を得て書いたのが『ドン・キホーテ』だった。セルバンテスはすでに五十八歳になっていた。

セルバンテスと『ドン・キホーテ』

セルバンテスは『ドン・キホーテ』という本において、騎士物語を読み過ぎて、現実と空想の世界との見境がつかなくなり、自分を遍歴の騎士だと思い込んで、世の中から諸悪を断つべく冒険の旅に出たドン・キホーテと、彼の言葉にたぶらかされて、騎士の従士として一緒に旅に出たサンチョ・パンサという、二人の愛すべきキャラクターを創造し、やることなすこと何もかもがドジで極端なデコボココンビが巻き起こす騒動や会話の向こうに、人間や社会や表現というものの本質を浮き彫りにした天才だ。

この奇想天外な物語を面白くしているのは、なによりも、この二人のキャラクター設定であることは確かだが、重要なのは、この二人のキャラクターが、一般に思われているほどに単純ではないことだ。

ドン・キホーテはたしかに、架空の騎士物語の世界のなかにどっぷりと入り込んでいて、やることなすことトンチンカンだが、彼が妄想で頭を一杯にした単なる狂人かといえば、必ずしもそうではない。

ときどきまともなことも言うし、現実的な判断だって少しはする。もしかしたらドン・キホーテの言っていることのほうがまともなのではないかと感じる時もあれば、彼がある程度の算段をしていると思われるフシも、たまにはある。

たとえば、世の中の諸悪を断つために、騎士になって遍歴の旅をする決意をしたドン・キホーテは、それにはまず身なりを調えるのが肝心と、家の片隅に何百年ものあいだ置きっぱなしにされて、すっかり錆だらけになっていた剣や槍や甲冑などの、騎士の正装ともいうべき武具を、せっせと磨くことから始める。

そのときドン・キホーテは、探しだしてきた武具のなかの兜に、重大な欠陥があることに気付いてしまう。騎士が被る兜というのは一般に鋼鉄製の格子状の面が付いている。それは普段は上に上げられるようになっていて、馬上槍試合をする時などには、面を下ろして顔を護る。

家にあった兜に、その面が付いていないことに気が付いたドン・キホーテは、仕方なくボール紙で面をつくり、それを兜に付けてみた。すると、まあまあそれらしくはなったのだが、やはり問題は強度。面というのは敵と剣でやりあったりした時などに、相手の攻撃から顔を護るためのものなので、試しに、側にあった剣のサヤでトンと叩いてみると、あたりまえだが、あっという間に一週間がかりでつくった面が、最初の一撃でバラバラになってしまった。

それでもめげずにドン・キホーテは、今度はボール紙の面の裏を針金で補強し、簡単には取れないようにするのだが、面白いことに、今度はその強度を試したりはしない。

ではドン・キホーテがどうしたかというと、なんと、その面つき兜の強度は完璧で、これから冒険の旅に出る騎士にふさわしい、素晴らしい兜であると、そう信じることにしてしまう。

つまりドン・キホーテには、かなり適当な、というか意識的というか、細かなことになると、物事を自分の都合のいいように勝手に判断する、ご都合主義的なところがある。

いざ遍歴の旅に出てからも、出かけてすぐに、騎士の遍歴の旅には不可欠な叙任の儀式、つまり、王さまなどから、悪者を退治せよ、といった使命を与えられ、武器を持ってその任務にあたるよう命じられる儀式を授かってこなかったことに気付く。

しかし考えてみれば、一応は村長さんのような立場にある郷士さまのドン・キホーテが、中世の騎士の格好をして槍を持ち、痩せ馬に乗って旅に出るなどというのは正気の沙汰ではないので、その意義を家政婦や周りの者が理解するはずがない。ましてや叙任の儀のことなど説明するだけでも一苦労。だからこそ誰にも言わずに、秘かに村を出てきたのだ。

そこでドン・キホーテがどうしたかというと、これまた適当なことに、叙任に関しては、このさき最初に目にした城の城主にやってもらうことにしたのだった。そうすることにした途端、都合のいいことにドン・キホーテは、すぐにそのことを忘れてしまうというありさま。


つまりドン・キホーテは、傍目には狂人にしか見えない、とんでもない妄想家、と言って悪ければ夢想家だけれども、実は意外にちゃっかり者のリアリストでもある。このとんでもない夢想家でありながら妙にリアリストだというところが、ドン・キホーテというキャラクターの絶妙の設定で、これが物語を面白くしている。

それに関しては、実はサンチョ・パンサも同じだ。彼もまた、いかにもお馬鹿な、おつむの弱い現実主義者のようにみえ、実際、物語のなかでは、時に私利私欲まるだしで、目先の欲に目が眩んで、さんざんな目にあったりもするけれど、しかし、ときどきはドン・キホーテも感心するようなことを言ったり、優しい心情をかいまみせたりもする。

しかも彼は、もしこの遍歴の旅でドン・キホーテが手柄を立てたあかつきには、分捕った国を自分に分け与えてくれると約束してくれた主人の言葉を、まるごと信じている。だからこそ、どんなにひどい目にあっても、ドン・キホーテに付き従っている。

これは確かに愚かといえば愚かだが、別の見方をすれば、主人の言葉を信じて旅に出て、主人にまつわる災いの一切を受け入れてしまっている純朴で実直な夢想家といえなくもない。つまり彼を支えているのは、つきつめれば夢であって必ずしも欲ではない。

かたやリアリストでもある極端な夢想家、かたや夢想家でもある極端なリアリスト。傍目には狂人と馬鹿にしか見えないかもしれないこのコンビは、まるで凸面鏡と凹面鏡のように異なるけれども、しかし実は、どちらも非現実的なまでに極端な、とことんお人よしの夢想家ということでは似た者同志なのだ。

そんな二人が巻き起こす騒動だからこそ、この二つの人間味溢れた二つの異る鏡が、合わせ鏡のようにして物事を映しだすからこそその面白さと奥の深さが『ドン・キホーテ』にはある。

『ドン・キホーテ』という長篇物語には、二人が登場しない挿話も多く、まるで雑多な短篇小説を寄せ集めたようなところがあり、しかもスペイン人の本らしく、過度に冗長なところも多々あるけれども、それでも、このキャラクター設定の見事さが、物語の全体をしっかりと支えている。

それが『ドン・キホーテ』という物語の、実に巧みな表現上のしつらえであり、それこそが作家としてのセルバンテスの非凡さにほかならない。

『ドン・キホーテ』は、出版されてすぐに大評判となり、やがて世界中で愛され、スペインが制覇したアメリカ大陸はもちろん、さまざまな言語に翻訳もされて、『聖書』の次に発行部数が多いと言われるほどに広く長く読み継がれる本となった。

ちなみに『ドン・キホーテ』は、単に面白いだけの本ではない。この本に書き記された言葉の一つ一つ、あるいは交わされる会話は、読めば読むほど味わい深く、ちょっとした会話の向こうに、しばしば人間の真実が垣間見える。だからこそ、ディケンズやメルヴィルやドストエフスキーなどの文豪たちの高い評価を受けてもきたのだろう。

考えてみれば人間は、実に奇妙な動物だ。食べて眠り、そして子孫を残すこと。それが命あるものの基本的な務めであり、それで十分ともいえるのに、家をつくり街をつくり、社会をつくり決まりをつくり、役目をつくり、身分の上下をつくり、数字をつくり貨幣をつくった。

食料をつくり、それを蓄えて売ることを覚え、ある者は、金が金を産む仕組みをつくり、それで得た金で大きな家をつくり、使用人を雇い、高価な衣装を身につけ、御者付きの豪華な馬車に乗って、庶民が質素な身なりで道端を歩く脇を、音をたてて走り回る。

だれもがみんな、最初は裸で生まれてきたはずなのに、ある者は、物心もつかないうちから王冠をかぶり、ちやほやされながら、あたり前のように部下に何かを命じ、兵士たちを戦に向かわしたりもする。

そうではない多くの人々は、子どもの頃から仕事に駆り出され、自分の食い扶持を得るために手技を覚える。それでも一般に昔も今も、額に汗して働く人たちの暮らしは楽ではなく、息子が戦に駆り出されれば働き手を失い、戦で命を落とせば、残された家族は、一つの大きな未来を失う。

聡明な子どもだったセルバンテスもまた、まともな教育を受けることができず、エリートコースには乗れなかった。ただ、マドリッドに出て、すぐに学者に可愛がられるようになったところをみれば、文才豊かな利発な青年ではあっただろう。

また、当時スペインの統治下にあったイタリアのナポリで海軍に志願したからには、そこで活路を見いだし、手柄を立てて、絶頂期にあったスペイン帝国の軍隊で、しかるべき地位を得たいという野望のようなものもあっただろう。つまりセルバンテスには、才気も勇気も覇気も山っ気も、人並み以上にあったにちがいない。

ちなみに、当時スペイン帝国海軍が総力を結集させた南イタリアは、中東はもちろん、北アフリカから東ヨーロッパまでをも支配下に収め、急速に勢力を拡大していたオスマントルコ帝国の中央ヨーロッパへの侵攻をくいとめる最後の砦だった。

若きセルバンテスが参加したレパントの海戦は、ヨーロッパ勢が、初めてオスマントルコ軍を撃退し、その進撃をくいとめた歴史的な海戦だった。そこで大きな手柄を立てれば別の道が開けたかもしれないが、しかしセルバンテスは、その戦いで運悪く左腕に銃弾を受け、生涯、不自由な生活を余儀なくされることになる。

しかも、名誉の負傷ということでセルバンテスが昇進したり年金を得たり、武勲が認められて褒章を得たという記録はない。その程度の負傷者なら、たくさんいたということなのかもしれない。

退役して国に戻ろうとすれば船が襲われ、オスマン帝国側の捕虜となって、アルジェで五年間も幽閉される羽目になる。こうした捕虜は、身代金を取るための一種の軍事作戦で、スペインには当時、トルコ側と交渉して、身代金を払って捕虜を解放させるためのカトリック教会の組織や、そのための基金まであった。

そうしてなんとか自由の身にはなったセルバンテスだが、ハンディキャップがあったために仕事はなく、なんとか、各地を回り歩いて税金を徴収する下っ端役人になって家族を養うが、またしても不運なことに、集めた金を一時的に預けておいた銀行が潰れて、セルバンテスは横領の疑いをかけられて収監される羽目になる。

そのときセルバンテスすでに五十五歳。まったく散々な人生だが、ただ、その獄中で『ドン・キホーテ』の着想を得たということだけは、『ドン・キホーテ』の作者として末代まで名を残すことになるセルバンテスにとっては、不幸中の幸いだった。そうして、釈放されてから三年の歳月をかけて書いたのが『ドン・キホーテ』だった。

『ドン・キホーテ』は出版されるやいなや大評判となって売れに売れたが、しかしセルバンテスは、当座の金欲しさに出版権を出版社に売り渡してしまっていたため。その成功が、彼を貧乏から解放することにはつながらなかった。それもまた、セルバンテスらしいと言えなくもない。

その頃、スペイン帝国は世界の覇者であったため、『ドン・キホーテ』は、南米をはじめ、いたるところで出版され、ダンテの『神曲』が、現代のイタリア語の基礎となったように、『ドン・キホーテ』がカスティージャ語を正統スペイン語とする役割を担い、やがてスペイン語が世界化していくことなど、セルバンテスは知るよしもない。

ところで、どうしてセルバンテスは、『ドン・キホーテ』を書いたのかということだが、それに関しては、セルバンテスはこんなことを『ドン・キホーテ』のなかで言っている。

彼は想うのだった。
こんなにも世の中が悪いのは、民が苦しめられているのは
しかるべき騎士が、世の中の不正や理不尽を正さず

悪を放置しているからだ。
その責任は、自分にもある。
いやむしろ、自分がこれまでのうのうと日々を
無駄に過ごしてきてしまったことが
なにより良くなかったのだ。

第二話『いよいよ遍歴の旅に出たドン・キホーテ』より

ドン・キホーテが、本を読むだけでは満足できなくなって、実際に遍歴の旅に出てしまったのは、単に頭がおかしくなってしまったからではない。世の中の悪を断つという正義と人道に殉じるためだ。これが、『ドン・キホーテ』という長い物語の全体を支えているセルバンテスの情念、あるいは創作の動機《モチベーション》なのだ。

つまり、言葉によって創りだされた『ドン・キホーテ』という本の想像《イマージナティヴ》空間を、建築空間を支える基礎のように、表には見えないところで支えているのは、セルバンテスが過ごしてきた人生のなかで彼が感じた、無念や悔恨や理不尽や果し得なかった夢などを含めた、さまざまな想いと、決して幸運だったとはいえない人生を彼にもたらした、世の中や社会というものに対する、義憤のような想い、あるいはそれを、なんらかの形で晴らしたいという強い願望にほかならない。

もちろん、そのような気持はいつの世も、どんな人の心のなかにも、場所をとわず時代をと

わず、少なからずある。だからこそ『ドン・キホーテ』は、単に笑いだけではなくて、読む人の心に広く共感を呼び起こす。

人は太古の昔から、寄り集まって暮らし、他者と、力や知恵をあわせることで生き延びてきた。人はそうして住居をつくり、家族をつくり仲間をつくり、村をつくり街をつくり、さらには国をつくって、つまりは社会という共同体をつくって、生き延びてきた。

そのなかで共同体として守らなくてはいけない決まりをつくり、それを疎《おろそ》かにしては、共同体にはいられなくなるという暗黙の了解と現実を育てて共同体を維持してきた。

つまり共同体は、優しいときもあるけれども、同時に、常に厳しく、時には過酷なものとして、まるで透明で伸縮自在な強靭な膜でできた袋のように、その空気の中に、人々をやんわりと、しかし、しっかりと包み込んで、その共同体に特有の社会的な価値観のようなものを育て、それに反するものを冷遇し、あるいは弾き出してきた。

あたりまえだが、人は、親を選べないように、産まれてくる場所や時代や自らが属する共同体を選べない。ましてや運命を選ぶことなど誰にもできない。そして共同体が、だれにとっても優しかったことなどかつてない。

がんじがらめの社会のなかで、他者や共同体と共に生きる長い長い習慣のなかで、誰もが体の中に社会に対する順応性を、遺伝子のように組み込んでいく。その慣習が命じる何かと、たった一つの命を持って新たに生まれてきたものとしての自我や個性とがもたらすギャップと、さらには自分ではどうにもできない運命のようなものに翻弄されながら、人は誰しも、もしかしたらもう少しはましな世界が、本当はあり得るのではないかとどこかで感じながらも、そのつどそのつどの日々を、さまざまな矛盾を心の奥底に仕舞い込むようにして生きてきた。

だからこそ『ドン・キホーテ』を読む人は、弱きを助け強きをくじいて世を正すという大義を抱いて遍歴の旅にでた奇妙な騎士に、そして行く先々で散々な目にあいながら、それでもめげずに新たな冒険を求めて旅を続けるドン・キホーテの姿に、いつのまにか愛しさのようなものを感じ始める。

つまり『ドン・キホーテ』の魅力は、物語の全体が、セルバンテスの人生や義憤や反骨精神に裏打ちされているところにある。

もちろん実際には、勝つはずもない勝負に、ドン・キホーテのように、前後の見境もなく挑むことなど、誰もができるわけではない。ドン・キホーテでさえ、決意して旅に出るまでは、のうのうと日々を送ってきたのだ。

つまり普通の人は、それぞれに厳しい人生のなかで、誰もがそれなりの喜びを求め、ささやかな願いや、時には大それた夢なども人知れず抱きながら、その日その日の日々を生きる。

楽しいこともたまにはあれば、親しい人を失う哀しみに不意に出会って途方に暮れたりもする。美味しいものを食べて喜び、親しい人との会話を楽しみ、時には悲しみ、時には笑う。

そんななかで、誰かを愛し、何かに喜び、何かを忘れ、誰もがそれぞれの、身の丈にあった想いや感情と共に生きて行く。

そんな健気《けなげ》に生きる人々の感情や想いは、人の顔や姿がみんな違うように、それぞれ微妙に違うけれども、それでも、その感情や想いのありようには、人としての共通性がある。だからこそ、人は人と分かりあえる。そして、どうせ生きて行くのなら喜びは多い方が、そして悲しみは、できれば少ない方がいいと誰もが想う。

『ドン・キホーテ』は、そんな、この世で人として生きる誰もが持つ普通の気持と共にある物語でもある。つまり、普通の人々を見つめる眼差しの温かさや、そこやかしこにちりばめられた人間味が、『ドン・キホーテ』のもう一つの大きな魅力だ。

喜びや哀しみ、愛したり信じたり夢見たりすることの楽しさ、そしてそれが時にもたらす切なさのようなもの、つまりは人間らしさが『ドン・キホーテ』には、満ち溢れている。

そうしたさまざまな人間的な気持や振舞いは、滑稽さとともに描かれるデコボココンビの主従の言動に極端な形で表現されてはいるけれども、ほかの登場人物たちもまた、彼らに負けず劣らず個性的だ。そして彼らの個性もまた、私たちの誰もが少しづつ持っている何かが誇張されて表現されているだけなので、どこか親しみが感じられる。

つまり『ドン・キホーテ』には、人間の感情や振舞いの、ありとあらゆる典型のようなものが、ぎっしりと詰め込まれている。

そしてドン・キホーテやサンチョパンサにみられる感情の起伏の大きさや極端さは、実は、スペイン人が持つ極端さでもあって、一般にスペイン人は、スペインの文化風土がそうであるように極めて多様性に富んでいる。

たとえば、極めてリアリストだけれども、同時にロマンチストでもあるし、情に厚いかとおもえば、時に無愛想で忘れっぽく、彼らの中には強さと脆さ、積極性と怠惰などが脈略もなく同居していて、本人たちはそのことに矛盾を感じる気配さえなく、しかも彼らは自らの感情を押し殺して、それを顔の奥に隠すことなどしない。

それはまさしく『ドン・キホーテ』の主従のキャラクターそのものでもあるけれども、両極にあるような二人の主人公の言動は、その振幅があまりにも大きいために、そのなかに、人間が抱くあらゆる感情や行動パターンを、まるごと抱え込む包容力を持っていて、それが『ドン・キホーテ』という物語に、人間の物語としての普遍力を与えている。

考えてみれば、人間はもともと多様性を持つ生きものだ。平穏無事を有り難がるかと思えば変化を望み、怠けることが好きかと思えば何かに熱中したり献身的に働いてみたり、恋人やみんなと一緒にいることを求めたり、一人にしてくれと怒ったり、自力で何かをしたいと思ったり、そのくせ人に頼ったり、計算高い人が、何かにほだされて急にどこかに寄付をしたり、信じてみたり疑ったり、理屈っぽかったり気分に流されてみたり、冷静だったり熱くなったり、とにかく、感情にせよ行動にせよ、人はいつでも、なにかにつけて揺れ動いている。

なのに社会は、右だの左だの、新しいだの古いだの、堅実だの不真面目だの、男だの女だの、金持ちだの貧乏だの、馬鹿だの利口だの、大人だの子供だのと、何かと人に一定の色を付けようとする。

そうしたことの一切はもともと、そのつどそのつどの関係や状況のなかで、ヤジロベエが右へ左へと揺れ動くように揺れるもので、どんな状況でも何も変わらないとしたら、それは死んだと同じこと。

生きるということは、そういうことだとする、悪くいえば無節操さ、良くいえば臨機応変な自在さがスペイン人の真骨頂だが、そんなスペイン人の特質を増幅したようなドン・キホーテとサンチョの気楽さが、私たちの体にいつのまにか染みついてしまった自己規制や自己自縛のような感覚を、笑いの向うに解き放ってくれる。つまりセルバンテスは、人間というものが持つ、良い意味でのいい加減さを温かく見守ってもいる。

たとえばドン・キホーテが風車を巨人と思って突進し、風車の羽根に吹っ飛ばされて全身を打ち、身動きもままならない状態になって、痩せ馬のロシナンテに乗せられ、ずり落ちそうになりながらも、痩せ我慢をして、拙者は泣き言は言わんぞ、なぜならば、それが騎士の掟、と言う場面では、サンチョはこんなことを言う。

掟というのなら、別に反対はしませんけんど

ただ、旦那さまの子分のおいらとしては
痛い時には痛いと嘆いてもらった方が
よっぽど気が楽なんですがねえ。

第八話「風車を相手の我らが騎士のとんでもない冒険」より

つまりドン・キホーテの魅力は、その全体を、世の中の諸悪や理不尽に対する義憤が支え、その上で、さまざまな人間らしさを、温かく見守っているというところにある。

けれども、セルバンテスが天才であるのは、それに加えてもう一つ、騎士物語という仕掛けを導入して、美意識という、人間ならではの価値意識とそのありようを、ユーモアを交えて鮮明に描いて、物語全体にダイナミックなテーマ性と生命力を持たせたことだ。

このことが『ドン・キホーテ』を、単なる面白可笑しい小説を超えた、特別な、見事な表現論ともいうべき内容を備えた、孤高の物語にした。

騎士物語というのは、端的にいえば、ロマンスを巡って騎士たちが繰り広げる荒唐無稽な武勇伝だが、そこには物語を成立させるためのいくつかのセオリーのようなものがある。

それはたとえば王に対する忠誠心であったり、信義のために命を賭して戦うことであったりするけれども、最も重要なのは、騎士がそれぞれ胸に秘める想い姫の存在だ。騎士の行動のほとんどすべての動機は想い姫にあり、優れた騎士は想い姫に全てを捧げ、その愛を求めて闘い、そして悩む。

これはイギリスの『アーサー王物語』や、フランスの『シャルルマーニュ伝説』、イタリアの『狂乱のオルランド』の物語や、そこから派生するあらゆる騎士物語の基本形となっている。これが人気を博したのは、物語が、所詮は男と女でできているこの世の、恋や情愛や友愛を軸にして展開されることに加えて、そこに、勇気だの冒険だの勝負だのが満載されているからだ。

ところが、セルバンテスの創意の見事さは、そんな騎士物語のセオリーをとりいれつつも、それを逆手にとって、舞台を、騎士の時代ではない時代の、平穏なスペインの田舎に設定し、貧乏郷士であるドン・キホーテに、時代錯誤の騎士の役をやらせて、騎士物語をまるごとパロディ化することによって逆に、人間が、どのような存在かを、ドン・キホーテの言動を通して浮かび上がらせてみせたことだ。

騎士とは無縁な時代のラ・マンチャ地方のありふれた日常には、頭がおかしくなって自分を騎士と思い込んでしまったドン・キホーテ以外に騎士など一人もおらず、攻めるべき城や救い出すお姫さまはもちろん、騎士と騎士との決闘や大合戦などなく、ましてや退治すべき百手の怪物や一つ目の巨人などいるはずもない。

だいいち旅に出るまでは、ドン・キホーテだってごくごく普通の田舎の貧乏郷士で、宮廷晩餐会などとはほど遠い、毎日が粗食の日常だった。

ふだんの食事はといえば
羊肉よりは牛肉の方がすこしばかり多く入った土鍋煮込み。
夕食には挽き肉入りの野菜炒めなどがついた。
土曜日にはそれにベーコンとタマゴを炒めたもの。
金曜日にはレンズ豆が添えられたし
日曜日には、たまには鳥肉料理を食べることもあった。
それで彼が得られるわずかな収入の四分の三が消えた。

第一話「ドン・キホーテ・デ・ラ・マンチャの人柄と日常について」より

ドン・キホーテは郷士だが、セルバンテスが、「どこの村とは、あまりはっきり言いたくはないけれども」と書いているような、とにかく、ラ・マンチャ地方のどこにでもあるような、ちっぽけな村に、小さな領地を持っていて、その地代でささやかに暮らす程度の郷士だった。もちろん恋とは無縁で、女房もいない。

そんな郷士とは名ばかりの郷士が、いきなり騎士になり切り、ドン・キホーテ・デ・ラ・マンチャという名前まで考えて遍歴の旅に出るような、そんな奇想天外な物語をとおして、いったいセルバンテスは、何を書きたかったのかということなのだが、それは端的に言えば、人は常に、なぜか広い意味での美を求めて生きる不思議な存在だということだ。

不思議なことに、人は昨日と明日の間にある今を、それなりに生きているけれども、そうして日々を普通に暮らすなかで、なぜか、より良い明日を夢見たり、人の役に立つ何かをしたいと想ったり、さらには、自らが為すことによって、できれば永遠のようなものと、どこかでつながりたいという儚い願いを抱いたりもする。それが人を人にし、人の文化をつくってきた。あるいは、人と人の社会を支えてきた。つまりそれは、人が人である証であり、人が人として生きて行く上で、どこかで最も、あるいは秘かに大切にしてきたことでもある。

自分が生きた証のようなものを、誰かの心のなかに遺すこと、あるいは言葉や図象などによって、自分がつくり出した作品に、もう一つの美につながる確かな形を与えること。

食べて寝て子孫を残すこと。なぜかそれだけでは満たされず、人は、それ以上の何かを、突き詰めれば、何らかの美しさを求めて生きる。

だからこそ人は、食べ物を美味しく食べるための食器をつくり、そこに模様をほどこし、美しい衣装をつくり、髪に髪飾りを刺し、歌を創り詩を創り、言葉を選んで恋人を喜ばせようとしてきた。

死者に花を手向《たむ》け、墓をつくり、家を美しく整え、美しい街をつくってきた。使う道具に装飾をほどこし、美しい仕草を身につけ、食べる人の笑顔を想ってお菓子を飾り、白い衣を色で染め、あるいは手間をかけて布を織り、優しさを形に表し、誰かに喜ばれることを嬉しいと感じ、そのためにこそ今を、あるいは明日を生きようとして生きてきた。

美しさを求めなければ、人は人になれなかった。絵も歌も物語も、優しく光を通すガラスも、風土と一体となった田園風景も美しい街並みも、何もなかった。美を求めてこそ人。美を信じてこそ人。すこしはましな明日を想い描き、それを何らかのかたちで表してこそ人。

ドン・キホーテが、どこにもあるようなありふれた街や景色のなかで、普通の人たちから狂人扱いされ、からかわれ、痛い目に会い、とにかく、あちらこちらで散々な目に会いながらも、それでもなお、あくまでも騎士であることを貫こうとするからこそ、読み進むうちに次第にはっきりと見えてくる、ドン・キホーテの美意識、セルバンテスの意図。

それは、『ドン・キホーテ』はもしかしたら、人が人として生きて行くとはどういうことなのか、表現とはどのような行為なのかということをユーモアの向こうに表した、セルバンテスの表現論なのではないかということだ。

考えてみれば、ドン・キホーテは、遍歴の旅に出るにあたって、まずは騎士としての身なりを調えた後、次に自分自身がなるべき騎士の名前を考え、そしてその次に、騎士という存在の証ともいうべき、自らの愛と勇気を捧げるべき美の化身、想い姫を勝手に創造する。

これは実に的確な算段で、人は誰しも、自然に何者かになるのではない、自らがそうしようと思って初めて、後世に語り継がれるような者になれる。あるいは、何もそんな大げさなことではなくとも、人として、なにか美しいことの一つもしようと思えば、それに関しては自分自身で考えて、それなりの心構えや準備や決心をしなくてはならない。
つまり、何者かになろうとすれば、ありふれた日常から飛躍しなければならない。そうしなければ、美の時空を飛び回る鳥にはなれない。だからドン・キホーテはまず、身なりと、自らがなるべき騎士のイメージに合った名前を考えた。こうして体裁を整えた騎士には、当然のことながら、騎士の魂ともいうべき想い姫がいる。

遍歴の騎士に想い姫がいなくては樹木に葉や花や実がないのと同じ。
悪人相手であれ何であれ、
戦いに勝った時に勝利を捧げる相手がいなくては話にならない。
そもそも戦う甲斐がない。
騎士というものは、誉も喜びも想い姫と共にあるものなのだから……。
こうして遍歴の騎士ドン・キホーテ・デ・ラ・マンチャは
便利なことにあっというまにそんな相手をしっかり思いつき
心の中で、想い姫を得たことに思わず万歳をした。
噂によるとどうやら彼は
彼の村からそれほど遠くはないところに住む
まあまあ可愛い百姓娘にもともと気があったようで
どうやらその娘を想い姫に仕立てたらしいが

その姫にあたう限りの上品な名をと考えた結果
彼女をドゥルシネア・デル・トボーソ姫と名付けた。

第一話「ドン・キホーテ・デ・ラ・マンチャの人柄と日常について」より

小説であれ絵であれ歌であれ建築であれ、彼女への手作りプレゼントであれ、美を創りだすには、向かうべき美のイメージ、つまりはヴィジョンのようなものがいる。もちろん途中で変更してもいいけれども、とりあえずそれがなければ、美というものは形を得ないし、ましてやそこに、人を感動させるような力を宿らせることなどできない。

ただ残念なことに、でき上がるまでは、美はその姿を明確には現さない。その意味ではヴィジョンは、美を創りだす働きを牽引するものであって、美そのものではない。

同じように想い姫も、実際に美しいかとか、実在するのか、というようなことは問題ではなく、重要なのは、一切を捧げるべき美しい姫の存在を、自分が信じられるかどうかということなのだ。


ドン・キホーテは旅の途中で、通りすがりの裕福な商人たちの一団に向かって、この世でドゥルシネア姫より美しい人はいないと宣誓せよと迫り、さもなくばこの道を一歩たりとも通さぬと、一行の前に立ち塞がる。

相手が、いきなりそんなことを言われても、見てもいない人を美しいと思えるはずがない。

ましてや宣誓などできるわけがないじゃないかとまっとうな返事を返すが、それに対するドン・キホーテの言葉が面白い。

愚か者め。麗しの姫のお姿を見てから
拙者の言うことが本当だったと言われても
それから宣誓されてもなんの手柄にもならぬ。
勝つとわかっている戦に誘うことに
儲かるとわかっている商売をさせることに何の意味がある。
見る前に信じてこその騎士ではないか。

第四話「宿を出た我らが騎士に起きたことなど」より

見る前に信じてこそ騎士じゃないか、おぬしも騎士ならば、それくらいのことは分かるだろうとドン・キホーテは言っているわけだが、しかしそんな理屈が、通りすがりの商人たちに通じるはずがない。しかしそこには、美の世界における真実がある。

ありふれた景色のなかに命を賭して闘う相手を見いだし、そこでの働きの成果を、自らが信奉する美の化身であるドゥルシネア姫に捧げようとする者であるドン・キホーテのこの言葉は、それを表現論としてみれば、美を求める者が持つべき心構えや、それを創りだす作業の本質を見事に言い表している。

いまだ見たことのない、しかし自分自身がそうと感じる美を信じて、美神に喜ばれるべく美を目指して献身的に働くからこそ、新たな美がうみだされる。人間の文化はそんな人々の働きによって創りだされ、その多様な成果が社会を豊かにし、それが共有されて社会に広がり、人々の心を潤してきた。

ただ、そうはいっても、美を創りだすという作業は、それほど簡単ではない。それなりの覚悟もいるし、多少の不便も、やり通す精神力もいる。

そのことをセルバンテスは、行きずりの旅人が、鎧兜に身を固めた騎馬武者の姿で見に行こうとするドン・キホーテをからかう場面の、こんなやり取りの中で表現している。

ところで貴公
このいかにも平和な田舎道を行くのに
どうしてまたそんな完全武装をしておられるのか。
それに対してドン・キホーテが言った。
拙者の職業が、これ以外の服装を許さぬのじゃ。

第十三話「グリソストモの埋葬、そのほかのことなど」より

見渡す限り大地が広がり、どこまで行っても日陰をつくる木々もまばらなラ・マンチャ地方

の陽射しは厳しい。太陽が大地を焦がし、上からの強烈な熱線と大地から立ち上る熱気に、ただでさえ、脳みそがとけてしまいそうになる路を、鎧兜の完全武装で行くのだからただ事ではない。

鎧も兜も、目玉焼きさえできそうなほどに熱せられて、全身がたちまちゆで上がってしまうほどであるはずなのに、拙者は騎士なので、これ以外の服装をするわけにはいかないのだと答えるドン・キホーテの心構えは、まさしく尋常ではない。

しかしこれを、ただの狂人だから、物語だからと言ってしまっては、せっかくこのような文章を書いたセルバンテスが泣く。

人は誰でも、なろうとして何者かになる。なにもせずに、いつのまにか見つかるような本当の自分なんてものはどこにもない。人格とは自分でそうなろうと目指し、つくり、自分の手で身にまとうものだ。美を創りだす者も同じだ。自分が見ようとし、追い求めなければ美は姿を現さない。美を創り、美と共に生きることはできない。

だから、遍歴の騎士になった以上、どんな時であろうと、万全の体制で、最良の騎士であり続けなければならない。すくなくとも、そうあろうとし続けなければならない。そうでなければ、わざわざ遍歴の旅に出てきた甲斐がない。

ここでセルバンテスは明らかに、表現者としての心構え、あるいは作家である自分の生き方そのものを表明している。少なくとも、アーチストの表現という行為がどのような仕事なのかということを言おうとしている。

どうやら平和な時代に騎士として生きることほど大変なことはない。たとえば、旅の途中で出合った商人の一団に、ドゥルシネア姫こそが世界一の美女だと無理やり宣誓させようとした時にも、ドン・キホーテはさんざんな目にあった。

ドン・キホーテは、商人の一団が一向に宣誓をしないことに憤慨して、愛馬ロシナンテと共に槍を構え、彼らを成敗すべく突進するが、その途端、足がもつれて愛馬が転倒し、放り出されて地面に叩きつけられ、動けなくなってしまう。そのうえ、一団の中の気の荒い若者に、息もできなくなるほどにめった打ちにされる。

そのあと、粉々になって身動きできずに横たわっているところに、たまたまとおりかかった故郷の村の住人が、ドン・キホーテを見つけて、村まで連れ帰ってくれる場面があるが、そこではセルバンテスは、ドン・キホーテに、こんなことを言わせている。

やめてくだされ旦那さま。
おいらはロドリゴ・デ・ナルバエスなんかじゃねえですだ。
旦那さまの家の隣に住む
水呑み百姓のペドロ・アロンソでしょうが。
旦那さまだって、
アビンダルラだのなんだのではなくて

我らが村の郷士さま、
キハーナさまでしょうに……。

ところが、それに対して我らがドン・キホーテはこう言った。

自分が何者かは、拙者が誰よりも知っておる。
しかも拙者は、すでに申した騎士であると同時に
フランスの十二騎士の全部にも
それどころか、世界に名だたる九人の勇敢な騎士の
全部に匹敵する騎士に、
自分一人でなれるのじゃ。

第五話「我らが騎士の災難、そのあとのことなど」より

人は誰でも、現実的には、なんとか村の何がしであったり、誰かの親や夫だったり、なんとか会社の社員だったりする。しかし同時に、人は常に、おそらくは自分にしかわからない幻《イマー》想的《ジナティヴ》な空間と共に生きている。あるいは人には、それぞれ自分にとっての美しさがあり、できればこうでありたいという大切なイメージや願いのようなものがある。それが、一つの命を持つ動物であると同時に、幻想的《イマージナティヴ》な存在である人の日々を支える。

もともと豊かな想像力を持つ存在である人は、幼いうちは、想像の世界のなかで何にでもなれる。けれど、生きて行くうちに、厳しい現実のなかで、できないこと、できなかったことばかりが増え、やがて美を夢見る心を萎えさせていく。それでも人は、自分が何かを美しいと思う心だけは持ち続けたいと、無意識のうちにも、あるいは本能的にそう思う。

もしそれを見失ってしまったら、自分が人ではなくなってしまうことを、人は誰でも心のど

こかで知っている。

ただ、自分が美しいと思うことに、ほかの人も同じように美しいと感じる形を与えることは難しい。人生においても、表現においてもそれは同じだ。それをするには少なくとも、ドン・キホーテが言うように、自分が何者かを誰よりも知っている必要がある。

それを知った上で、名だたる騎士や、それ以上の存在になること、そのイメージに誰もがわかるような形を与えることは決して容易なことではない。ましてや、永遠と触れ合おうとすればなおさらだ。

しかしセルバンテスは、苦難の人生を経て、普通の心を持つ普通の人々に優しい眼差しを送りながら、しかもその上、あらゆる表現者が心すべき表現上の掟のようなものを、ユーモアと反骨精神と共に、『ドン・キホーテ』という物語空間のなかで書き尽くした。このような天才は、文学史上、セルバンテスのほかにはいない。

ドン・キホーテの遍歴の旅は、山奥で荒行を始め、このままでは主人が本当の狂人になってしまうことを心配したサンチョ・パンサが、同じ村の住人で郷士の友人の司祭と床屋のニコラスと共に、なんだかんだの騒動の末に、郷士を檻に入れて故郷の村に連れ戻るところで終わる。

村に着くと、サンチョの女房は、八ヶ月も家を空けて冒険の旅に出たからには、ご褒美はたくさんいただいたか、自分にはドレスの一つも、子どもたちには靴の一つも持って帰ってきたかと問うが、サンチョは、いや、そんなものは何一つ持って帰っては来なかった。けれども、もっと大切なものを持って帰ってきたと答える。

それは何？　と問う女房に、今度また旅に出たら、こんどこそ旦那さまから国の一つも分けてもらえるんだと言おうとしたサンチョは、そんなことを女房に言っても、とおそらく思ったのだろう。はやる女房のファナをなだめてこんなことを言う。

ファナ、どんなことでも
いっぺんに全部を知ることはできねえだ。
だけんど、おいらが
本当のことを言ってるんだということだけは本当だから
それで満足しておくれよ。
ただ言っとくけんど、一つだけ確かなことは
正直もんにとっては
冒険を探し回る遍歴の騎士の従者をするより楽しいことは
世界中探したってねえってことだよ。
見込み違いのこともよくあるけんど
だけんど、そうは言っても
冒険を探して山を越えたり
森の中に入り込んだり、岩山に登ったり
お城に行ったり、宿に泊って一文も払わなかったりとか

ほんと最高だよ。

第五十二話「最後の冒険、そして故郷に帰るドン・キホーテ」より

セルバンテスが言いたかったのは、そういうことなのだろうと思う。どんなことにもめげず、見返りさえ求めずに、自らが愛する美しい姫にすべてを捧げ、どんな目にあっても、苦難を試練と思い、それに耐えて騎士を貫くことを天職と覚悟し、それが世のため人のため自分のためだと信じて、あらゆることを喜びに変えるべく旅をする憂い顔の騎士ドン・キホーテ。そんな騎士と八ヶ月も旅をしたサンチョの中では、現実と幻想空間《イマージナティヴ》との、大切さの順序が、すでに入れ替わってしまっている。

人間という不思議な存在にとっては、生きるということは、表現をすることでもある。日々の暮らしをしていくなかで、まわりの人々や仲間と想いを、つまりは何らかの形で、幻想空間《イマージナティヴ》を共有すること。そうして社会を、もう少しはましなものにと思うこと。あるいは遠いところにいる誰かに向けて、共有されていいはずだと思える何かを発すること。さらには普遍や永遠としかいいようのない何かに向かって表現し、表現し続けていくことにほかならない。結局のところ未来は、そうして誰かが想い描いた明日への想いの中から形を現す。

ここには無いかもしれないけれど、いままでは起きなかったかもしれないけれども、でも、あってよいはずだと思える何か。よりマシと思えること、より美しいと思えることこそが、自

分にとって、そして人間にとって、真にリアルなことであって、それが人を活かすのだということ。それが、表現を仕事とする天才セルバンテスが『ドン・キホーテ』という物語に託した想いであり、願いでもあったのだろうと、思う。

●マドリッド近郊の、セルバンテスが生まれた世界遺産の街アルカラ・デ・エナーレスにはセルバンテスの生家とされる記念館があり、アルカサル・デ・サン・ファンやカンポ・デ・クリプターナやコンスエグラのあたりでは、風車のある典型的なラ・マンチャ地方の風景を体感することができる。また物語に、想い姫ドゥルシネアの出身地とあるエル・トボーソ村は実在していて、ドゥルシネアの家やセルバンテス記念館がある。またマドリッドのスペイン広場には、ドン・キホーテとサンチョ・パンサの銅像がある。
なお『ドン・キホーテ』は、日本でもさまざまな訳本がでているので容易に読むことができる、ちなみに筆者が、セルバンテスらしさが最も良く現れているところに焦点を絞って訳した『ドレのドン・キホーテ』(宝島社)では、十九世紀の版画家、ギュスターヴ・ドレによる多くの挿画を用いていて、本文の訳文は、その拙著からの引用。

Diego Velázquez

5　ディエゴ・ベラスケス

絵とは何かという問いに
真っ正面から向き合った画家のための画家
人間の知覚の回路の中にまで絵を描き込んだ天才

『ラス・メニーナス（Las meninas）』1656〜57年制作　318X276cm　プラド美術館

一五九九年にセビージャで生まれ、一六六〇年にマドリッドで死去。二十四歳の時にマドリッドを訪れた際に描いた、国王フェリッペ四世の肖像画が王に気に入られ、以後、宮廷で王の友人、王直属の首席宮廷画家として生きた。

若くしてすでに精緻でリアルで映像的な、臨場感に溢れた独特の描写力を備えており、一見ラフななかに超絶的な技巧をさらりと披露している『マルタの家のキリスト』は十九歳のときの作品。

二十九歳の時に、当時スペイン領であったフランドル（オランダ）の画家で外交官でもあったパウル・ルーベンスとマドリッドで知り合う。このころ、神話的な画題でありながら、描かれた人物たちがスペインの民衆そのものである『バッカスの勝利』を描いている。

三十歳の時と四十九歳の時に、王の許可を得て、自らの画家としての見識の向上や技の修練のためにイタリアにそれぞれ数年間滞在し、歴史的な絵画から多くを学んだ。またイタリアでは、王の全権大使として名画や彫刻などの名品を蒐集し、現在のプラド美術館の中核を成す王室コレクションの充実に寄与した。

スペインリアリズムを代表する巨大な『ブレダ開城』は、一回目のイタリア滞在から帰った後の、また当時のスペイン絵画には珍しい、若々しく瑞々しい女性の裸体を描いた『鏡のヴィーナス』は二回目の滞在時の作品。

帰国後、王の絶大な信頼のもと、いくつかの王宮の、内装を含めた空間全体のアートディレクションと、王室の重要な祭儀の演出を司る重責を担うかたわら、『ラス・メニーナス』『織女たち』『マルガリータ王女』などの、ベラスケスならではの代表作を描いた。

六十一歳の時、フェリッペ四世の娘とフランス国王ルイ一四世との婚礼という、国家の命運を賭けた儀式の演出を手がけ、おそらくはその過労がもとで病に倒れ、マドリッドで急死した。

絵とは何かを描き表した、絵画史上、最高の画家の一人。画家のための画家。

ベラスケスと『ラス・メニーナス』

絵画史に残る画家は無数にいるけれども、ベラスケスは、そのなかでも、最も天賦の才能に恵まれて生まれた画家の一人だ。しかもベラスケスは若くして、スペイン帝国が世界を制覇していた時の王の友となり、王直属の首席宮廷画家として、王に頼まれた絵と、自分が描こうと思った絵だけを描くという、画家としては稀有な環境のなかで生きた天才だ。

さらに、まさしくスペインバロック絵画の黄金期を生きたベラスケスは、その時代をリアルタイムで生きたばかりか、当時のヨーロッパで最も売れっ子の人気画家、兼外交官だったルーベンスとも親しくなり、そのうえ、王の全権大使として、ルネサンス絵画の最良の作品を産み出したイタリアに滞在し、そこで後のプラド美術館の中核をなす名作を買い付けて、王家のコレクションに加えるという役目をとおして、そのような地位でなければ決して見ることなど出来ない名品と直接触れあうという、画家にとってはこのうえない機会と経験を得て、自らの目と手と心を磨いた。

このような、さまざまな偶然が奇跡的に、あるいは必然のようにして重なり会ったところにいる画家がベラスケスだ。だからこそベラスケスは、絵とは何かという問いにダイレクトに向き合い、いまだ誰も踏み込んだことのない美的時空のなかで、彼にしか描き得ない絵を、自分に与えられた使命として、あるいは人間の最も豊かで知的な遊戯として描いた。

ところで、人は一般に、景色であれ物であれ、自分の目で何かを常に、あたりまえのことのようにして見ている。もちろん、目の前のコップに手を伸ばせば、コップは実体を持つ物質なので、そこには確かな手触りがあり、水を満たして飲むこともできる。

遠くの方に見える山も海も、単にそう見えているだけではなくて、それを目指して歩いていけば、その山に登ることも、海で泳ぐことも出来ることを、私たちは当然のこととして知っている。なぜならそれらはすべて、自分が居る現実の世界に、実体として存在しているからだ。

しかし絵はちがう、たとえば、一枚の画布の上に、いかにも美味しそうなリンゴが描かれていたとしても、それはもちろん実体としてのリンゴではなく、手に取ることも食べることも出来ない。つまりそこにあるのは、画家の手によって意図的に、平面上の情報に変換されたリンゴにすぎない。

ところが不思議なことに、人には、それを見て、それをリンゴだと認識する、想像力や理解力という能力がある。しかも人は、そうして認識したリンゴを、自らの体験や記憶の中にあるリンゴのイメージとつなげることによって、絵の中のリンゴに個有のリアリティを感じとることができる。ただそのとき、実際の物体としてのリンゴと、私たちのイメージとの間には、決定的な隔たりがある。

つまり、一つ一つ重さも大きさも形も味も違う実体としてのリンゴは、それぞれ異るリンゴとしてこの世に存在しているけれども、描かれたリンゴは、平面情報と化された時点で、すでに抽象的な画像として固定化《フィックス》されたリンゴになっていて、それを見る人は、その情報と、自分自身の中にあるイメージとを重ね合わせることによってリンゴを実感する。

したがって、絵に描かれたリンゴは、実は、それを見る人が、それぞれの心のなかでリンゴを実感することを喚起する、きっかけの役割をしていて、そうして各人のなかでイメージされたリンゴは、当然のことながら、見る人によって、それぞれみな異なっている。言葉を換えれば、描かれた一個の情報から、無数のイメージが喚起されるということになる。

こうしたことは一般に、無意識のうちに、ほとんどオートマティックに成されるために、人は普段、人があたりまえのように持っている視覚的な認識の回路の不思議さを、いちいち気にとめたりはしない。

しかし画家は違う。画家はリンゴを描いたならば、少なくとも、ほとんどの人にとって、それがリンゴだと認識されるように描かなければならない。そうでなければ画家は画家として生きていくことが出来ない。

つまり、見ることは簡単だけれども、誰が見ても、そう見えるように描くということは、それほど簡単ではない。そこでは、実体をもつ物を平面情報化するという飛躍的な翻訳作業、もしくは情報の変換が必要だからだ。

そのとき、描かれる絵としてのリンゴは、実体としてのリンゴと、そっくりであればあるほど良いのかといえば、必ずしもそうではない。情報化されたリンゴと実体としての個々のリンゴとは、本質的に、全く異なる次元にあるからだ。

つまり人間が、絵からリンゴを想起することができるという不思議な認識の仕組をなぜか持っている以上、絵の役割は、リンゴを想起させることにあるのであって、どんな描き方をされていようが、それを見る人の目に、リンゴとして映ればそれでいい。というより、むしろその方が、絵としては優れているというところに、絵と人間の関係の面白さがある。そのほうが抽象度、あるいは自由度が増し、無数に存在し得るそれぞれのイメージを、邪魔しないからだ。

どんなにリアルに描かれたところで、そのリンゴが食べられるわけではない、リアルに描けば描くほど、絵が上手だなと感心されるかもしれないけれども、それは実体としての個々のリンゴに疑似的に近づくだけであって、それぞれの中でイメージされてこそのリンゴからは、むしろ遠ざかってしまう。

こうした絵と人間との関係の不思議、人が絵を見て何かを感じるという認識の回路の不思議、そして自分の手と筆と、いくつかの色によって、平面に描いたものが人々に、空間や、それ以上の何かを感じさせることができるという不思議そのものに、真っ正面から向かい合い、そしてその不思議を描き尽くした孤高の天才、それがベラスケスである。

ディエゴ・ロドリゲス・デ・シルバ・イ・ベラスケス（Diego Rodríguez de Silva y Velásquez）は、スペイン南部の都市、セビージャで生まれた。当時セビージャは、世界を制覇したスペイン帝国が、浪費に浪費を重ね、次第にその勢力に陰りが見え始めてからもなお、南米はもとより世界中から、金銀財宝が運び込まれた港であり、スペイン最大の都市の一つとして栄華を謳歌していた

またセビージャは、コルドバ、グラナダと並び、イスラム的なアル・アンダルース文化が咲き誇った、アンダルシアの中心都市の一つであり、もともと多様な文化が折り重なった文化都市であるうえに、港湾特有の自由で開放的な風土を持ち、しかも、スペイン帝国が世界を支配下に置いてからは、世界中の富と異文化を迎え入れて栄える、極めてコスモポリティックであると同時に、気の荒い船乗りたちや一獲千金を狙う商人たちがたむろする、ややデカダンスの香りが漂う大都市だった。

ベラスケスは、十歳の時、当地の、有名ではあったけれども人柄が悪かったらしい、エレーラ・エル・ビエホ（年寄りのエレーラ）という通り名を持つ画家に絵を習い始めるが、すぐに嫌になり、スペイン独特の静物画の画家であり、おだやかな教養人でもあった、フランシスコ・パチェーコの工房で修業を積む。

スペインバロックの研究家のペレス・サンチェス氏によれば、パチェーコの工房は、文化サロンのようであったらしく、音楽家や詩人やさまざまな分野の文化人がたむろしていたらしい。

ベラスケスは、十八歳の時にはすでにセビージャの画家組合の試験に合格して独り立ちする許しをもらい、翌年、師匠の娘のファナと結婚する。

パチェーコは、この才能あふれる婿にふさわしい舞台を与えるべく奔走し、ベラスケスが、二度目にマドリッドを訪れた機会を得て描いた肖像画が、目出度くフェリッペ四世のおめがねにかない、二十四歳の若さで王直属の首席宮廷画家となる。


ここで、レコンキスタを成し遂げたイザベルとフェルナンドのカトリック両王以降の、スペイン帝国の王位の流れを簡単に述べれば、イザベルの死後（一五〇五年）、カスティージャ王国の王は、フランスを牽制するために神聖ローマ帝国のハプスブルグ家と政略結婚させた娘のファナが継ぎ、フェルナンドの死後、ファナの息子のカルロス一世（神聖ローマ帝国カール五世、一五一九〜五六）が継いだため、神聖ローマ帝国と合体したスペイン帝国は、新大陸はもちろん、イタリアからフランドルに至る、フランスを包囲する国々やナポリ公国やシシリアなどを傘下に置く。その後、カルロス一世とポルトガル王の娘であったイザベルとの間に生まれたフェリッペ二世（一五五六〜九八）が後を継ぐに至って、スペイン王はさらにポルトガルの王も兼ね、スペインは黄金時代を迎え、陽の沈まぬ国といわれるほどの大帝国として世界の覇者となる。

スペイン帝国は、ローマカトリックを擁護していたために、やがてカトリックとプロテスタントとの宗教戦争の姿をかりた地域独立戦争に力を削がれ、また七つの海を支配した無敵艦隊がイングランドに敗れるなどして次第に力を失っていくが、それでも、フェリッペ二世の息子のフェリッペ三世（一五九八〜一六二一）、そしてその息子のフェリッペ四世（一六二一〜六五）の代になっても、依然として、同じような膨大な領域を支配する大国であり続けていた。

そしてベラスケスを、生涯、才能豊かな友として遇した王こそが、このスペイン黄金時代の最後の王ともいうべきフェリッペ四世だった。ベラスケスが描いた肖像画を、たちまち気に入った王は、即座に首席宮廷画家に任命する。

この頃のスペインは、その富を背景に、文化的にも黄金時代を迎えており、ベラスケスの故郷のセビージャには、彼と共にスペインバロックの頂点を築くことになる一歳年上の画家スルバラン（一五九八〜一六六四）、さらにはエステバン・ムリーリョ（一六一七〜八二）もいた。

さて、ベラスケスがどんな画家だったのかということだが、まず、彼が十九歳の時に描いたといわれている絵を紹介する。持って生まれた才能と資質というべきだろう、この絵にはすでに、後のベラスケスらしさが端的に描き表されている。

とりあえず『マルタの家のキリスト』という宗教的なタイトルがつけられているが、しかしこれは宗教画ではない。ここでしっかりと、丁寧に描き込まれているのは、ニンニクをすりつぶしている少女の表情や衣服、そしてなにより、真鍮《モルテーロ》の乳鉢や陶器の壺や魚などにほかならない。ここでベラスケスは、彼の技量と、そして彼の絵に対するスタンスを、すでに明解に表明している。

机の上に並べられた物体、あるいは画題《テーマ》は、まず金属的な光を返す真鍮の乳鉢。油壷や皿な

『マルタの家のキリスト（Cristo en casa de Marta）』
1618年頃制作　60X103.5cm　ナショナル・ギャラリー（ロンドン）

どのセラミック。皿の上に置かれた新鮮な魚、硬いようで脆い殻を持つ卵。そして乾燥して乾いた表皮を持つ野菜のニンニクとトウガラシ。ベラスケスが、画面の中に、わざわざこのような画題を置いたのには理由がある。

画家が描いた絵の中にあるものはすべて、画家が描こうと思ったものにほかならない。かりに風景画のような画を描いたとしても、画家は目の前の風景の中から、何かを捨象することもできれば、実際には無い物を描き加えることもできる。

それではベラスケスが、机の上の物たちによって何を描こうとしたのかといえば、それは、それらに備わる素材感の違いと、それを見事に描きわけることができる、自らの卓越した技量だ。

極端にいえば、この絵一枚だけで、ベラスケスは、自分がスルバランと同じように、後にスペインリアリズムの極地と歴史から呼ばれることになる、最先端の画風と、それを描く技量を持つ画家であることを示した。

一歳違いで、セビージャで活躍したスルバランは、暗い画面の中にくっきりと画題を浮かび上がらせるイタリアの画家、カラヴァッジョにも通ずる、演劇的な画風と、衣服などの、画面の中の個々の物質の素材感をリアルに描写する筆力で一世を風靡したが、同じ時代に同じ場所で生きた者同士ならではというべきか、ベラスケスの『マルタの家のキリスト』にも、同じような特徴が表れている。

スルバランは絵画史においては、特に、スペインバロックの最重要作品の一つとされている『陶器のあるボデゴン（Bodegón con cacharros）』によって有名で、これは、暗い横長の画面の中にカップや壺などを横に並べただけの静物画だが、描き方が毅然としていて、物たちを見事に、絵の主役として存在させきっていて、彼の代表作ともなっている。

技術的なことでいうならば、若きベラスケスの『マルタの家のキリスト』の場合は、魚や卵などの生ものも描き込んでいるだけに、より挑戦的な気概、あるいは自負のようなものが感じられる。

ただ、この絵が挑戦的なのは、むしろその背景にある。見事に描かれた老女と少女の二人の普通の人物と机の上の物たちの向うに、なぜか、とってつけたような四角い画面がある。それが、壁にうがたれた窓のような開口部なのか、壁に掛けられた絵なのか、それとも、もしかしたらそれは鏡で、反対側の明るい部屋にいる人たちが映っているのか、と思ったりもするが、それに関しては、見れば見るほど判然としない。

ベラスケスがちゃんと描かなかったからなのかといえば、もちろんそうではない。真鍮の乳鉢と新鮮な魚が返す微妙な光の違いを描き分けられる画家であってみれば、もし描こうと思いさえすれば、額縁に入った絵なら絵を、窓なら窓を、それらしく描けないわけがない。つまりベラスケスは、わざわざ、どこまでも曖昧にしようと思ったのだ。

ではその、妙に明るい四角い画面のなかにぼんやりと描かれているものが何かといえば、はたしてベラスケス自身がそのようなタイトルを付けたかどうかは定かではないが、一般にそう呼び慣わされている絵のタイトルが示すように、それはどうやら、新約聖書の中の、イエスが、マルタとマリアの姉妹の家に行った時の有名な一場面だ。

弟子たちと共に布教を始めたイエス・キリストは、行脚の途中、彼を応援してくれる人々の家で旅の疲れを癒したが、マルタとマリアの家もその一つで、イエスはしばしば姉妹の世話を受けていた。そんなある日、マルタは、いつものようにキリストをもてなすべく、台所でかいがいしく働いていたが、イエスの足を盥《たらい》の水で洗いに行ったマリアが、いつまでたっても帰ってこない。見ればマリアは、足を洗い終わってもなお、そのままそこにとどまり、じっとイエスの話を聴いている。

それに腹を立てたマルタが、イエスのところに行き、私の手伝いをするように言って下さいよと言うと、イエスは、彼女は彼女にとって最も大切なこととして私の話を聴くことを選んだのだから、その時間を奪ってはいけない、と諭したというエピソードだ。

しかし、もしもベラスケスが、そのエピソードやそれが示す意味を描きたかったのなら、よりによってなにも、はたしてその場面を描いたかどうかさえよく分からないような、こんな曖昧な表現をするはずがない。つまりベラスケスは、本来であれば絵の主題とすべきその場面を、敢えて小さくぼやかし、つまり、そんなことはどうでもよいことだとして、その代わりに、自分が描きたいと思うものだけを明瞭に描いた。

それでは、この絵でベラスケスは何をしようとしたのか？　端的に言えば、ベラスケスは、絵は絵にすぎないと言明したのだ。これは実は、西欧絵画の歴史の中で、王様は裸だ、と叫ぶに等しい、画期的な、そして決定的な一言だった。

キリスト教がヨーロッパに浸透し、教会の権力と王の権力とが、互いに手を結びあう二大権力となって以来、また経済活動が広域化し、富豪という存在が貴族と融合し始めるようになってからというもの、絵画の重要な主題《テーマ》は、宗教的なものか、王侯貴族や富豪の肖像画、あるいは国の命運をわけた戦いなどの歴史的事件や婚礼などの政治的な大イベントと相場がきまっていた。静物画や風景画などは、単なる装飾のためのお手軽で通俗な画題としか思われていなかった。

ルネサンス以降は、それに神話という画題《テーマ》が加わったけれども、どちらにしても、絵に描くべきほどに重要な画題は、神々か、それに類する人々、あるいはそれらと肩を並べる存在であるかのようにして肖像画が描かれる王侯貴族や富豪などの上流階級の人々に限られていた。

そんななかで画家たちは、注文通りの絵を描き、あるいはエル・グレコのように、絵を取り巻く宗教性を逆手にとって活躍した画家もいたが、ベラスケスはそれを、敢えて無視した。

おそらくは多様な文化が重なりあう自由奔放なセビージャの気風も関係してはいるだろうけれども、それにも増して、絵とは何かということに関して、若くしてすでに透徹した目を持っていたベラスケスの知性は、宗教や意味や権威や歴史や善悪などの、絵をとりまくもろもろのイルージョン、それによって絵を価値付け、あるいは、逆に絵によって権威付けされる、もろもろの社会性や意味性は、絵というものの本質にとっては、余計なものにすぎないと見抜いていた。

つまり、絵とは、画布の上に絵の具をどのように置けば、それが人の目にどう映るかを競う、人間ならではの視覚的な遊戯だと、若きベラスケスはさらりと言い放ったのだ。


人はしばしば絵の中に意味を探す。当時この絵をみた人もまた、これは何を描いた絵だろうと考えただろう。そしてどうやらこれはマルタの家のキリストを描いた絵ではないかとし、それでは手前の不機嫌そうにしているのがマルタなのか、いや、もしかしたらこれは壁に掛けられた絵で、婆さんがその意味を説明しているのだ、いやいや、もしもこれが鏡に映っているのだとすれば、イエスさまの時代に、こんなによく映る鏡はなかったはずだから、そこに映っている男はイエスさまではない、などと、いろんなことが囁かれただろう。しかしベラスケスは、人々の戸惑いを楽しむかのように、そんなことはこの絵にとって、どうでもいいことなのだということを敢えて絵に描いた。

これは、もしそれ以後ベラスケスが、王の側近として生きずに、このようなことをし続けたならば、異端審問所さえある時代に、はたして無事に天寿を全う出来たかどうか疑わしく思えるほどに危険な、絵画表現史における革命だった。

もちろん彼の絵は、余計な意味付けを必要としないほどに、さらには、たとえ余計なものがあったとしても、何となく見過ごされてしまうほど、風に揺れる木の葉のように、空に浮かぶ雲のように、あるいは目の前の花や石ころのように、見た目に自然で豊かだったために、この不敵な叛逆のような革命は、そうとは受け取られなかった。

しかし、デビューした時点ですでに、画家としてはまわりの誰よりも上手かったベラスケスは、二十世紀の詩人ラファエル・アルベルティが、その詩の中で「解き放たれた鳥」と讃えた、見事な筆さばきで画布《カンバス》の上にすばやく色を置きながら、実は、とんでもないことを平然とつぶやいていたのだった。ベラスケスが、この絵の中でニンニクやトウガラシと共に遺しているのは他でもない、絵画を取り巻く慣習、あるいは約束事そのものなのだ。

しかし同時に、象徴的な言い方をすれば、この時はじめて西欧絵画は、その歴史の中で、絵画があらゆることを画題とし得る、視覚表現の新たな地平をみすえる一つの出発点に、言い方を換えれば、絵が絵として、また画家が画家として、諸権力から自立し始める地点に立った。

ちなみに、スルバランが有名な『陶器のあるボデゴン』を描いたのは最晩年の一六六〇年、ベラスケスが急死した年であり、私は個人的には、もの言わぬ真鍮のカップと脆い陶器たちが、毅然として静かに、そして豊かに、言葉にしようのない何かを感動と共に饒舌に語りかけてくる、どこまでもストイックでありながら優雅で大胆で華麗なこの絵は、スルバランがベラスケスに捧げたオマージュだと考えている。

スペインバロック絵画の黄金時代の頂点は、間違いなくこの二人によって築かれたが、同じような時期に、たとえば文学の世界では、セルバンテスが一六〇五年に『ドン・キホーテ』を発表し、彼と同じ年に死んだシェークスピアが一六〇六年に『リア王』を発表して、人間という存在にとって、幻想が、ときには現実よりもリアルでありうることを表していた。

またイタリアではガリレオ・ガリレイ（一五六四〜一六四二）が、振り子の等時性や物体の落下の基本法則を明らかにし、一六三二年には『天文対話』を著して地動説的な宇宙論を展開したが、翌年、異端審問書から断罪されてその考えを放棄させられた。有名な「それでも地球はまわっている」とガリレイが呟いたとされる伝説はこのとき生まれた。

その後アイザック・ニュートンが一六八七年に『自然哲学の数学的諸原理』を著して、いわゆるニュートン力学を展開することになる。

有名なリンゴの話でいえば、リンゴの実が木から落ちるのを見た人は無数にいただろうけれども、しかし、リンゴの実であれ木の葉であれ、すべてのものが下へと落ちることを不思議と思い、その理由を、どこまでも追求したからこそ、そこから普遍的な法則が解明された。

リアリズムや完全性や人間の構成力の豊かさを追求したルネサンス以降、常識やあるがままの現実の向こうに、もう一つの真実があることに目を留める、まさに画期的な人たちが、次々に現れ始めていたが、ベラスケスもまた、そんな時代の最先端を翔《かけ》た天才だった。

弱冠二十四歳の時に、国王フェリッペ四世の肖像画を描いたのを機に、王直属の主席宮廷画家となったベラスケスは、それ以降、生涯宮廷に住み、絵を描くばかりではなく、宮廷全体の空間装飾、ならびに王家が関係する重要な儀式や祝典のアートディレクションのような仕事を任される。

当時宮廷は、イスラムの時代からの王宮、アルカサールにあったが、フェリッペ四世は、新たに別宮としてブエン・レティーロ宮殿と、それに加えて、主にフェリッペ二世と、自らが蒐集した芸術作品を収蔵する王室美術館ともいうべき、別邸を兼ねた装飾的な宮殿、トレ・デ・ラ・パラダを建造した。アルカサールは一七三四年に消失したが、ベラスケスは、それらの王宮の空間装飾監督も兼任し、絵画や彫刻の配置などを含めた装飾の全般、ならびに式典の演出を指揮することになる。もちろん、その中の重要な部屋には、自らが筆をとり、巨大な絵を描いて飾った。

フェリッペ四世は、軍事力を強化しそれを誇示する強権的な王ではなかったために、広大なスペイン帝国の各地で、独立運動的な反乱を招いて帝国が衰退していくことを助長したとされ、政治的には無能な王だったかのように一般には言われている。しかしこれは、政治というものを、領土の維持や拡大といった、権力者たちの覇権争いに重きを置いた観点から見ようとするからに過ぎない。

政治とは本来、国家や共同体が平和で、民が豊かに、喜びとともに人間らしく文化的に生きられるような社会環境を整えることだとすれば、彼の時代が、スペイン芸術の黄金時代だったことでも分かるように、彼はスペイン王国にとって、文化の育成という観点から見れば、極めて有能な王だった。

フェリッペ四世の面白さは、自分や王妃や王女など、自分に親しいものたちの肖像画に関してはすべて、ベラスケスに描かせることにしたことだ。彼は明らかに、歴史の中に自らの名を、ベラスケスと共にのこそうとし、そして実際そうなった。

彼は、ベラスケスという歴史的な天才の開花を助け、また、絵画表現史の最良の作品を一望にできる、プラド美術館の中核を成す作品群を蒐集させ、それを後世に遺したことだけをとっても称讃に値する。

もし彼の全面的な信頼と擁護がなければ、ベラスケスも絵画の本質と真っ正面から向かい合うような作品は残せなかっただろうし、また王の全権大使としてイタリアで絵画や彫刻の名作を蒐集することもできなかっただろう。ほかにもフェリッペ四世は、ベラスケスの助言もあっただろうけれども、たとえば、まるで工場のような工房で絵を量産したルーベンスが、彼の手と筆だけで描いた『三美神（プラド美術館蔵）』のような、彼の最高傑作ともいうべき絵をコレクションに加えてもいる。ベラスケスに宮廷の空間や式典の演出をやらせたことも、ベラスケスが極めて空間的な画家になることに、結果的に大きな働きをしただろう。

ともかくフェリッペ四世の時代は、絵画ではベラスケスはじめ、スルバラン、ホセ・デ・リベラ、エステバン・ムリーリョ、ルーベンスなどが活躍し、演劇や詩を含む文学の領域では、劇作家で詩人のカルデロンやロペ・デ・ベガ、さらには、ベラスケスが見事な肖像画を描いているとことでも知られる詩人のルイス・デ・ゴンゴラなど、実に多くの芸術家や文化人が活躍しており、そのような豊かな文化的風土《カルチャーグラウンド》を醸成したことにおいて、フェリッペ四世は、むしろ賢王であったといってよい。


そんな中でベラスケスは、生きていくために絵を描くという、画家なら誰もが背負う務めから離れて、絵を描くために生きるという、前代未聞の環境《コンディション》のなかで、宮廷のために必要な絵と、絵とは何かを自らが知るための絵だけを描いた。

さらにベラスケスは一六二八年、二十九歳の時に、二十二歳年上で、スペイン領だったフランドルの、当時最も高名な画家であり、ヨーロッパの国々を親善大使のように飛び回っていたルーベンスが、マドリッドに招聘された時に知りあい、おそらくはルーベンスの影響だろうが、王に、イタリアに遊学する許可を願い出る。

願いはすぐに許可されたばかりか、王の代理として絵や彫刻を収集したり、新たな宮殿のために、優秀なフレスコ画家を探してマドリッドに連れて来るという公務さえ与えられたベラスケスは、それから二年間イタリアに滞在する。

その後もベラスケスは、一六四八年から五十一年まで、今度は王の全権大使のような資格でイタリアを訪れ、各地を巡り、さらに絵を蒐集するが、この二回のイタリア滞在がベラスケスに与えたものは極めて大きい。

なぜなら、天才が、いまだかつて誰も描いたことがないような絵を自覚的に描くには、それまで、どんな天才がどのようにしてどのような画を描いたかを、自らの目で確かめる必要があるからだ。


そしてもう一つ、絵画史に残る絵を描くことと、絵を王室のために買い付けることとは微妙に責任が違う。後者では、数百年経っても価値のある絵を、しかも、絵画表現の最良の部分を一望できるような絵を見定める必要がある。つまり、単なる好き嫌いを超えた、歴史的、客観的な目が必要になる。そしてこの任務が、ベラスケスと、現在のプラド美術館を創った。

ベラスケスはスペインにいる時にすでに、ティツィアーノやティントレットなど、フェリッペ二世の時代からの王宮のコレクションを自由に見ることができる立場にいたが、イタリアでは、それに加えて、ヴァチカンやメディチ家のコレクションを含めて、あらゆる場所のあらゆる絵、すなわち、ラファエロやミケランジェロなどのルネサンス期をはじめとする古今の名作に、公務として直に触れあうことができた。

これは現在のように、公共の美術館が広く一般に公開されているわけではない時代にあっては、まったくあり得ないほどの幸運であり、このことは、もともと天才であったベラスケスを歴史的な天才に育て上げるためのエリート教育的な働きをし、第一回目のイタリア旅行以降、ベラスケスの筆触《タッチ》はより確信に満ちていった。

またベラスケスはイタリア滞在中にも筆を放さず、彼が描く絵は、王の使者であるということと共に、ベラスケスが何者かを表すかっこうの証明書の働きもしただろう。二度目の滞在の際には、ヴァチカンの最高位にあった教皇のために、後に肖像画の最高峰と評されることになる『教皇インノケンティウス十世』を描き、また、マネよりも遥かに早く、生身の女性の裸体の美しさを描いた『鏡のヴィーナス』を描いてもいる。

ベラスケスの作品について語りだせばきりがないが、ここでもう一つ、ベラスケスの最高傑作で、彼の表現の集大成でもある『ラス・メニーナス』（口絵五頁）をとおして、ベラスケスがそこで何を成そうとしたのかを、いくつかの観点から述べることにする。

絵を見てもらえればおわかりのように、この絵は、まずは、国王フェリッペ四世夫妻と、娘のマルガリータ王女の肖像画だ。

ただ、そこには、大きくベラスケス自身も描かれているので、ベラスケスの肖像画だとも言えるし、さらには幼い王女さまのお世話をする、女官たちの肖像画でもあるとも言える。

この絵は以前は、『フェリッペ四世の家族』と呼ばれていて、『ラス・メニーナス（Las meninas）』

と呼ばれるようになったのは、一八四三年のプラド美術館のカタログにそう記載されてからで、ベラスケスの時代にどう呼ばれていたかは分からない。

日本では一般に、『女官たち』と呼ばれているけれども、いつからそうなったのかは分からない。ただ、メニーナというスペイン語はないので、なんとなく絵の印象からそう呼ばれるようになったのかもしれない。ではどうしてカタログにラス・メニーナスと記載され始めたのかということだが、メニーナというのはポルトガル語では女の子を意味するので、ベラスケスの母親がポルトガル系であったところから、誰かがそう名付けたのかもしれない。絵の中心に活き活きと描かれているのは、マルガリータ王女やそのお世話をする少女たちなので、もしかしたらベラスケス自身が、そう呼んでいたという可能性もなくはない。

実際問題として、この絵が広義の肖像画であることは確かだが、しかしそれでは誰の肖像画かと考え始めると、次第に分からなくなってくるという、不思議な肖像画であって、そして、そう感じ始めるところから、私たちは、ベラスケスの意図と触れ合い始めることになる。

一般に肖像画というのは、実在の人物を画の中に、その人の存在が最も目だつように、その人こそが絵の主人公であることが分かるように描かれた絵のことをいう。

その意味では、画家が自分を描いた自画像も肖像画だし、さらにいえば、絵の中の壺を際立たせて描いたスルバランのボデゴンも、一種の肖像画だといえなくもない。まさしくそこにこそ、スルバランやベラスケスの創意があるが、それはともかく、この絵の中で、それでは誰が、最も目だつ存在として描かれているのかといえば、本来ならば、絵の主人公であるべき国王夫妻の姿は、小さく、正面の鏡の中にぼんやりと、そうと分かる程度に描かれているにすぎない。

画面の中心にあって、大きくちゃんと描かれているのは、マルガリータ王女と女の子たちとベラスケスだが、それにもう一つ、この画の中で最も鮮明に描かれているのは、なんと、一番前で、女の子に足で踏みつけられてもなお、知らん顔をして眠る、毛並みも鮮やかな犬だ。

こんなことを、この時代に普通の画家が普通の王様に対してすれば、直ちに不敬罪で処罰されるだろう。確かにこの絵に、『フェリッペ四世の家族』というタイトルは、まともな官吏ならばつけづらい。なんとなく『女の子たち』とつけた気持が分かるような気もする。これは明らかに、肖像画としては常軌を逸している。

こんな肖像画を描いたベラスケスもベラスケスだが、それを描かせたフェリッペ四世も、ただものではない。しかしベラスケスは、国王や王女の、ほかの肖像画や、『教皇インノケンティウス十世』や詩人の『ゴンゴラ』の肖像画など、ちゃんとした肖像画であるべき肖像画では、誰もマネが出来ないほど巧みに、実に肖像画らしく描いている。

それでは、どうしてほかの肖像画でしていることを、ここではしなかったのか、あるいは、ほかではしていない何を、ここではしたのかと問う先に、画家としての比類なき知性と神業を備えた、ベラスケスが居る。

実は、この不思議な肖像画には、ベラスケスによる空前絶後の巧妙な仕掛けがなされているのだ。

　しかしそのことに触れる前に、もう一つ、ベラスケスの斬新さを端的に表す特徴としての、彼の筆触《タッチ》について述べておきたい。

これは絵の中のマルガリータ王女の部分を拡大したものだが、巨大な『ラス・メニーナス』という絵を、それを見るに相応しい距離から見た場合、実に美しく精緻に描かれているように見える衣服や、リボンなどは、それらを至近距離で見れば、そこにあるのは、ほとんど無造作に、乱暴なほどの筆づかいで置かれた、大小の絵の具の集まりにすぎない。

これはベラスケスに特徴的な、彼のマジックともいうべき技法で、彼は、絵とは、画家が描いたものと、それを観るものとの知的で人間的な交歓であって、絵の中の絹の布地や、そこにつけられたリボンは、そのように見えさえすれば、あるいはそれ以上にそれらしく見えればそれでよく、まちがっても絵のディテールを、実際の素材に近づけるのは、絵というものの本質を分かっていないもののやることだと考えた。

だからベラスケスは、絶妙の筆さばきで、わずかな絵の具をわずかなタッチで、必要なところに、最小限にしてかつ十分な色を、彼と観客との間で成立させたい交歓を実現するためにこそ置いた。

これは、べったりと絵の具を塗って絵を実体に近づけようとしたルネサンス以前、そしてルネサンスの、油絵という素材の特徴を活かして、薄く塗り重ねていくことで、肌の透明感や顔の輪郭などを、細密で柔らかな面として表現し、対象に限りなく近づくことによってリアリティを実現しようとする方法とは、ある意味では真逆の、そこから完全に飛躍しようとしたベラスケスの、実に斬新な創意だった。

なにしろ、印象派の画家たちや点描画の画家たちが、筆触《タッチ》の集合体としての絵を描き始めるのは、それから約二百年後、印刷が、四色分解による色の点《ドット》の集まりとしてカラー写真を印刷するのは三百年後のことなのだ。

しかもベラスケスは、その方法を、単に、そう見えれば良いからということだけで用いたのではない。そこにも、絵とは何かということに関する、ベラスケスの深い洞察と知性《インテリジェンス》が働いている。

たとえば鏡。やがてフェリッペ四世の娘のマリア・テレサが嫁ぐ、フランスのルイ十四世は、鏡の間を有するベルサイユ宮殿をつくるが、そのころ、そのような場所に用いて美しい空間を演出できるまでに、鏡は明るく精巧につくることができるようになっていた。

その鏡というものを考えてみた時、たとえば手に持つ手鏡が、あなたの顔を、あなたそっくりに映していたとして、その鏡は、はたして優秀な画家、もしくは画家よりもすぐれた画家的な物ということになるのだろうか？

これは、絵を描くこととは関係のない人にとっては、どうでもいいことかもしれないけれども、しかし画家にとっては、本質的に、生死に関る重大な問題にほかならない。

空間を平面化することにおいて、鏡はきわめて秀れた機能を持っている。もしも絵画が、対象をリアルに描くことだけが目的ならば、人は鏡のことを、秀れた画家であると認めざるを得ない。同じように、人は望遠鏡を、顕微鏡を、あるいはルネサンス期に正確な遠近法に乗っ取った絵を描くために活用された、大きな針穴写真機のようなカマラオブスクーラを、優れて個性的な画家と呼ばざるを得ない。どうして人は、凸面鏡のことを、巨大な空間を小さな画面に見事に納める達人だと称えないのか。

それらは単なる物だからだ、などというなぐさめに、画家は、少なくとも向上心の高い画家は耳を貸さないだろう。もしそれらが映し出すものが、自分の描く絵よりも上手いということを認めてしまえば、もはや彼は画家を廃業するしかない。

現にそれと似たようなことが、十九世紀の後半に起きた。カメラと写真が発明され、肖像写真が出回り始めた頃、多くの画家が廃業した。あるいは、写真こそが新たな絵画だとして写真家に転向した。草創期に写真家の地位を確立したナダールも、もとはといえば画家だった。けれども画家には、鏡や写真にはない、表現上の利点《メリット》がある。それは目の前の対象から、描きたいものだけを抽出し、それ以外のものを捨象できるということにほかならない。

絵の面白さは、画家が発見した美を、色と形で構成された絵として、自分を含めてそれを見た人が、その美を継続的に体感できるよう情報化することであり、同時に、絵を見る人が、その情報から、画家が見た美に近い何かを、自らの記憶と重ね合わせて自由に体感することにある。つまり絵画は、画家と観客との、絵を介した交歓、あるいは視覚的で知覚的な遊戯、または画家と自分との私的《プライベート》な視覚舞踊《ヴィジュアルダンス》にほかならない。

つまり、絵を描くというのは、鏡や写真のように、対象から放たれているすべての光を画布の中にキャッチしてはね返すことではない。観る人の目に入ってもらいたい光だけを放つように画布に色を置くことにほかならない。だからベラスケスは、絵を鏡や写真のように描くこととは、最も遠いところにある方法を開発した。もちろんそれには、同じようにやろうとしたところで、誰も決して出来ないほどの技《スキル》がいる。ベラスケスが突出した天才であるもう一つの証拠がそこにある。

鏡であれ写真であれコンピュータやスマホの画面であれ、一つのメディア、あるいはそのためのテクノロジーは、それに類似した働きを持つアートを衰退させたり、逆に飛躍させることがある。

ベラスケスが鏡に強い関心を持ったのもそれが理由だが、しかしベラスケスは、鏡やルネサンスの成果を見て沈黙するのではなく、それを踏み台として飛躍し、絵画表現そのものを刷新するという、ベラスケスに与えられた環境のなかでしかできないような道楽を極めて、そこから、写真の時代や印象派の時代やデジタルの時代さえも飛び越し、遥か彼方の表現の可能性の時空、絵画を疑似的にではなく、実際に空間化するところにまで到達した。

現実に、あるいは現実の物に限りなく近づこうとするのではなく、むしろそこから一度きっぱりと縁を切ることの向こうに、人間の知覚の原理に基づくもう一つの、視覚表現の可能性があることを証明すること。そこにこそ、『ラス・メニーナス』におけるベラスケスの真の創意がある。

もうすこし『ラス・メニーナス』を見てみよう。ここにはいくつかの、要素の異なるものとして描かれた平面がある。まずは壁と床と天井という部屋を構成する平面。この部屋はベラスケスのアトリエとして用いられていた、宮廷の中でもひときわ天井の高い部屋だったらしい。

部屋の壁には、いくつもの絵が掛けられているが、薄暗く描かれた画面の中に溶け込んだそれらの絵のことは、ここが宮廷内の部屋だということを表す最低限のしつらえとして、とりあえず無視して良い。

問題は、画面の中央にある二つの四角い画面だ。一つは、どこかにつながる明るい開口部であり、一人の人物が、何段かある階段を登って、こちらの方を見ながら向こうの方へ行こうとしているように見える。

もう一つは鏡であり、そこには、極めてぼんやりと描かれてはいるけれども、それがベラスケスの絵に何度も描かれたフェリッペ四世と、彼の妻であることが分かるように描かれている。つまりこれらは、正面の壁という同じ平面上にあるけれども、それらが開口部と鏡だということが、誰の目にも違和感なく、自然に分かるように描かれている。明るい光が射し込む画面には、上の部屋に行こうとする男の動きが、何気なく、しかし注意深く描かれているので、それが開口部だということが分かる。

もう一つが鏡であることが分かるのは、マルガリータ王女や画家のベラスケスなどの、異なる位置にいる人々の視線と、鏡の中にいる国王夫妻とが、それが鏡でなければ達成し得ないポイントでつながっているからである。

これらの見事に描き分けられた平面で構成された空間は、この部屋の光景として、自然に私たちの目に映るけれども、もちろんそれは、ベラスケスによって、作為的に、そう見えるように描かれているからだ。

これは実際には大変に難しいことではあるけれども、こういったことをベラスケスは、まるで鳥が羽根で風を切って空を飛ぶように、ごくごく自然にやってのけるので、重力のある鳥が空を飛んでいるという不思議な事実が、私たちには、ほとんど意識されないようになっている。

そしてこの自然さは、実は、この画の中でベラスケスが行ないたかった一つのチャレンジングな企てを成功させるための、それに役立つ以外の要素がことさらに目を引いて、それを妨げたりすることがないよう、細心の注意と極限的な技量によってつくりだされた自然さにほかならない。

ところで、この画面にはもう一つの平面がある。それは、ベラスケスが向かいあっている巨大なカンバスだ。そこに何が描かれているかは分からない。しかし、この絵がどうやら明らかに、国王夫妻の肖像画である以上、どこまで完成しているかは分からないけれども、そこには、国王夫妻が描かれているのだろうということは想像がつく。

先ほど私は、「本来ならば、絵の主人公であるべき国王夫妻の姿が、小さく、正面の鏡の中にぼんやりと、そうと分かる程度に描かれているにすぎない」と書いた。しかし実は国王は、実際には、この巨大なカンバスの中に、ベラスケスの細心の注意と、魔法のような技術によって、ほかの誰よりも大きく、そしてリアルに描かれている。つまり、この絵に施した仕掛けによって、そのことを実感させることこそが、この絵におけるベラスケスの創意にほかならない。

いまいちど、口絵の、あるいは本文の冒頭にある絵を見ていただきたい。そうして、ほんの少し精神を集中して、鏡に映っている国王を見ながら、自分がその国王であると思って、いま自分は、ベラスケスによって、肖像画を描かれているところなのだと、想像していただきたい。

その時、不思議なことにあなたは、まさしく自分がその国王の位置にいて、そこから、開口部の向こうまでをも含めた、この部屋の画に描かれている空間の全体を見ていることに、そしてみんなから見られていることに気付く。その瞬間、あなたは自分の存在を、まるでベラスケスが向かいあって描いている巨大なキャンバスの中の国王のように大きく、そして確《リアル》かなものとして実感するだろう。

これこそが、つまりは、想像力という、人間の持つ不思議な力を利用しつつ、絵を認識するという人間の知覚の回路そのもののなかに、空間や王の存在を、こちら側にいる生身のあなた自身の存在の確かさと共に実感《リアライズ》させるということ。それこそが、ベラスケスがこの絵によって、彼の芸術力《スキル》を総動員して実現しようとしたことなのだ。

そうして、描かれている部屋のこちら側にいるあなたが、まさしく王の位置から、この部屋の空間と、王女やベラスケスや、向こうに行こうとしている男の存在などを、自らの認識の回路の中に実感した瞬間に、ベラスケスが向かいあっている巨大なカンバスの中の絵が、あなたの心のなかで完成する。

つまりこの絵は、この絵に描かれている、この絵の向う側の空間と、絵には描かれていないこちら側の自分の居る空間の両方を、人間のイマジネーションの回路の中に描いた空前絶後の絵であり、国王の存在の確かさを、それを鑑賞する人自身の存在の確かさと共に、その人のイマジネーションの中に描いた、空間的な臨場感《ライブ》に溢れた肖像画にほかならない。

だからこの絵は、常に新しく、決して古びることがない。なぜなら、いつの時代であろうとどこであろうと、実際の絵の前に立っていなくてもなお、本物であれ本であれ写真であれ、この絵を見る人のなかで、見られる度ごとに新たに生まれる、そういう絵なのだから……。

ベラスケスの絵は、それを何気なく見るものにとっては、安定していてもの静かで、空気のように自然だが、しかしそこに、表現というプリズムをおいてみた時、たちまち、いくつもの視覚表現上の意図が浮かび上がり、それらが、本質的で知的で挑戦的《チャレンジング》なベラスケスの創意によって、絵という光の中に見事に調和しあっていることを分からせてくれることにおいて稀有である。まさしく、画家のための画家と言ってよい。

ベラスケスは、この絵を描いた四年後、生涯の盟友のフェリッペ四世が、長い間続いたフランスとの戦争を終結させるために打った最後の政治的な大博打、自らの娘のマリア・テレサを、日の出の勢いのルイ十四世と政略結婚させるという、国家の命運を賭けた大舞台の演出を自ら指揮するために、結婚式が行われるフランスとスペインとの間にあるピレネーを越えた飛び地の中立地帯、ピレネーバスクのファイサネスに赴く。

結婚の条件は、それまでの西仏戦争でスペインがフランスに与えた損害の賠償金を、嫁ぐ娘の持参金としてフランスに支払い、その代わり、フランスがピレネーを越えてスペインに攻め入り、その支配下にスペインを置こうとする野望を放棄するというものだった。

この、国家の未来を決する最重要儀式の演出を手がけた後、マドリッドに戻ったベラスケスは、戻ってすぐに、おそらくはその過労がたたって、一七六五年、六十一歳で急死する。セビージャ時代から連れ添った妻もまた、その七日後に後を追った。ベラスケスを失った王の悲しみは深く、その悲しみを、王は周囲に隠そうともしなかった。

ベラスケスは生前、『ラス・メニーナス』を描いた後、王から、スペイン王国で最も権威と歴史のある称号、サンチャゴ騎士団の騎士として歴史に名を連ねる名誉を与えられていたが、その印である赤い紋章を、王は、ベラスケスの死後、『ラス・メニーナス』の中のベラスケスの胸に、描き加えさせた。

こうして、人間にとって最も豊かな喜びの一つである、絵を描くことと、絵を見ることの本質、その無限の可能性を追求したベラスケス以降、スペイン絵画は、ゴヤが現れるまで、約一世紀の間、沈黙する。

●全部で約百二十点あるとされているベラスケスの作品は、その大半がマドリッドの、正面入り口に十九世紀の末につくられたベラスケスの銅像が置かれているプラド美術館に展示されているほか、マドリッドの王宮にも、他の王室コレクションと共に見ることができる。

またロンドンのナショナルギャラリーでは『鏡のヴィーナス』や『フェリッペ四世の肖像』や『マルタの家のキリスト』を、ウェリントン美術館では、ベラスケスが宮廷画家になる前の初期の代表作『セビージャの水売り』を観ることができる。ほかにも、神聖ローマ帝国の古都であるウイーンの美術史美術館では、マルガリータ王女が、神聖ローマ帝国のレオポルト一世に嫁いだため。いくつもの年齢の異なるマルガリータ王女の肖像画を見ることができる。

ベラスケスが生まれたセビージャには、ベラスケスの生家が残っていて、市内のスペインバロック様式のロス・ベネラブレス病院には、ベラスケスの研究センターがあり、図書館があるほか、近年市民の寄付を募って購入した初期の作品『サンタ・ルフィナ』がある。

なお、バルセロナのピカソ美術館には、ピカソが『ラス・メニーナス』をテーマにして描いた五十八点の連作が収蔵、展示されていて、ピカソにとっても、ベラスケスが尊敬すべき最重要画家であり、とりわけ『ラス・メニーナス』に深い関心を抱いていたことが分かる。

Francisco de Goya

6　フランシスコ・デ・ゴヤ

表現願望に突き動かされ
人間と人間社会にまつわることは
すべて描けるはずだという信念のもと
あらゆることを視覚化しようとした天才

フランシスコ・デ・ゴヤ・イ・ルシエンテス画家（Francisco de Goya y Lucientes Pintor）
1799年『ロス・カプリチョス』より　13.4X11.2cm

一七四六年、サラゴサ近郊のプエンテトドスで生まれ、一八二八年、フランスのボルドーで死去。

サラゴサは、スペイン帝国の始まりをつくったイザベルとフェルナンド、カトリック両王国の、フェルナンド二世の統治国だったアラゴン王国の古都で、フランスとの国境をなすピレネー山脈のスペイン側の要地として、イスラムの時代にも、キリスト教勢力との戦いの最前線として栄えた都市。

この街で、メッキ職人の子として生まれたゴヤは、十四歳頃から正式に絵を学び始め、十七歳の時にマドリッドの王立サン・フェルナンド美術アカデミーの入学試験を受けて不合格となるも、画家を目指し続ける。

二十四歳の時にイタリアに留学しフレスコ画などの技法を身につけ、翌年、故郷のピラール聖母教会の大聖堂の天井画を描く仕事を受けて帰国。

その後、一七七三年に、同郷の宮廷画家フランシスコ・バイユーの妹と結婚。七五年からマドリッドで、サンタ・バルバラ王立タペストリー工場で織られるタペストリーのための下絵を描く仕事や、王室コレクションのベラスケスの作品を銅版画にコピーする仕事などをする。

三十三歳の時に、宮廷画家を希望する書類を提出するも却下。四十三歳でようやく宮廷画家に任命されるが、三年後の一七九二年、大病を患い聴覚を失う。このことはゴヤに決定的な変化をもたらし、ゴヤは宮廷画家として、後に彼の代表作となる作品を矢継ぎ早に描くと同時に、次第に、人間や人間社会のありようや不思議さや理不尽さを直視し始め、一七九九年、宮廷画家でありながら、民衆こそが新たな時代の新たな主役と捉えて、社会批判満載の版画集『ロス・カプリチョス』を発売。

さらにナポレオン軍がスペインに侵攻し、民衆が蜂起する状況下で、民衆が銃殺される場面を描いた大作、『一八〇八年五月三日』などの油絵を描くと共に『戦争の悲惨』などの版画集を制作。その後しばしば療養を理由にフランスを訪れ、一八二六年、宮廷画家の職を辞して移住した南仏のボルドーで八十二歳の生涯を終えた。

ゴヤと『版画集』

ゴヤほど、表現するという衝動に激しく突き動かされるようにして生きた画家はいない。フランス革命によって、国家が、絶対王制から近代的な民主国家へと移行し始める、混乱に満ちた社会的な大変革期を生きたゴヤは、そのなかで、宮廷画家でありながら、同時に、不特定多数の民衆を顧客に想定して四つの版画集を制作した。

ゴヤは、人間と人間社会にまつわるすべては、目に見えるものはもちろん、心模様や価値観などの、目には見えないことも含めて絵に描き得るはずだとして、視覚表現の可能性を果敢に開拓、表現フィールドを革命的に拡大させ、絵画における近代という時代の扉を開け放った天才だ。

歴史的な画家の多くは若くしてその才能を発揮する。絵を描くという技術の巧みさは、音楽がそうであるように、持って生まれた資質に左右されることが多いからだ。

もちろん画家という職業は、修練によって培《つち》かわれた職人的な技術を身につけなければ成り立たない。だからこそ、絵画史のほとんどの画家が、すでに画家として名を成している親方に弟子入りし、その工房で、絵の具つくりや下地づくりや下塗りなどの下働きをして技術を身につけた。

つまり画家は、社会的には、どちらかといえば職人的な存在であって、レオナルドやベラスケスのような突出した画家はともかく、ヨーロッパ社会において、一般的には画家は、熟練した技術によって注文をこなす、装飾業ともいうべき職人だった。

ゴヤも最初は、当時ヨーロッパには無数にいたはずの、手に職をつけて職業画家になろうとする、画家の卵の一人だった。

ただ、このゴヤという卵の特異さは、自らの野望や意思、あるいは絵を描いて生きていきたいという願望の大きさが、もしかしたら、自らの天賦の才に見合った大きさよりも、はるかに大きかったということだ。

いや、そう言ってしまっては、歴史的な画家、しかも怪物というべきほどの、並外れて偉大な画家であるゴヤには失礼かもしれない。ゴヤが描いた絵を見れば、やはり天才としかいいようのない、表現上のひらめきや創意や大胆さや繊細さが随所に見られ、そうした才能の片鱗は、若かった頃のゴヤが描いたものからも、自ずと滲み出ていたはずだ。

だからこそ、同郷の画家のホセ・ルサンの弟子にもなれたのだろうし、同じくサラゴサの出身で、すでにマドリッドの王宮で宮廷画家をしていたフランシスコ・バイユーの目にも留まり、彼の妹のホセファと結婚することにもなったのだろう。

しかしそれでもなおゴヤの場合、そうしたことの一切が、もしかしたら、とにかく絵を描きたいがために、それを職業としたいという熱意のようなものが、傍目にも、あまりにも強かったために、いつのまにかそうなってしまったのではないかと、つい思ってしまうような何かがある。

十七歳で王立サン・フェルナンド美術アカデミーの入学試験に落ち、箔をつけるために出向いたイタリアのパルマの美術アカデミーの試験にも落ち、宮廷画家であった義兄のバイユーを頼って行ったマドリッドでも、そんな強力なコネがあったにもかかわらず、宮廷画家たちに名を連ねることはできず、タペストリーの下絵を描くという仕事を十数年も続けざるをえなかった。もしかしたら強力なコネがあったからこそ、そんな仕事をもらうことも、それを続けることも出来たのだと、言えなくもない。

ほかにもゴヤは、王宮のコレクションの中から十七枚のベラスケスの絵を、大判の銅版画にコピーする仕事を得てもいて、これは今でいえば、大画家の名品のカタログづくりのような仕事にすぎない。

しかし、それで諦めて故郷に帰ったりはしなかったところに、ゴヤのゴヤたる由縁、あるいはゴヤの、常人には伺《うかが》い知れないほどの、もしくは根拠のない、としか言いようがないほどの不屈の自信のようなものがある。

もしかしたらゴヤは、単に不器用なだけ、つまり、自分が描くべき絵が、若い頃にはまだ、よく見えていなかったというだけなのかもしれない。

あるいは、彼の本能のようなものが求める潜在的な表現欲に見合う画題《テーマ》が、見つからなかったただけ、もしくは、それにつながるような絵が周りに見あたらなかったために、無意識のうちにも、より新たな何かを模索し続けていただけなのかもしれない。

不思議なことにゴヤには、そんなことをあれやこれやと、つい考えてしまう場所に、私たちをいつのまにか連れて行ってしまう力がある。そしてその力は、おそらくゴヤ自身にも強く働いていて、それがゴヤを、それまで誰も行ったことのない、遠いところにまで連れて行った。


ゴヤが生きた時代から二百年がすぎた時代を生きる私たちは、彼が描いた作品を一望できる場所に居る。しかしその不思議さを、私たちは普段意識しない。だからつい、その全貌と共に、ゴヤの作品を見てしまう。

だが、あたりまえだが、三十歳の時のゴヤは、六十歳の時に自分が描くことになる絵を、自分の目で見ることが出来なかった。どんな画家であっても、彼が描く絵はすべて、それまでに行なった表現行為を通して学んだことの集積を踏まえて、何かを求めて、そのときにしか描けなかった絵として、そのつどそのつど新たに描かれたものにほかならない。

しかし、多くの画家は、とりわけベラスケスのように、若くして世に出た画家の初期の絵には、その画家の絵画表現史における立ち位置や、彼が見据える可能性の地平を予見しているかのような何かが描かれていることが多い。つまり、そのような画家は、ある程度、あるいはかなり正確に、自分が何者かを、若くして知っている。

しかしゴヤは違う。彼が正式に宮廷画家に任命されたのは四十三歳になってからであり、これはかなり遅いといわざるを得ない。

それまで、タペストリーの下絵や、ベラスケスの絵を版画にコピーするなどという、下積みをやっていたことから判断すれば、もし義兄が宮廷画家でなかったら、はたしてそこまで辿り着けたかも疑わしい。というより、ゴヤは四十歳を過ぎるまで、自分が何者かを、どのような画家であるかを人に知らしめるような絵をまだ描いていなかったし、それよりなにより、そのような絵を描くに相応しい場所に、まだ立ってさえいなかった。

ただゴヤの面白さは、もしかしたらそのことが、後のゴヤという、絵画史上稀に見る巨人を産み出すには、むしろ幸いしたのではないかと思えることだ。

たとえば、石造りの王宮の冷たい壁に飾る大きなタペストリーという手工業製品にとって重要なのは、完成品としての織物であって下絵ではない。もちろん絵柄も重要ではあるけれども、それはあくまでも下絵であって、下絵の良し悪しは、織物となった時に見栄えがよいかどうかにあり、油絵に要求されるような、細やかな筆触《タッチ》などではない。

また絵柄そのものが細か過ぎても、色や形が複雑過ぎてもいけないので、通称カルトン（ボール紙）と呼ばれる下絵には、基本的には、シンプルで比較的穏やかな色合いの大柄な構図と、壁に飾った場合に、空間を和ませるような暖かな感じがする絵柄がよい。

そしてゴヤは、まさしくそのような下絵を描いた。その仕事を十年以上も続けられたからには、下絵の評判がそれなりに良かったからだろうが、ゴヤの義兄のバイユーが王立タペストリー工場の美術監督的な地位に就いたことも、あるいは関係していたかもしれない。ただゴヤが、この仕事を好んでやっていたとも思えない。後に宮廷画家になり、肖像画を依頼してくる貴族の知り合いが増えるとすぐに、この仕事を辞めさせて下さいと申し出ているからだ。

ただ、この仕事が後のゴヤにとって重要なのは、タペストリーの画題《テーマ》として要求されたものに、スペインの民衆の、日常の暮らしの場面が多かったということだ。

ここで織られたタペストリーや絨毯の多くは、巨大な王宮の壁を飾ったり床に敷き詰められたりした。スペインの王宮は石造りであって、日本の建築のように、優しく光を取り込む障子や、柔らかな感触の紙の襖や、優しい肌合いの木や畳で空間が構成されているわけではない。

窓は少なく、天井は高く、石造りの床や壁は、冷たく殺風景で、何かを飾って壁を覆わなければ部屋としてはあまりにも寂しい。

重要な部屋には、王家の権威や家系を表す肖像画や、王国の歴史を表す巨大な壁画を飾ったが、王宮は王家や家臣たちが暮らす住居でもあって、そこには台所も食堂も寛ぐためのサロンも、さまざまな寝室もあった。そしてそのような部屋には、温かな感じの、また実際にも、断熱効果に富んだタペストリーが相応しい。

そこに織り込まれている絵柄も、自然の木々や野山などを背景にした男女たちや、日常的で、どこかほっとするような、あるいは楽しそうな遊びやピクニックや狩りの場面などがいい。

しかもスペインの文化風土の面白さは、文化的な魅力の多くが庶民と共にあって、その朗かで頑固で、時には身勝手なまでに自由奔放だったり愚かだったりする暮らしぶりが、しばしば貴族社会が憧れるほどに活き活きとしていることにある。それが他のヨーロッパとの大きな違いで、さまざまな文化や人種が入り混じったスペインの文化の魅力の多くが、多様な庶民の暮らしに密着した、独特の人間味と共にある。

ゴヤが描いたのは、あるいはタペストリー工場の指示で描かされたのは、まさにそんなスペインの庶民のありふれた日常の風景だった。王侯貴族の肖像や歴史画や宗教画だけではなく、それらもまた確かに絵に描き得る、あるいはいざ描いてみれば意外に面白い画題《テーマ》だということを、おそらくゴヤは、その仕事を通して実感しただろう。

しかもそれを、大きな構図で、ポイントを絞って、それほど複雑ではない色合いで、素早く一気に描き上げることをゴヤは自ずと身につけた。

ゴヤがイタリアでフレスコ画を学んだことも、大いにそれを助けただろう。油絵と違ってフレスコ画は、フレスコ（フレッシュ）という言葉の意味が示すように、漆喰が乾き切る前に素早く色を置かなければならないからだ。しかもいったん染み込んだ色を塗り替えることは出来ないため、そこではまさしく、構図の巧みさと一発勝負の手技が要求される。そしてそれこそが、後のゴヤの、画家としての大きな特徴につながって行く。

しかもゴヤは下積みの時代に、もう一つ、王宮のコレクションのカタログのために、ベラスケスの十七点の作品を銅版画にコピーするという経験をした。そこでゴヤは、二つの極めて重要なことを学ぶ。

一つは、絵画史上最高の画家の一人であり、王宮が門外不出として秘蔵していたベラスケスの、その最良の作品から、究極的な描写技術と表現力を、じっくり学び得たことだ。

もちろん王宮のコレクションには、ほかにも先人たちの、今日のプラド美術館を構成する名作の数々があり、それらと間近に触れあえたことは、表現願望の強いゴヤが、自らの画風を創り上げる上で、極めて大きな役割を果たしたと思われる。

それらの先人にはない何か、あるいは、それに肩を並べるほどの、少なくとも見劣りすることのない絵を描かなければ、王宮のコレクションの重要作品群に、自らの絵が加えられることはないと、ゴヤは痛感しただろう。

もう一つは、その仕事を通して、銅版画の技術を修練したことだ。ベラスケスの絵が持つ繊細さや空間性を、基本的に黒色のインクの線や面だけで表現するのは、並大抵のことではない。

ゴヤは、後の版画集のなかで、エッチングやビュランやアクアティントなどの、銅版画におけるさまざまな技法と、その効果をミックスさせた素晴らしい作品を創り出すが、それは、一定のレベルに達しなければ意味がないこの仕事がなければ、身につけられなかった技だったたかもしれない。

さらに、版画という表現と、それ以外の油絵やフレスコなどの根本的な違いについても、ゴヤはベラスケスの作品を版画にコピーしていく作業のなかで、自ずと実感しただろう。

そうして制作された版画は、印刷され、その一部は売り出されてゴヤの生活費の足しとなったが、その他はカタログとして、宮廷にある門外不出のベラスケスの作品に、どのようなものがあるかを知りたい人々に、あるいはそのことを王家が知らせたい人々の手に、必要な数だけ、いくらでも刷られて手渡されていくことになる。

一点ものの油絵と版画との決定的な違いがそこにある。同じ作品を、多くの人が、簡単に持ち歩き、さまざまな場所で観ることができるという、版画のマスメディアとしての特性こそが、やがて絵画を、王宮や教会という固定的な場所や関係の拘束から解き放って、近代的な需要、すなわち民衆を相手とする表現へ結節させていく大きな役割を果たすことになる。

古典的な画家になるために下積みを続けて来たゴヤは、一般にはカタログなどのための職人的な技術としか思われていなかった版画の持つ、意外な斬新性に気付いた、最初の画家の一人だったかもしれない。

もちろん版画の歴史の中には、そのメリットにいち早く気付き、先進的に、その可能性や表現技法を自ら開拓した先駆者、ジャック・カロ（Jaques Callot 1592～1635）や、版画だからこそ為し得る表現を求めたピラネージ（Givanni Battista Piranesi 1720～78）などもいた。

『ロス・カプリチョス』や『戦争の悲惨』などの版画集のタイトルは、同じ題名の版画集をカロが出版していたことや、ピラネージの牢獄シリーズに影響を受けたと思われる作品がゴヤにもあることを考えれば、ゴヤが、おそらくは王家のコレクションの中にあった彼らの作品を目にしていたことは確かであり、版画ならではの表現の可能性を、ゴヤは彼なりに模索していたと考えられる。

そしてさらに、時代がゴヤを、嵐のような人類史的な変化の流れの中に巻き込んでいく。スペインの王位が、多角的な広域国際戦略を展開し、首都であるマドリッドを、重厚で威厳に満ちた都市にすべくインフラの大整備をしたカルロス三世から、その死をうけて王位を継いだ、やや凡庸なカルロス四世に変わった一七八九年に、ゴヤは念願の宮廷画家に指名されたが、まさにその年、隣国フランスでフランス革命が起こり、人権宣言がなされ、やがてルイ十六世と、王妃のマリー・アントワネットが、ギロチン台に乗せられて大衆の前で処刑される。

これは国家や社会の体制の、まさに革命的な大転換であって、権力構造の根本的な変革を意味する。このことはヨーロッパ全土の民衆に驚きと希望を、そして、支配者たちに激震を起こした。

民衆が人権を唱え、国家の主権者であることを宣言して議会を組織し、その決議によって民衆が王を処刑するという権力の大逆転は、その実態や内実はともかく、人類史上かつてない大事件として、津波のように、たちまち周辺諸国へと伝わっていった。

もちろんこの歴史的なムーヴメントの経緯は、フランスとの関係を深めていたスペインの王侯貴族にも伝わり、彼らはみな、戦々恐々として成り行きを見つめていただろう。

もちろん、このような大転換に対してゴヤもまた、天地がひっくり返るような感覚を持ったにちがいない。なにしろ、待ち望んできた宮廷画家の地位を手にした、まさにその矢先の出来事なのだ。

それまで画家は長い間、王侯貴族や教会から絵を依頼されることで生きてきた。巨大な宮殿を持ち、家族も親戚も多い王家をクライアントとする宮廷画家は、いわば国家から第一級の画家と公認された画家であり、絵を描くことを仕事とする者の頂点であって、王室の気分を害するようなことをせず、肖像画などの安定した需要をそつなくこなしていきさえすれば、基本的に、画家としては安泰だった。

ゴヤはまだ主席宮廷画家ではなかったけれども、それでも、王家から任命された画家だということによって、王宮にも出入りすることができ、それによって王宮に連なる貴族たちや、富豪たちとのつながりもできれば、当然のことながら、教会だって安心して絵を依頼してくる。前途が洋々と開けて見える場所へ、やっと辿り着いた、さあこれからだと、ゴヤだって思ったにちがいない。

ゴヤは宮廷画家になるとすぐにカルロス四世や、王妃のマリア・ルイサの肖像画を描き、以後、さかんに王家の人々や貴族の肖像画を描く。しばらくして、一七九一年、忙しいからという理由で、長年続けてきたタペストリーの下絵の仕事を辞退しているが、ゴヤにしてみれば、いつまでもそのような絵を描き続けることに嫌気がさしていたのだろう。しかしその翌年、ゴヤに決定的な影響を及ぼした災難が降りかかる。

妻の療養と自らの休養のために行ったアンダルシアで大病にかかり、それがもとで聴覚をなくしてしまったのだ。折しも、フランス王ルイ十四世と、マリー・アントワネットが処刑されたその年だった。

街での会話が最も重要な楽しみであり文化でもあるスペインで、聴覚を失うことのダメージは、一般の日本人の想像を遥かに越えて大きい。

今でもスペインでは、夕方にもなれば、老いも若きもこぞって街に出て、老いた夫婦もお洒落をして手を組んで路を歩き、あるいは男どもがバルに集い、口角泡を飛ばし大きな声で議論する。

スペイン人にとっては、それがなによりの娯楽であり発散であって、食べて飲んでおしゃべりをする、そういうことに時間を費やすことこそが生きることにほかならない。

ましてや当時は、スペインの大衆文化の高まりが頂点だった時代であって、演劇や闘牛が終われば、近所のバルは人で溢れ、顔見知りの話の輪に、たまたま隣り合わせた見知らぬ連中が、あたりまえのように割り込んだりなどして、おしゃべりという名の暇つぶしに誰も彼もが夢中になった。

なのに、人が話す言葉がゴヤには聞こえない。

それはゴヤにとって、どんなに辛い痛手だっただろう。そんな中でゴヤは、それでも俺には筆があるとばかりに、矢継ぎ早に、後に、ゴヤの代表作といわれる絵を描き残して行く。そうして、時代的なこと、個人的なこと、さまざまな偶然が必然のように重なりあった地点で、私たちのゴヤが、生まれていく。

耳が聞こえなくなった二年後の一七九四年に、ゴヤは友人に、注文によってではなく、自分が描きたいテーマで絵を描こうと思っていると書き送る。もう王侯貴族を相手に、頼まれた絵を、顔色をうかがいながら描く時代ではないと、どこかで思ったのだろう。

そして九七年に、版画集を出版すると予告してから二年後、マドリッド日報に、友人の詩人の推薦文の体裁をとった、版画集『ロス・カプリチョス』に関する、以下のような内容の広告が掲載された。

気のおもむくままに描かれた、かつてなかった版画集。フランシスコ・ゴヤ氏、創案、版刻。

作者は、彼の批判的な目が捉えた人間社会の過ちもまた、十分に、絵画表現の対象になり得るとして、先入観、ごまかし、無知、あるいは資本の論理によって、単に今までそうであったからというに過ぎない理由で、今もある諸々の規範や、人間社会のいたるところに見られる馬鹿げた事柄のなかから、より馬鹿げていて、作者の想像力をより刺激する事柄を選んで創作の対象にした。

これはインテリたちの間で、さまざまな議論を巻き起こすであろう（中略）。しかしこのような画題《テーマ》は、絵画の歴史に先例がなく、これまで、形として目に見えないために、あるいは感情をあらわに描くということが意味あることとされてこなかったために、さらには、人の心のなかにのみ存在し、しかもその奥深くにあるために表されてこなかったことに、作者が形を与えなければならなかったのであるから、その努力に関しては意義を認めざるを得ないであろう。

またこの版画集に描き出されたものには、一切、特定の個人の欠点をあげつらう意図は全くない（中略）。

絵というものは詩と同じく、広漠とした中から、決定的な何かをつかみとり、統合し、それを唯一無二の形に、あるいはキャラクターへと結実させていく行為であり、そうした作業からなるこの版画集が、真の芸術家の作品として、良き先例に準ずる結果となれば幸いである。

デセンガーニョ通り一番、酒と香水の店にて販売。八十枚一セット、三百二十レアレス。

実に見事な宣言文でゴヤの果敢な意気込みが感じられるが、しかし、異端審問所が目を見開いているなかで、宮廷画家が、社会の諸々の過ちや馬鹿馬鹿しさをテーマに、特定の個人の欠点をあげつらう意図はないと、わざわざ断りを入れなくてはいけないほど危うい内容のものを、公然と、不特定多数に向けて売り出すというところに、賢さと愚かさが渾然一体となった、武骨で向こう見ずな、奇妙な自信に満ちあふれた、世間知らずで無鉄砲なゴヤの面目が躍如としている。

案の定、というべきか、この版画集はすぐにゴヤ自身によって販売が取りやめられた。何があったかは分からないが、おそらくは誰かが、そんなことをすることの危険さをゴヤに諭《さと》したのだろう。あるは誰かその筋の人から、このままだと異端審問所に呼ばれることになるよと、ゴヤが宮廷画家だからこその忠告が入ったのかもしれない。

ともかくこうして、絵を描く対象を王侯貴族から大衆へとチェンジしようとしたゴヤの、一世一代の大勝負ともいうべき快心作は、あっというまに自らの手によって撤収され、手元に死蔵されることになる。

ただこのころは、代表作でもある巨大な油絵『カルロス四世の家族』や、裸体画が禁止されていたにもかかわらず『裸のマハ』を秘かに描いたり、アルバ公爵婦と浮き名を流したりなどして鼻息も荒く、ゴヤは宮廷画家として絶頂期でもあった。

ただ、『裸のマハ』の存在が知られて異端審問所に召喚された一八〇三年、さすがに身の危険を感じたゴヤは、『ロス・カプリチョス』の在庫と銅版の原版を、王に進呈することを申し出ている。そのときのゴヤの申し出の文言が、なかなかにしたたかで面白い。

曰く、「版画集は、たった二日しか販売されなかったにもかかわらず、二七セット売れましたが、もし、息子ハビエルの留学旅行費を出していただけるならば、原版八〇枚と、在庫二四〇セットを、王に献上させていただきます」というものだった。この申し出は目出度く受け入れられ、王のコレクションに加えられてしまった版画集のことで、異端審問所からお咎めを受けることはなくなった。

しかしこの版画集の内容は凄まじく、確かに、それまでどんな画家も描かなかった、あるいは描くはずのなかったことばかりが描かれていた。

それは絵を描くという仕事を、王侯貴族や教会とのしがらみからたち切って、版画集を買ってくれるはずの不特定多数の人々を対象にしたからこその表現であって、フランス革命が人類史における革命とされるのと同じ理由によって、ゴヤの『ロス・カプリチョス』もまた、絵画史、あるいは視覚表現史における革命だった。

画題《テーマ》は多岐にわたっていて、最初は社会習慣や迷信などの奇妙さや、男女の間の愚かさなどが描かれ、そこでは急死したアルバ公爵婦と明らかにわかる女性を登場させてゴヤ自身をも笑いの対象にしているが、必ずしも批判的なものばかりではなく、なかには、スペインのどこにでもいるような庶民の日常を描いた画もある。

たとえば、版画集『ロス・カプリチョス』の一三番目にあたるこの画には、『熱いぞ』というタイトルがつけられていて、スペインのごく一般的な大衆食堂の日常的な情景に見える。

『熱いぞ（Estan calientes）』1797年
エッチング、アクアティント　18.5X11.9cm

『ロス・カプリチョス』には、銅版にそれぞれのタイトルが彫込まれているが、ゴヤの手元に残されていたセットには、ゴヤの手描きの書き込みがあり、ゴヤ自身の言葉で情景を補完していて、この版画集が、画と言葉による表現空間を目指していたことがうかがわれる。

ちなみにこの画には、「そんなに慌てて、煮えくり返っているようなのを飲み込んでしまっては……。楽しむにも、それなりの節度やお行儀が必要」という言葉が書き込まれている。

足を投げ出して食べたり、熱いスープを口に入れて、あまりの熱さに顔をしかめて、思わずスープを口から出してしまいそうなおじさんや、それを横からのぞいて、いかにも可笑しそうに笑っているおじさんなどが描かれていて、お行儀や作法や周りの目などを気にしない一般的な庶民のお行儀の悪さを笑いつつも、全体のトーンや、後ろから食事を運んできている給仕《カマレーロ》の表情には、それらを見守る優しさのようなものが滲み出ている。

ところがゴヤは、この版画のための、三枚の下絵を描き残していて、一枚には『ほがらかな戯画』、一枚には『夢、我らを食った男たち』という題名《タイトル》、そしてもう一枚に版画集と同じ題名がつけられている。つまりゴヤは、この画に、どのような雰囲気、あるいは先入観を付与するかについて迷っていたということだ。

不思議なことに、どんな題名がついているかによって、画の印象はガラリと変わる。一番目と三番目のタイトルからは、優しげな眼差しが感じられるが、しかし二番目のタイトルは、いかにも不気味だ。

そしてゴヤは、どちらの雰囲気も版画に描くことは出来たけれども、迷ったあげく、版画集に載せる画には、楽しそうな雰囲気を付与することを最終的には、選択した。

思い出していただきたいが、この時ゴヤはすでに聴覚を失っていて、目の前で繰り広げられる情景の中の、人々の会話が聞こえない。

考えてみれば食事をするという行為は、それ自体はいかにも動物的であって、もしも会話や状況説明や意味などが分からずに、単に無声映画のように、目の前の動作だけを見たならばと考える時、私たちはこの版画の、そして版画集全体の深部、ゴヤが描こうとした、あるいは描かざるを得なかった、ゴヤの見ていた時空と触れ合い始めることになる。

それはこの版画集の最も有名な一枚、机に突っ伏して眠っているような男の背後に、フクロウやコウモリが乱舞している作品、『理知《ラソン》の眠りは怪物を生む』とも呼応していて、そこには、「理知に見放された想像はあり得ないほどの怪物を生む。両者は一体となって初めて、芸術の母ともなれば美の根源ともなりうる」と記されている。

この画は一般的には、理性を失えば人間は怪物になる、理性を失うことによって、暴力や戦争や権力の暴走などが始まる、というような意味に解されている。

確かにそういう意味もあるだろうけれども、ただ、理知や理性という意味を持つラソン（Razón）という言葉には、理由という意味もあって、一般的には、むしろそちらの方が、日常的にはよく用いられる。つまり、このタイトルには、理由がわからなくなってしまったら、人間社会は奇々怪々に見える、とでも訳した方が相応しいニュアンスもある。

よく視れば、人間社会は奇妙なことに満ちていて、私たちはそうすることの意味を、あるいはそうしなければならない理由を、言葉によって理解し、日々、自分自身を納得させながら生きている。

目の前の人間たちが、怒ったり笑ったり殴りあったり涙を流したり、誰かにペコペコ頭を下げていたり、紙切れで肉を買ったりしているのを見て、どうしてそのようなことが行われているのかという理由が、もし解らなかったとしたら、誰しも不安にならざるを得ない。地球上の生き物たちのなかで、人間ほど奇妙で不自然な生き方をしている動物はいないからだ。

ゴヤは聴覚を失うことによって、この人間と人間社会の不可解さに、直面せざるを得なかった。たとえば、目の前の貧相な小男が、偉そうな顔をして自分を問い詰めてきたとして、その

『おじいさまも(Hasta su Abuelo)』1797年
エッチング、アクアティント　18.4X13.1cm

男が、私は異端審問所の審議官ですと名乗らなかったら、誰がかしこまったりするだろう。耳が悪くて、その声が聞こえなくて相手が怒鳴りだしたら、一体どうすればいいのだろう。

『ロス・カプリチョス』は、先に進むにつれて社会批判の強さを増し、やがて王侯貴族や聖職者さえをも、批判や軽蔑や笑いの対象とし始める。描き進むうちに、どんどん物事の本質に近づいて行ったということだろう。

『おじいさまも』というタイトルが付けられたこの作品には、「このあわれな動物を前にして、血統学者も将軍も頭がおかしくなってしまった。こいつだけじゃなかったんだ」という言葉が書き込まれている。

ロバはもちろん愚鈍な馬鹿の代名詞だが、由緒正しい家系の王家のロバなのだろう。もちろん先祖もみんなロバ。こんな王様に命じられて戦争をする将軍も兵士もたまったものではない。しかし現実社会では、そういうことがしばしば起きる。

もう一度想い出していただきたいが、ゴヤは宮廷画家だ。いくら隣国で体制がひっくり返ったといっても、スペインではまだ王制が続いているし、ゴヤは何も職を辞したわけではない。カルロス四世が、どんなに凡庸で鷹揚だったとしても、口うるさい側近だっている。これでは、ゴヤがすぐに販売を取りやめなかったら、どうなっていたかは考えるまでもない。

どうやらゴヤは、先を見過ぎている。あるいは、周りが目に入らないほど目の前のことに夢中になりすぎている。もしくはそのことによって、遠いところにまで、すでに行ってしまっている。
ゴヤの社会批判、人間批判はとどまるところを知らず、権力者、庶民を問わず、社会にはびこる、ありとあらゆる馬鹿げたこと醜いことを笑いの対象にするが、あまりに露骨すぎるとゴヤ自身も思い始めたのかどうか、遂には、魔界の魔女や魔人たちまで登場させて、人間の子どもの生き血を吸う魔女たちの世界にさえ権力者がいることや、それにへつらう下っ端の魔女たちを揶揄したり、強欲で傍若無人な、魔界の連中の日常を描いて人間社会を風刺する。

版画集の最後の方では、もはや批判することに疲れたのか、この世とあの世とを往き来する、ドゥエンデというスペイン独特の、いたずら好きで、小さいけれども、ほとんど人間と同じ姿をした小悪魔のような連中を登場させて、過激な画をみせられ続けてきた観客を、少しほっとさせて版画集を終える。

人目に触れないよう、主に夜中に活躍するドゥエンデは、悪魔とは違って人間に悪さをすることはなく、人に気付かれずに突拍子もないことをして人間を驚かせるのが大好きな愉快な連中で、汚れた台所や、食事の後、洗わないでそのままになっていたお皿などを、夜中にこっそりピカピカに磨き上げたりする。

ドゥエンデは、この版画集でゴヤが批判してきた人間の醜さとは逆の、人間の人間的な側面、あるいは人間ならではの面白さのようなものを象徴しているようにも見える。

だからドゥエンデは、今でもスペイン人にとても愛されていて、たとえばフラメンコなどで、歌い手やギター弾きや踊り手が、興に乗って、普通では考えられないほどの、神懸かり的なパフォーマンスをした時などは、ドゥエンデが乗り移った、という言い方をする。

そこまでではないけれども、非常に素晴らしい演技をした時などは、天使が乗り移った、あるいは天使と一緒にいるという表現をするので、ドゥエンデは天使よりも素晴らしいことを人にやらせる力の持ち主だということになる。

つまりドゥエンデは、人間を人間らしくさせる最も大きな力である美とどこかで関係する存在だと、ゴヤが考えているように思われる。人間や人間社会の負の側面ばかりを見つめてきた版画集の最後に、ゴヤがドゥエンデを描いた意味もまた、おそらくそこにある。

人にはなぜか美を求める心があり、それが人を人らしくさせてきた。美は何も、芸術と呼ばれるようなことの中ばかりにあるのではない。人はあらゆることに無意識のうちにも美を求める、髪飾りを選び、食器の模様を選び、花を愛で、美しくあることに喜びを覚える。

美は、私たちの心のなかや、身の回りのあらゆるところに溢れていて、文化とは、美を求める心を持つ人々の、美を求める働きの集積にほかならない。

けれど、そんな人間本来の心が、働きやすい環境と、そうでない環境がある。あるいは、何らかの事情でその働きが妨げられたり踏みにじられたりすることがある。それによって心が壊れてしまうこともある。

『ロス・カプリチョス』で、人間や人間社会の負の部分を告発し続けてきたゴヤは、しかしそのなかで、暴力や腐敗や欺瞞や非道がはびこる世の中の片隅で、そんな社会環境から疎外されて苦しむ社会の弱者や、落後者のような日々を送る人々を見つめることを、忘れてはいない。

三十三番の『傷つきやすかったから』と題された画には、「どうしたらいいのだろう、この

『傷つきやすかったから（Por que fue sensible）』1797年
アクアティント　17.4X11.9cm

世の浮き沈みを。人生で起きてしまったことは取り返しがつかない」という言葉が書き込まれている。

何らかの過ちを犯して捕まり、監獄に入れられたのだろう。閉じられたドアの隙間から漏れる光は、罪を犯さなければ、今も彼女がいたはずの外の世界からの光。ゴヤが言うように、確かに、人生で起きてしまったことは取り返しがつかない。人は無限の可能性と共に生まれてくるけれど、残す過去は一つしかない。しかも人はその過去を、自分が為した過去として、自らが背負って生きて行かなくてはならない。

それが、貧困や、生まれた環境や、理不尽な偶然や、他人の嘘や、社会の仕組の愚かさに、追いつめられた結果だったとしても、それでも彼女は、その結果とともに、これからも生きて行かなくてはならない。もしかしたら、彼女が傷つきやすかったから、こうなってしまったのだとしても……。

そして、この版画集を発行して間もなく、さらなる嵐がゴヤとスペインを飲み込み翻弄する。フランス革命の後、革命の波及を恐れて大同団結した周辺諸国からの攻撃からフランスを護る戦いを率いたナポレオンは、次々に勝利をおさめて、フランスの救世主となり、瞬く間に英雄となった。

しかし、彼への讃歌としてベートーヴェンが交響曲『英雄』を描き上げた一八〇四年には、音楽家の想いを無視するかのように、ナポレオンは、自らが皇帝となることを宣言し、野望も顕に戦線を周辺諸国にまで拡大して領土拡大を推し進め始める。

その四年後には、同盟を結んでいたはずのスペインに、仏軍のミュラ将軍を皇帝代理に任命して、ピレネー山脈を越えてスペインを侵略し、マドリッドを陥落させるやいなや、兄のジョセフ・ボナパルトをスペイン国王ホセ一世に据えて、スペインを支配し始めた。

スペインの民衆はこれに抗して、各地で果敢なゲリラ戦を展開することになる。それにしても、当初は、フランス革命を起こした民衆の味方のように映ったナポレオンが、皇帝となって周辺諸国に侵略戦争を仕掛け始めたことに、ゴヤはどんな思いを持っただろう。

悲惨な戦争がスペイン全土を覆い、やがて飢饉までもがスペインを襲って、マドリッドでは無数の死者が出た。

そんななかでゴヤは、スペインの民衆の戦争を画題《テーマ》にして、新たな版画集『戦争の悲惨（Los Desastres de la Guerra）』を制作し始める。

言うまでもなく戦争は、人間が犯す最悪の愚かな罪であって、国家的な暴力にほかならない。そこでは人殺しが公然と行なわれ、罪もない人々の命が失われ、個々人が生きて行く上で犯す罪などとは比較にならない規模での殺戮や暴挙が人々を悲惨の極地に追い込む。

そんな悲惨を見たゴヤは今度は、戦争という巨大で理不尽で非人道的な暴力の愚かさや醜さを描き始める。それに関しては、ゴヤの代表作の一つであり、フランス軍に銃殺される民衆を描いた大作『五月三日　一八〇八年』などが有名だが、しかしこの作品は対仏戦争が終了した一八一三年の翌年に描かれたものだ。

『戦争の悲惨』は、まさに戦争の最中の一八一〇年から制作され始めたもので、ゴヤが手元に置き、ゴヤの死後三五年を経て出版されるまで、その存在さえ明らかではなかったこの作品は、まるで今日のドキュメンタリー戦場写真集のように、あるいはそれ以上にダイレクトに、戦争という非人間的な集団暴力の現実を直視している。版画に添えられたタイトルも短く寡黙で、それを観る者に、言葉を失ってしまうほどの衝撃を与える。

本来は、美を表現すべき画家であるゴヤであってみれば、こんな作品は、できれば描きたくはなかっただろう。しかしその悲惨が、自分を取り巻く現実だとすれば、誰かがそれを描き残さなければ、時が経てば、それは無かったことのようになって歴史の闇の中に埋もれてしまう。

新たな時代と民衆に向けて積極的に描こうと思った『ロス・カプリチョス』とはちがい、『戦争の悲惨』は、人間と人間社会にまつわるあらゆることを描こうとしたゴヤにとって、描かずにはいられなかった作品だろう。

そしてこの作品の凄さは、油絵の『五月三日　一八〇八年』などが明らかに、フランス軍に抗する民衆を英雄的に描いているのに比べて、敵も味方も関係なく、美と対極にあり、人間が犯す最大の暴力であり、最悪の愚である戦争の残虐さや非道さに焦点をあて、戦争という狂気が人間を蝕むさまを直視し、それを描いていることだ。

『ロス・カプリチョス』でゴヤが発見した、連作によってイメージを展開していく手法も用

『そのためにでもなく（Ni por eso）』1797年
エッチング、アクアティント　13.7X18.6cm

いられてはいるが、前作のなかでは意外性や、展開の面白さを感じさせたその手法は、正視に耐えないような画が連続する『戦争の悲惨』では、むしろ私たちを、戦争がもたらす絶望的なまでの狂気の横行のなかに引きずり込む。

『そのためにでもなく（Ni por esas）』と題されたこの画は、版画集の中では、どちらかといえば、比較的、戦争の残虐性に対する表現が押さえられた作品の一つだが、それでも明と暗とに分かたれ、教会が向うに見える街の物陰に、幼子のいる母親を含めた女たちが引きずり込まれようとしている画面から、言葉に表しようのない憤りと悲しみが滲み出ている。

　戦争さえなければ、この母子たちもまた、教会の前の広場で、楽しく時を過ごしていたはずなのだ。

　なお、『戦争の悲惨』は日本では、一般にこれまで『戦争の惨禍』と呼び慣わされてきたが、惨禍という日本語には、讃歌という言葉に似た響きがあるため、ここでは敢えて悲惨と訳した。

『戦争の悲惨』は、およそ七年ほどかけて制作されたが、すでに述べたように、結局発表はされなかった。必ずしも、スペインの民衆の勇ましさや、フランス軍の酷さを非難するのではなく、戦争そのものの醜悪さを描いたこの作品が、非難されることなく広く受け入れられるとは、さすがのゴヤも思わなかったのだろう。

そして、ナポレオンの失脚にともない、フランスに幽閉されていたカルロス四世の息子のフェルディナンド七世が再び王位に就き、スペインに旧体制が復活して、その体制もようやく落ち着きを見せた一八一六年、ゴヤは、平行して準備していた版画集『タウロマキア（闘牛術）』を発売する。

闘牛は、ゴヤ自身が好きだっただけではなく、スペインの民衆が最も愛する娯楽の一つだ。ゴヤは、再び宮廷画家の地位を取り戻したとはいえ、自分が、民衆の側に立つ画家だということを示したかったのかもしれないが、それよりも、前作であまりにも悲惨な、戦争という人間の負の極地を描き続けて、そうではない画題《テーマ》に飢えていたのかもしれない。そして戦争の対極にあるものといえば、もちろん美にほかならない。

スペインにおける闘牛（コリーダ・デ・トロス）というものが持つ位置づけを知らない日本人にとっては、あるいは最近のスペイン人にとっても、奇異に聞こえるかもしれないが、闘牛はスペインの文化にとっては、単なる娯楽という次元をはるかに超えた、崇高かつ厳粛にしてエキサイティングな、アートの中のアートにほかならない。

闘牛の魅力を細かく説明し始めると、とめどがなくなるので、重要な要素だけを簡単に説明すれば、まず、闘牛に登場する牡牛（トロブラボー）は、今やスペインにしかいない、アフリカ起源の大きく鋭い角を持つ攻撃的な牛の種で、主にアンダルシアの広大な、貴族が所有する、そのためだけの牧場で、ほとんど野生の牛として育つ。

ギリシャや中東や北アフリカを含む古代の地中海文化では、牡牛は、自然の力の象徴として崇拝されていた。旧約聖書に牛の像を崇拝する民が邪教の民として登場したり、ギリシャ神話で、万能の神ゼウスが、美しい人間の娘エウロペ（ヨーロッパという言葉の語源）を誘惑するために牡牛に姿を変えたり、アルタミラの洞窟に牡牛の絵が描かれているのは、それと関係していて、その自然の力の化身のような牡牛に、人間が生身で対等に立ち向かって仕留めるというところに、闘牛の由来がある。

ともあれ、野生の牛として育てられた闘牛のための牡牛は、そのなかで、姿かたちも良く、気性の荒い牛で、まだ一度も、カポーテ（闘牛士が闘牛場で牛を操るマント）などを見たことも、それを人間が操る様子を見たことのない勇猛な牛が選りすぐられて、闘牛の直前に闘牛場へと運ばれる。

いざ出番になり、それまで狭くて暗い檻の中に閉じ込められていて、いきなりスペインの強い光が溢れる闘牛場に解き放たれたトロブラボーは、目も眩むような光のなかで、怒り狂って、自分をひどい目に会わせた敵の存在を探す。そのとき牡牛の目に入るのが闘牛士、ということになる。ちなみに闘牛に登場する牡牛にはみな、素晴らしい名前が与えられている。

そこから闘牛術（タウロマキア）が始まるのだが、その前に、闘牛には実は、それをもりたてる厳格な儀式とプロセスがあるので、それを簡単に説明しておきたい。

一回の闘牛には基本的に三人の闘牛士が登場して、それぞれが二頭のトロブラボーと対決する。闘牛にはその日の闘牛を主催する主賓がいて、主催者（プレシデンテ）が白いハンカチを振って闘牛が始まるが、闘牛士やそのチームの登場の仕方にいたるまで細かな約束がある。

闘牛士は演技の前に必ず主賓に挨拶をし、そしてその日の闘牛を誰に捧げるかを宣言する。捧げる相手は主催者であったり恋人だったりするが、もし、その場にいた観客全員に捧げる場合は、帽子を取って肩越しに後ろに投げる。

その帽子が裏返って砂地の地面（アレナ）に落ちると、縁起が悪いとされているが、ともかくそうしたさまざまな儀式の後、闘牛場には必ずいる楽隊が、ラッパを鳴らして、それを合図に闘牛が始まる。

闘牛は、いくつかのステージに分かれて進行するが、楽隊はステージが変化する瞬間を見定めて合図の音楽を鳴らしたり、パソドブレという独特の音楽を演奏したりして、会場が静まり返って闘いを見守るとき以外は、すべてを楽隊の音楽と共に進行させる。

闘牛にはさまざまな約束事があって、もちろん、それを良く知っていればいるほど面白い。

闘牛の魅力は、単に闘牛士と牡牛との闘いにあるのではなく、観客や楽団、そして闘牛士とトロブラボーとの真剣勝負とが一体となって繰り広げる、一期一会の華麗なドラマにこそあるからだ。

闘牛のステージは、大きく分けて三つあるが、それらの前後に、プロローグとエピローグとも言うべき重要な場面がある。

トロブラボーが闘牛場に放たれると、まずは闘牛士がカポーテ（マント）を広げて、突進してくる牛をあしらう。これは闘牛士が牡牛の癖や体力や脚の強さや動きなどを見定めるために行われるが、もしも、闘牛を行なうに値しないような、闘争心がない牡牛や脚の弱い牡牛が出てきた場合は、闘牛士や観客や主催者の判断で取り換えさせることができる。

その次に、第一のステージ、馬に乗った槍方《ピカドール》が、馬上から牡牛の肩に、多くて三度まで、槍を突き立てる。これには、それによって牡牛を興奮させるためだとか、強過ぎる力を削ぐためだとか、頭を下げさせるためだとか、いろんなことが言われているが、基本的には、その昔、騎士が馬に乗って牛を狩った名残をとどめているのではないかと思われる。

スペインは今でも乗馬がさかんで、特に人馬が一体となった動きの見事さを競う競技は盛んだし、騎馬で牡牛を翻弄する華麗な馬術を見せるレホネーオも、高貴な闘牛として今も行われている。

槍方が乗る馬は目隠しをされていて、牡牛の角から身を護る頑丈な防具もつけられている。

防具がなければ、たちまち角で腹を割かれて馬が死んでしまうからで、二十世紀に入ってから防具がつけられるようになったが、それでもしばしば馬が倒されたり死んだりする。

このステージで牡牛が素晴らしかったり、闘牛士に闘志がみなぎっている時などには、闘牛士が制止して、槍を止めさせる時もある。


第二のステージは、三人の銛方《バンデリジェーロ》が交互に飾りのついた短い銛を、牡牛の肩に打ち込む。興が乗った時などには、闘牛士が自らその役を行なうこともあり、その前に闘牛士がカポーテでもう一度技を見せるキテが行われることもあるが、このステージもアルポンという銛を持って、徒士《かち》で牛を狩った技の名残ではないかと思われる。

そのつぎにいよいよ、闘牛士がカポーテより小さいムレタというマントを持って、フラメンコにも通じる、牡牛を華麗にあしらうさまざまな技をみせるステージがある。

これは闘牛士の技と勇気と優美さを見せる場面で、とことん牡牛に接近し、牡牛の正面に立って、向かってくる牡牛と擦れ合うほどに体を寄せ、踊るように体をかわしてみたり、わざわざ牡牛を背後から向かってこさせたり、見栄を切ったりなど、ここでは闘牛士の勇気と演出力が試される。


そして最後に、ムレタを操る際に用いていた剣を真剣に代えて、闘牛のエピローグともエンディングとも言うべき場面に入る。

この場面が見事に行われなければ、それまでどんなに素晴らしい闘牛が行なわれていたとしても賞讃されない。ここでは、共に闘ったトロブラボーに敬意を表し、有終の美を飾る最後のダンスを牡牛と共に舞うように、あるいは闘牛士が牡牛に語りかけるようにして、牡牛と闘牛士とが一体となって、華麗かつ厳かな時を過ごして、最後の時を迎える。

真実の時と呼ばれる最後の瞬間には、傷つき疲れて動きを止めた牡牛の鼻先の地面にムレタを置き、それにあわせて牡牛が下を向いたそのときに、剣の先を、牡牛の肩と肩の骨の間の、ほんのわずかの隙間に狙いを定めて、覆いかぶさるようにして、剣を、牡牛の心臓目がけて深く突き刺す。

その瞬間に牡牛が見事に、膝まづいてお祈りをするかのように体を折って動かなくなれば拍手喝采が巻き起こるが、上手く仕留めることが出来ずに、牡牛がまだ立っていたり、いったん倒れてもまた立ち上がったりすれば、観客の落胆の溜息が闘牛場に沈み漂う。

一太刀で仕留めるのが原則なので、刺し損ねたり、牡牛がいつまでもよろよろと動き回っていたり、仕方なくもう一回刺したりしたのでは、美しさが損われてしまい、闘牛は台無しになってしまう。したがってこの場面は極めて重要で、絵で言えば、画竜点睛の一瞬ということになる。

以上が、極めておおまかな闘牛のプロセスだが、闘牛というアートの最大の魅力は、厳格な様式美のなかでの即興的な創造性にある。

野性のかたまりのような牡牛と人間との闘いであるだけに、牡牛の個性や俊敏さや動作の癖の違いなどを見極めて行われる、まさに一期一会の闘いであって、予測不可能なアクシデントが多く、その偶然を闘牛士が、どのようなドラマにつなげ、どこまで限界に挑戦し、それまで誰も見たことがないような、非日常的な次元の美に昇華させることができるかどうかということが最大の見所になる。その一部始終を、観客は興奮しながら、あるいは固唾を呑んで見守り、見事であれば拍手を送り、声をかけ、そうでなければブーイングを浴びせる。

闘牛には厳しい様式美があるけれども、時に状況に応じてそれが度外視されることがあるから面白い。そこでは、たとえば闘牛士に、そうすることを決断させた何らかの理由があり、トロブラボーの素晴らしさを見て、何かを予感し、何としても、命を賭けてもこの闘牛を素晴らしいものにして見せるという決意を、闘牛士が顕にした場合が多い。そのように、なにかの拍子にすべてを超越して、一瞬の美しさのために闘牛士が果敢に闘うゾーンに入った時、観客は、あいつは人生を賭けた遊びを始めたと、思わず賞讃の溜息を漏らす。

そこには、その場に居合わせた者にしか解らない阿吽《あうん》の呼吸のようなものがあり、たとえば、あまりにも素晴らしい闘いを繰り広げたトロブラボーに対して観客が、ムレタのステージの後、白いハンカチを振って、牡牛の命を奪うなと要求することが稀にある。そのとき主催者がそれを認めれば、牡牛は死を免れ、観客の拍手に見送られながら、自分が出てきた門をくぐり、自分が育った牧場で、一生を送ることになる。

『飛行術（Modo de Volar)』1816年
エッチング　アクアティント　ドライポイント　17.4X11.9cm

闘牛場の屋根が、砂地《アレナ》を光と影（ソル・イ・ソンブラ）に、真っ二つに闘牛場を割る時間に始まる闘牛では、様式と即興、作為と偶然、現実と超現実、生と死、闘牛士と牡牛、彼らと観客など、異なる要素が渾然一体となって、有終の美に向かって突き進む。ピカソも闘牛が好きだったが、ゴヤが闘牛を愛し、それを描いた版画集を創った理由もそこにある。

油絵では、早描きで有名で、肖像画を描く時にも、大切なのは目の前の人物ではなく、そこに漂う一瞬の雰囲気だと言っていたゴヤだが、緊張度の高い一瞬の連続を経て美に至る闘牛は、ゴヤにとっては、自らの画家としての姿勢にも通じる、至高の技芸と映っただろう。そこでは、あらゆるアクシデントを、自らの想像力と意志によって必然と化し、偶然を優雅に取り込み、それがなければあり得なかった美に結実させていかなければならない。つまり『闘牛技（タウロマキア）』は、ゴヤの表現論にほかならない。そしてゴヤは、版画集の最後に、こんな画を載せた。

闘牛とは全く関係がないように見えるこのような画を、ゴヤがどうして版画集の最後に載せたのかは解らない。ただ、載せたからには、ゴヤにはそうすべき理由があった、と考えるべきである。

そう想う時、この版画集が、アートについて、つまり人が美を生み出す技のことを描いたのだということが確かさと共に感じられる。

人でありながら、鳥のように空を飛ぶこと。それには、当然のことながら、人並みはずれた技がいる。そして絵画もまた。そしてその技によって高みに上る。しかし、かりに空を飛べたとしてもなお、羽ばたき続けなければ地に落ちる。ゴヤは、この画のような、実際にはあり得ないような飛翔感を、絵を描くことによって感じたことが何度もあるはずだ。

そしてひとたび、そうして鳥のように空を行くことを知った者が、あるがままの地面の上を、人のように歩くことは、すでに、飛ぶことよりも難しい。何処へ、ではなく、上へと蹴ることを覚えてしまった彼の脚は、歩もうとしてつい、上を目指して地面を蹴る。鳥のように遠い彼方を見渡し、一瞬にして対象を見て取ることを覚えてしまった彼の目はつい、目の前にあることの向こうを、あるいはその内に潜む本質を見つめてしまう。

『闘牛術』を制作してからしばらくして、ゴヤは、耳が聞こえない人の家という意味の、『カサ・デ・ソルド』と呼び慣わされる家を購入し、その家の壁に、いわゆる『黒い絵』と呼ばれる絵を描いたりなどし始める。

そしてその頃に制作したのが第四版画集『ロス・ディスパラテス（Los Disparates＝愚挙）』である。ここではゴヤは、理由さえ解らないほどの人間行動の奇妙さや不可思議さを、後のシュールレアリズムさえ予見するような、摩訶不思議なトーンで描く。

ディスパラテというスペイン語には、突拍子もないほど馬鹿げたこと、普通ではやらないような間抜けなこと、あるいは奇妙なこと、というような意味があるが、それらの画には、もはや同時代の人の目を意識してはおらず、すでに遠いところにまで行ってしまった、あるいは、人間存在の最深部を覗いてしまった者にしか見えないものを画にしているようなところがある。

そしてゴヤによって描かれてみれば、それらもまた、この世のどこかに確かに存在すると感じられる、もうひとつの人間模様。

ゴヤがこの版画集で描いたのは、どうしてそうするのか、どうしてそんなことになってしまうのかも解らないような、人間の行動や社会現象の奇怪さだが、それは後のフロイトやユングが研究対象とすることになる、無意識の世界や深層心理や精神の病などの、人間の内面にまつわる、未踏の領域にまで踏み込んでいる。

そして、ゴヤが辿り着いた極地とも言うべき版画集の最後を飾るのは牛が空を舞う画。人工の翼を付けてようやく空を飛んだ人間たちに比して、この牛たちは、まるであたりまえのように軽々と空を飛んでいるように見える。それは、愚かな動物たちにしか成しえないことなのだろうか？

けれど闘牛では、人と牛とが渡り合い、死力を尽くし合うことによって両者が共に、普通ではあり得ないほど高く空を飛んだ。もしかしたらそれこそが、芸術が成し得る奇跡？

人は美しいこと、あるいは美しくあろうとして生きることで人になる。そして、さらなる高みを夢見て空を見あげる。

ゴヤは、自分の限界を超えて何者かになろうとし続けた、その意思と情熱の強さにおいて際立っている。

美を想い描き、美を夢見て表現する動物である人は、表現し、その結果や働きから何かを学び、そこから、さらに飛躍しようとする。

描くというのは、人間にとって自然な行為だが、同時に、描かなくても済むということにおいて、高度に意図的な行為だ。そしてゴヤの絵はどれも、一般的に一枚の絵が語り得る以上の何かを、常に語りたがっているように思えてならない。あるいはその先にある何かを、誰よりも、ゴヤ自身が知りたがっているように思えてならない。

ゴヤは、問い続けることでゴヤになった。そしてゴヤの偉大さは、アクシデントやハンディや苦難を含めたすべてを、もう一枚の絵を描くための踏み台にしたことだ。

ゴヤは、何故と問い続け、そこで見いだしたことを、絵という自らの表現言語で表現し、そ

『愚か者たちの愚挙（Disparate de Tontos）』1816年
エッチング　アクアティント　32.6X21.2cm

して表現し続けることによって、人は成長できることを、自らの歩みをとおして証明した天才にほかならない。
ゴヤは多くの絵を描き、さらに描こうとしたが、不思議なことに、必ずしも、人生を描こうとはしなかった。これは、すべてにおいて対極的な場所にいて、絵を描くために生きたベラスケスと、妙につりあっている。ゴヤもまた、描くためにこそ生きた。そしてこの偉大な孤高の画家のスペイン的な伝統は、やがてピカソにも受け継がれていく。

ゴヤは一八二六年、宮廷画家の職を辞してボルドーに行き、そこで八十二歳の生涯を終えたが、死の二年前に鉛筆で描いた小さな絵には、腰が曲がって、真っ白な髭を生やした老人が、二本の杖を支えに、かろうじて歩んでいる姿が描かれている。そしてその絵には、『まだ学び続けている（Aun Aprendiendo）』という文字が書き込まれている。

●ゴヤの作品は、マドリッドのプラド美術館で、油絵、カルトン、黒い絵、版画など、その全貌を観ることができる。マドリッドでは、ほかにも、ゴヤが一七九五年に、義兄のバイユーに代わって絵画部長に就任した王立サン・フェルナンド美術アカデミーにも作品が収蔵されており、また、ボルドーの墓地から移されたゴヤの遺体が埋葬されていて、天井にゴヤの絵が描かれているサンアントニオ庵（Ermita de San Antonio de Florida）、通称ゴヤのパンテオン（Panteón de Goya）がある。

なお、ゴヤが生まれる二十年ほど前に、王宮などのためのタペストリーや絨毯を織る工場として設立され、ゴヤが下絵を描いた王立タペストリー工場（Real Fábrica de Tapices）は現存していて、製作工程などを見学することができる。

ゴヤの故郷のサラゴサにはゴヤの美術館があり、ゴヤの初期の作品や版画作品を観ることができる。市内には、さまざまな建築様式が混在する巨大なピラール聖母教会があり、そこには、若き日のゴヤが描いた聖母ピラールの絵がある。またゴヤの生地でサラゴサから四五キロ離れたフエンテトドス（Fuentetodos）へは、サラゴサからバスが出ており、市内にはゴヤの生家が版画博物館になって公開されている。

Antoni Gaudí

7　アントニ・ガウディ

人間の営みを育む場である建築と都市に
自然のモチーフと手技の美のエッセンスをちりばめ
都市における自然という現代的なテーマを探求した天才

格子状の街区を斜めの幹線道路ディアゴナルが貫くセルダの都市計画によるバルセロナの街。
サグラダファミリア教会は、その一区画すべてを用いている。Photo by Pere Vivas

一八五二年、バルセロナを州都とするカタルニア地方、バルセロナの南西の都市レウス、もしくはその近郊の、ガウディ家の別荘があったリウドムスで金属細工師の子として生まれた。一九二六年、バルセロナの路上で市電との接触事故によって死去。

幼い頃は病弱で、しばしばガウディ家の別荘のマシア（カタルニア地方の大きな農家）のあったリウドムスで自然と触れ合って過ごしたと言われている。

ガウディが育った頃のバルセロナは、産業革命をいち早く取り入れ、紡績や繊維などのさまざまな工業や貿易の興隆によって急激に近代化が進行し、人口も経済力も爆発的に増大するなかで、ロンドンやパリやウィーンと同じように、まさに都市の大改造が急務となっていた時代だった。

バルセロナでは、イルデフォンス・セルダ（Ildefons Cerdà 1815～76）の都市計画案をもとに、城壁に囲まれていた旧市街を、新たな都市大拡張計画のなかに抱くように大きく取り囲み、新たに都市を建設するに等しい、大規模な都市空間創造が敢行された。

これは膨大な建設需要を産み、近世と現代とをつなぐ、バルセロナ独自の空間文化創造運動としてのモデルニスモという、ユニークな文化ムーヴメントにつながって行き、今日のバルセロナの都市空間の魅力の多くが、この時期に創造された。

カタルニア・ルネサンスとも呼ばれたこの時期の、瞬く間に変化し、生まれ変わって行く都市が放つ新鮮な息吹が、そしてその熱気のなかで、古都バルセロナから世界と未来を見つめる富豪たちが、ガウディやリュイス・ドメネク・イ・ムンタネー（Lluís Domènech i Montaner 1850〜1923）などの天才建築家を育て、そして彼らのヴィジョンから創り出された現実が、さらなる夢や活力や、多くの職人たちや技術を育てるという、奇跡的な好循環をもたらした。

ガウディが育ち活躍したこの時代のバルセロナが育んだ革新的で人間的な文化風土、そこで創り出された都市空間こそが、今日の世界都市バルセロナの、最大にして最良の、資本となっている。

ガウディとモデルニスモ

バルセロナは不思議な街だ。上空から見れば、建築が密集する大都市ではあるけれども、たとえば東京のような、同じように海に面してはいても、広大な関東平野にのっぺりと、際限なく広がる巨大都市に比べれば、周囲を山や丘陵に取り囲まれたバルセロナには、一つの場所的なまとまりがあり、ヒューマンスケールという言葉を連想させるような、どこかこじんまりとした佇まいがある。そんな都市の、最も活気のある時代の風を受けて生きたガウディは、その時のバルセロナが抱いた多様な夢と可能性の広がり、そしてその成果を、最も豊かに感じさせる天才だ。

アントニ・ガウディは、近代における都市は、人間社会にとっての、もう一つの自然であって、そこにおいて重要なのは、自然における個々の樹木や草花などの総合的な環境と生物との関係がそうであるように、個々の建築や、そのなかにある家具や、それらを大きく包み込んでいる都市空間と、そこに住む人々との、多様で生命的な関係だということを看破し、そこから描いた独自のヴィジョンのもとに空間を創造した、理想を形にするヴィジョン・アーキテクトだったように思われる。

そこに必要なのは、あるがままの自然ではなく、むしろ、文化というものを創り出した人間の特性をより活かすような、美意識や想像力を自ずとインスパイアするような、創造性に富んだ、総合的な生活空間としての都市環境にほかならない。

つまりガウディは、彼が遺した空間を見る限り、都市における自然という、現代においても極めて先進的なテーマに、果敢に、そして誠実に向かい合っていたように感じられる。

私がここで言う、都市における自然というテーマの意味は、必ずしも都市の中に緑を取り入れるというようなことではない。それは確かに安らぎや快適性を部分的に増すことにつながるだろうけれども、人間が都市を創り出したということの本質的な意味、人はなぜ都市を必要としたのか、都市とは何なのかという問いにはつながらない。


人間は太古の昔から、寄り集まって暮らし、集落をつくり、共同体をつくり、そこで何らかの社会的な価値観のようなものを醸成し、ルールをつくり、それをゆるやかに、あるいは厳しく共有しながら生きてきた。

共同体が大きくなれば、隣接する共同体をさらにとりこみ、あるいは分裂して、互いに異る共同体としての道を歩んだりもした。より良い環境を求めて移住することもあっただろう。耕作や灌漑によって食料を獲得する手段などが増え、人の数が増えて、どんどん大きくなって行った共同体もあれば、何らかの理由によって衰退し、消えて行った共同体や、宗教を核にして形成された共同体もあっただろう。

そんななかで人は、食料を貯蔵し、それを管理して計画的に用いることや、他の共同体にはない道具などを創り出す独自の技術を編み出したりなどして、共同体を富ませようともしてきた。物や労働や住まいや耕作権などが交換され、あるいは貸与され、さらには貨幣がつくられ、貨幣を介してあらゆる物や働きが交換され、利便性のよいところに人が集まり、街ができ、都市が形成されてきた
極めて大ざっぱに言えば、こうしたことが、地球上のあらゆるところで起きた。海の近くに、大きな河の近くに、あるいは街道沿いに、類似した言葉や文化的風土や歴史や宗教や技術や食習慣を持つ、いくつもの共同体の連合体として、地域を象徴するような大きな都市が生まれ始め、そこを中心にして、その地域の独自の地域文化が培われていくようになる。

こうした都市の多くは、ヨーロッパでは基本的に石造りで、街全体が城壁で囲われていた。これはローマやギリシャやカルタゴなどの、広域を統治した大きな文化圏の都市の造り方をモデルにしていると考えられる。

城壁は他の都市との戦争など、非常事態が起きた時に閉じこもるためで、城壁内の建築や教会が石造りで、道路にも敷石が敷き詰められていたのは、戦火から街を守るためでもあっただろう。

当然のことながら、城壁内で作物を育てたりすることはできず、食料は基本的に、城壁の外に広がる領地や海や河から運ばれてきた。つまり、都市は周辺に依存し、周辺は都市に依存す

るという関係が自ずとでき上がって行ったが、それにつれて双方の役割分担、あるいは機能分化のようなことも進行して行く。

　人の営みには、少数でできることと、大勢でなければできないことがある。畑を耕したり魚を捕ったりすることは少人数でもできるけれども、教会を建てたり、橋を架けたりといったことは、大勢の人間が力を合わせなければできないし、そのための特殊な技術も必要になる。

　同じように人の営みには、少数の人を相手にしても成り立つことと、ある程度の人数を対象にしなければ成り立たないこともある。たとえば、野菜市場は、多くの種類や量の野菜が集められていなければ市場として成り立たないし、また、集荷した量をちょうどさばける程度には、それらの野菜を必要とする人たちが近くに居なければならない。

　本屋も家具屋もパン屋も肉屋も金細工師も、基本的には同じだ。それが、学校や病院や劇場ともなれば、それを日常的に稼働させるには、施設の規模に見合った住人の数が必要になる。

　共同体には、集落であれ街であれ、そのスケールや、地形や風土に合った個有の営みのための場所や施設がある。そして都市には、都市でなければ成り立たないような多様な営みやそのための空間がある。それらが周辺の街や集落の営みと一体となって、その地域独特の文化や特異性の創造を牽引する働きを果す。

　そのとき都市はしばしば、それが重層的な文化と歴史を持つ都市であればなおさら、都市の周囲の街々のエッセンスをシェイクし、その地方にしかないカクテルを創り上げるような、地域文化や精神性や価値観を集約し、それを象徴化《シンボライズ》する働きをする。

たとえばバルセロナは、カタルニア地方の豊かな自然を背景に点在する多くの街が、長い時をかけて育んできた文化の集積体のような場所として、それらを多様な形で自らの内に宿し、あるいはそれぞれの優れたところをミックスして新たな何かを創り上げ、幾重にも折り重なる文化の地層を新たな表皮で覆ってきたが、ガウディが生きた頃のバルセロナで、大きな文化的ムーヴメントとして巻き起こったモデルニスモは、その地層《グラウンド》に、極めて豊かな文化的滋養を供給する働きをした。

また都市は、異なる文化や新たな時代と触れ合う機会をつくる結節点《ジャンクション》の働きもする。文化は、異質な文化との出会いによって活性化し飛躍し、あるいは、それを契機に自らのうちにある何かを終息させる。

生命にとって、あまりにも近親的なこと、土着的なことばかりに執着することは、自らの生命力を衰退させることにつながるが、それは生命というものが持つ摂理《プロビデンス》であって、外部から日々訪れる無数の機会のいくつかを、自らの個性と重ね合わせて健やかに、あるいはときめきと共に活かすことができた時、都市は、もう一つの新たな輝きを得て、その光で自らを飾る。

人はいつも心のどこかで、新たな美しさに飢えている。どこか遠くからやってくる新たな何か、人の心を思わずときめかす、そのようなものに触れた時、人は無意識のうちにも、それが自分が求めていた何かとつながるものだと感じる。そこから新たな何かが始まる。そしてそのような何かが多くの人々の心に触れ、それが共振し始める時、そこから新たなムーヴメントが生まれる。

それを新たな時代の風と呼んでもよいかもしれないが、その風は不思議なことに、瞬く間に世界の空を吹き抜けて、あらゆる場所に、さまざまなシンクロニシティを生じさせる。古《いにしえ》の時代であってもそれは同じだ。たとえばシルクロードを介して、遠く離れた場所の文化が素早く、そして互いに密接に影響しあった。

それは地球が一つの小さな丸い星だということの、そして人が常に新たな美を求めていることの証だが、このことは、産業革命とそれによる工業化が進行し、交通機関や通信技術や映画や音楽などのメディアが世界化した十九世紀後半から二十世紀に入ってさらに顕著になった。バルセロナは、産業革命がもたらした変化の風を、いち早くキャッチし、それを文化的なムーヴメントにまで高め、そこで豊かな都市空間を遺すことができた稀有な都市の一つだ。


産業革命はヨーロッパに、それまでとは全く次元の異なる変化をもたらした。まずそれは、石炭という化石燃料を燃やして得られる蒸気のエネルギーを機械に利用することから始まった。人力や牛馬の力を遥かに凌駕する蒸気力は、紡績機械や巨大な圧力機械をはじめ、あらゆる工業機械を稼働させ、工業生産力を飛躍的に高めた。

汽車を動かし、汽船を動かし、それまでとは比較にならない量の人や物を、距離や風などの自然の障壁を越えて往き来させた。工業生産力が飛躍的に高まり、そこで生産された製品を移動機械が世界中に運び、貿易が世界化し、あらゆる場所から原料や資材を工場へと運び、生産もマーケットも爆発的に拡大して行った。

海に面したバルセロナは、もともと貿易が盛んだったが、スペインが、アメリカ大陸を手中にいれて世界を制覇したという歴史を持つため、近代に入ってからは、アメリカ大陸との太いパイプを利用して、いちはやく大陸から綿などを輸入し、紡績や繊維業などを産業化した。

もともと手工業が盛んだったこともあり、手作りの良さと工業化を融合させたバルセロナとカタルニアに独自の産業の近代化が進行して、多くの富豪が生まれた。ガウディのパトロン的な存在のエウセビ・グエル（Eusebi Güell 1846～1918）も、そんな富豪の一人だった。

そうした産業革命と貿易が富をもたらしたバルセロナが、セルダの卓抜した都市計画に基づいて都市を大拡張し始めたことで、巨大な建設ラッシュが起き、それが経済をさらに爆発的に活性化させた。

それに加えて、ヨーロッパ全土で進行した工業化に意義を唱えるかのようにして巻き起こった、伝統的な手作りの良さを活かしつつ女性的な曲線や植物の美や優しさを取り入れた、いわゆるアール・ヌヴォー（新しい芸術）や、アート&クラフトやユーゲント・シュティールなどの、総合的な表現運動の時代の風がバルセロナにも吹き、モデルニスモという、極めて個性的な、総合空間表現運動の熱気を生み出していった。

現在のバルセロナの最良の都市空間資本であり、最大の観光資本でもある、ガウディや、同時代のライバルとも言うべき建築家、ドメネク・イ・ムンタネーに代表される多くのモデルニスモの建築家たちによる建築は、こうしたバルセロナの、時と場所と人の夢とが、奇跡的なまでの幸運さで出会い、そして競い合った、創造的な熱気の賜物にほかならない。

私たちのアントニ・ガウディは、そんなバルセロナの近郊で、金細工師の息子として生まれ、病弱な少年時代をすごした一人のカタラン人の、個性と資質と運命とが融合し合うことによって生まれた。


建築家の仕事は基本的に、建築を依頼されなければ始まらない。たとえどんな才能や建築家としての可能性を秘めていたとしても、仕事がなければ、その才能が華開くことはない。しかも建設にはお金がかかり、いったん建てられた石造りの建築は、長期にわたって街の景観を左右するため、建設の許可を得ることも簡単ではない。建築家も、信頼されるに足る人物である必要があるため、建築家の多くは当時、裕福な家庭や、社会的な地位や政治力を持つ家の子弟である場合がほとんどだった。

そんななかで、新たな都市空間創造に湧くバルセロナの熱気に引き寄せられるようにして建築を目指したとはいえ、バルセロナから離れた都市レウスの、一介の職人の子が、建築家になるにはよほどの才能と幸運がいる。

結果的に見て、ガウディには傑出した才能があったことは明らかだけれども、しかし、その才能を見抜いて仕事を依頼する人がいなければ何も始まらない。ガウディが極めてラッキーだったのは、建築学校の先生に、ジョアン・マルトレイ（Joan Martorell 1833～1906）という、すでに建築家として名を成し、しかも若い才能を認める目と、才能のある若者を自分の仕事を脅かす存在として排除するのではなく、後ろ盾となって引き立てる懐の大きさをもった人物に出会ったことだ。

私がバルセロナに住み始めた頃からの友人、ガウディやモデルニスモ研究の第一人者で建築家の丹下俊明によれば、マルトレイは、在学中から自らの事務所で手伝いをさせるなど、いち早くガウディの才能を見出した。

卒業時にガウディが市から依頼された街灯のデザインは、マルトレイの後押しがあったからであり、手袋商コミージャスのチャペルのための家具のデザインをガウディにまかせたり、さらには、すでに別の建築家による設計で建設が始まっていたサグラダ・ファミリア教会の設計者に、前任者に代えて若きガウディを推挙するという運命的なはからいまでしている。

現在のバルセロナの中心のレアル広場にあるガウディの街灯の製作では、生涯の友となる職人のリョレンス・マタマラと出会ったり、後にガウディの同志とも言うべき存在となるエウセビ・グエル侯爵がガウディの才能に目を留めたのは、コミージャスが万博に出品した手袋のショーケースだったことを考えれば、マルトレイは、重要なきっかけの、ほとんどすべてに関与しており、ガウディがガウディになるためのお膳立てをした人物といって良い。またそのような経験があったからこそガウディも、後に、ジュジョールのような優秀な後輩を好んで抜擢したりもしたのだろう。

また同じ建築学校の出身のムンタネーが、卒業と同時に教師になれたのも、マルトレイの見識の高さの表れだろうし、伝統的建築様式と近代建築とを融合させ、モデルニスモを牽引したムンタネーとガウディを見いだし育てた功績は計り知れない。

名家の出身のムンタネーは、卒業後すぐに重要な建築を設計し始めており、ガウディにとっても、たった二つ違いの優れた先輩を持ったことの意味は極めて大きい。単に刺激されたというばかりではなく、ムンタネーという存在が、ガウディに自ずと、彼とは異なる何かに向かわせる働きをしたと考えられるからだ。


さて、ようやくガウディ自身について語るところまで来たが、ここで、これまで述べてきたような、ガウディを生み出すことに幸いした、さまざまな運命的な出来事に加えて、後の彼の独創につながる、個人的な条件についても簡単に述べておきたい。

一つは、ガウディが子どもの頃、体が弱かったということだ。病弱だったということは、もしそれを克服しさえすれば、建築家という職能にとっては、むしろ有利に働き得る。なぜなら、ひ弱な子どもは、ましてやガウディのようにリウマチという複雑な痛みを伴う病気を持った子どもは、光や風や温度や湿度などの、自然環境のありようや、その変化に敏感にならざるを得ない。そしてそのことは自ずと、快適な空間を創るための繊細な基準ともいうべき身体感覚を身につけることにつながる。

ガウディの建築は、風や空気の流れを、実に上手く取り入れているし、空間への光の繊細な取り込み方にも特徴があるが、それは身についた身体センサーを上手く用いた結果のように思われる。ガウディの椅子なども、造形の見た目の奇抜さとはうらはらに、極めて坐り心地が良いが、そうしたこともまた、体に負担をかけないようにするにはどうすればよいかを、ガウディが強く意識していたことの表れのように思われる。

もう一つの、結果的にガウディに幸いした条件として、彼が職人の子だったことがあげられる。彼の建築は小さな家具やドアや把手から巨大なサグラダファミリアに至るまで、基本的に手作りであって、これは当時の一般的な建築家と比べても、大きく違って極めて徹底している。バルセロナに限らず、階級社会であるヨーロッパ社会においては、エリートである建築家の仕事は、一般的に、図面やスケッチを描いて、それをそのとおりに職人たちに造らせることであって、その作業に自分が加わったりはしない。

ガウディはむしろ逆だ。彼は何をつくるにしても、頭で考えるのではなく、手や目や体で触れて創る。模型を創り、それを手直ししながら、実寸の家具や建築を、まるで職人のように創り上げる。だからガウディの建築にはほとんど図面がない。

図面やスケッチが下手なわけではない。ガウディはむしろ誰よりも上手だったくらいだが、しかし、自らの空間創造の方法には、模型を用いる方法を好んで採用した。これには実は、いくつかの大きなメリットがある。

まず、ガウディは家具にせよ建築にせよ、自然のモチーフを好んで取り入れたが、考えてみれば自然界のすべてのものは基本的に立体であって平面ではない。だとすれば、自然に近いものを創ろうとするなら、最初から立体で考えた方が合理的だとも言える。

さらに、ガウディ自身も言っているように、自然に直線などないとすれば、最終目的が立体空間である家具や建築を創るために、わざわざ平面の紙に線を引いて立体を平面化するのはいかにもまどろっこしい。しかも、定規で線を引けば、どうしたって直線が多くなってしまう。ちゃんとした図面に見せるために、インキングなどを施そうと思えばなおさらだ。

そのように考えれば、建築家が見栄えのよい図面を描くのは、建築家と職人とが分離され、分業化された仕事をつなぐための、あるいは役所などが建築に評価を下したり、それを権威付けするための、さらには部材を工場生産するためなどの、便宜的な手段に過ぎない。

ガウディの作品は、形や表情が通常の建築とは大きく異なるために、極めて造形的な自己主張の強い作家と一般的には思われているが、実際には、むしろその反対の、極めてニュートラルで合理的な思考の持ち主に見える。

ガウディにとって大切なのは空間を創ることであって、そのために最も無駄や間違いがなく、目的を職人たちやクライアントと共有する解りやすい手段としては、模型がもっとも相応しい。合理的な構造を考えるにしても、ガウディは彼が編み出した方法として有名な懸垂模型を用いた。これは、重力に逆らって建つ建築というものの特性を見据えた方法で、平面図の柱の部分などに、それが支えるべき高さや重量に相当する重りを付けた糸をつけ、建築を逆さまにして重りをつるして、構造的に最も安定する建築の形状を探る方法で、いわばコンピューター解析をアナログでやるような方法だ。

ガウディの建築は、一般的には、大雑把にガウディ作品としてひとまとめにされがちだが、しかしよく視れば、動植物や波などの、ガウディならではのヴィジョンに基づいた、自然をモチーフにした共通の空間装飾言語を用いつつも、個々の作品は、それぞれみな、そのプロジェクトに合ったコンセプトと空間構想を行なっていて、そこには彼の、独自の空間表現哲学があることが窺える。

ガウディは、たとえば自然の中の一本の樹は、根や幹や表皮や葉や枝ぶりなど、さまざまな表情を持つ部分の総合体であるけれども、そこには、その樹に個有の生命的意思のようなものがあり、それはＤＮＡというような、無粋な言い方をしてもいいかもしれないけれども、それよりはもっと個有の意思、つまりは個有の美意識を宿していて、だからこそ、ほかの何処ともちがう、その場所に立つ樹としての、その樹にしかない姿や枝ぶりや美しさがあるのだと考えていたように思える。たとえ同じ種類の樹であっても、生きる場所によって樹の姿は微妙に違う。あるいは、季節によって同じ樹でも、多彩に表情を変える。

ガウディは建築にも、そのような個有の美意識を宿らせたいと、そしてそれが、一つの場所に生き続ける建築を創る際の礼節《マナー》であり、そうして建てられた後、自分の死後も生き続けるであろう建築への愛情であり、さらには、空間を創り出すという仕事に対する、敬意《リスペクト》だと考えていたように見える。そこにあるのは、個人的な表現欲などでは決してない。

彼の建築は、通常の建築とあまりにも違い、人々に、一種の動揺にも似た感動、あるいは違和感を与えるために、一般的には、表現欲のかたまりのように想われがちだけれども、それぞれの建築の違いや、そこに込められたしつらえを見る限り、方法的には実は、自我とは全く無縁の、極めて誠実なアプローチで、それぞれの建築や、そこに内包された家具や、窓や手摺りと、向い合っていたように思われる。

ゴシック地区を包み込んで拡張（アイシャンプレ）された地区の
最もステータスの高い場所にある共同住宅カサ・ミラ　photo by Pere Vivas

ガウディにとって建築空間と共にある家具やサッシュや煙突やドアやタイルなどのすべては、単なる家具でもなければ部材でもなく、用途を満たすためだけの装置でもない。すべては、都市の中の、その場所にしかない建築空間という個有の生命的身体の一部だった。

そしてガウディは、自然のなかで一本の樹が、他の多くの樹や、草花や、鳥や虫や、その他の無数の生命体と共に、特定の場所に個有の、一つの地域的な環境生命体という空間を構成しているのと同じように、都市における建築もまた、その都市の文化的風土や歴史に個有の、都市という生命体のなかの、個々の生命体としての役割を果たすべきだと考えるに至ったように思われる。

『パルケ・グエル（グエル公園）』、『パラウ・グエル（グエル邸)』、『サグラダファミリア教会』などの、それぞれにアプローチが異る表現方法や手法の違いを、見れば見るほど、そう思う。

たとえばバルセロナの中心の高級住宅街であり、パセオ・デ・グラシアというメイン通りに面した『カサ・ミラ』(前頁、口絵八頁)では、居室の天井も窓も実に優雅で、しかも居住空間全体が、がっしりとした岩のような外壁に護られていて、人が中で暮らすための内部空間と、都市の表情の一つとして街路から見える外壁によって構成される外部空間という、二つの異なる空間を、それぞれの役割を満たしつつ、実に上手く表情を変えて、両者を融合させている。それもガウディの特徴の一つで、そこには成熟した空間表現哲学のようなものがある。

しかも、その表現手法は、集合住宅のカサ・ミラと、バルセロナの中心部からやや離れた丘陵地帯にある、戸建ての分譲地として構想されたグエル公園では自ずと異り、そこではその名の通り、コミュニティの憩いの場としての公園《パルケ》の要素が取り入れられ、水や緑と共にある都市周辺の新住宅街、つまり、近代の田園都市の概念に対するガウディなりの解釈が施されている。

また、自然をこよなく愛したガウディだが、都市における自然ということについても、独自の哲学を持っているように見える。

都市は言うまでもなく、多くの人々が密集して暮らす極めて人為的な空間だが、近代に入って都市人口が爆発的に増え、都市の規模が拡大するにしたがって、大都市では都市空間の非人間的なまでのクオリティの劣化を緩和するために、さかんに公園が都市の内部につくられるようになった。

　それでも都市は、大自然と一体となった集落とは本質的に異なる空間であって、街路樹を植えたり、多少の緑地をつくることはできても、都市の内部に大自然を取り入れることは難しい。しかも、道が舗装されて土とは縁を切ったヨーロッパの石造りの都市では、住宅は基本的に何層ものフロアを持つ共同住宅であり、それらが密集して建ち並ぶために、それぞれの居住空間のなかで、四季折々の自然や大地の息吹を感じることは難しい。


　産業革命によって都市に人口が集中し、無数の建築群の中に人間が密集することで都市における居住環境は急速に劣化したが、そうしたなかで、近代化が先行したロンドンをはじめ、近代化が進行するにしたがって都市は、汚水やゴミなどの、それまではなかったような課題への対応に直面することになった。

　それと同時に、都市に人間性を取り戻すために、近代都市に自然をどのように取り入れるかということもまた、非常に重要で切実な課題となり、これに対して大都市はそれぞれ、自らの社会構造や文化風土に合わせた解決を試みた。

　たとえば、王家を頂点とする貴族社会や教会が圧倒的な力を持ち、ほとんどの土地をそれらの支配階級が有していたロンドンでは、都心にあったその広大な土地を、ハイドパークなどのような緑あふれる公園にして市民に提供したり、それとは別に郊外に、いわゆる田園都市を設け、小さな庭を持つ集合住宅地などを配するなど、近代都市計画における、いわゆるゾーニングの手法につながる都市計画を行なった。

これに対して、基本的に商工業の街であり、中産階級である市民が力を持っていたバルセロナでは、基本的に市民が都市の中に住むことを前提とし、それを確保するために近代都市に向けてバルセロナ市が大規模な都市計画を行い、旧市街であるゴシック地区を包み込む広大な新市街を新たに建設するという方法をとった。それはロンドンやパリの大改造が既存の都市のありようを基本的には継承したのに比べると、ゴシック地区をまるごと残したとはいえ、それを抱くようにして、まったく新たな広大な新都市を創り出す大事業で、近代におけるいわゆる都市計画という概念が、歴史的にはバルセロナから始ったとされているのはこのためである。

具体的には、本章の扉の写真を見ていただければ分かりやすいが、一三〇メートル四方の、マンサーナという真四角の基本街区で都市を構成し、その四方を碁盤の目に張り巡らせた道路が走るかたちになっている。

建築は、真四角の基本街区の中に、中央に空地を置いて、それを桝状に取り囲む形状になっていて、地上階には店舗などが入るが、上層階は基本的に住宅で、内側の四角い空地には、樹木のある小さな庭を配置する方法がとられている。

これは、概念としては、パティオという中庭を居住区域に取り込んで、緑や花や水との独特の親しみ方を持つ、ややアル・アンダルース的なイベリア半島の文化風土を反映させていると考えられる。

今ではその中央部分は、駐車場として使われたりしているために、緑地の多くは姿を消したが、しかしもともとはバルセロナでは、ロンドンなどのように、大自然の縮小類似形としての大公園を都市の中に置くのではなく、住民の暮らしを彩る程度の緑を新市街の全体に点在させるという、都市的な方法をとった。

こうしたなかで、バルセロナで財をなした人たちや、モデルニスモの建築家たちは、美しさやアイデアを競い合って建築を創った。なかには、新たな乗り物である自動車に乗ったまま、建築の上層部にある住居に乗りつけられるように、そのためのスロープを内部に設けた建築さえあった。

そんななかでガウディがとった方法は、きわめて独創的だった。つまりガウディは、生の緑を建築に取り入れるのではなく、さまざまな生物や植物や動物や虫や海の波、ときには恐竜の背骨の化石のような造形を、あるいはそれらのエッセンスを抽象化したモチーフとして空間の表情の中に取り入れて、自然から生まれてきた人間と自然との接点をつくり、人間のイマジネーションという、知能や心の働きの中に自然を取り入れることを試みたのだ。

むしろそれこそが、高度にイマージナティヴな存在である人間がつくり出した、都市という人為的な空間における自然のひとつのありようだと、そして、快適な建築空間の中のそこやかしこに埋め込まれた、自然とつながりのあるモチーフによって、それぞれの心のなかで、ふとした一瞬に、無意識のうちにも喚起される自然、さらには遠い過去や未来や宇宙とのつながりを体感させることをガウディは意図したのだ。

つまりガウディは、畑を耕すばかりではなく、文化を耕すこともまた、人の良き働きの一つであり、人間の社会的創造力の集約としての都市における建築おいては、安易に緑を取り入れるより、そのほうがむしろ良いと考えていたように思われる。

ちなみに、自然豊かなカタルニア地方では、バルセロナなどの都市に住む人は、郊外の田舎《カンポ》に別荘を持っている場合が多い。これはなにもお金持ちだけではなくて、職人であったガウディ家が別荘を持っていたように、中流のごく普通の人たちにも別荘を持っている人たちは多く、土日ともなればみんなでこぞって都市を出て田舎で寛ぐ。バルセロナの近辺の海辺などには、感じの良い別荘地も多い。

つまり、海にも山にも近く、まわりに豊かな自然があるバルセロナでは、大自然と触れ合いたければカンポや山や海や別荘に行けばよく、逆に言えば、バルセロナでは都市の生活を楽しめばよい。カタルニアには、そのようにして自然の中の楽しみと街の楽しみとを上手く使い分ける文化が根付いていて、ガウディが自らの建築空間のなかで、自然を抽象化して用いたことは、この文化と深い関係があるようにも思われる。

もちろんガウディは、全てを自然から学んだと言い、自然には直線は存在しないと言うような、自然を尊重する気持を極めて強く持った建築家だった。そんな彼がどうしてそんな方法をとったのかといえば、おそらくガウディが、それだけ自然を深く愛していたからだ。つまりガウディは、自然を、人間が手なずけられるものであるかのように、建築のお飾りにしてしまうことが嫌だったのだ。つまり自然はそんなふうに扱うべきものではないと考え、自然に敬意をはらった結果、敢えて取り入れなかったように思われる。

そのかわり、ガウディの建築は、他の建築家のどの作品にもないほど、自然のモチーフが満載されている。動植物のみならず、星や波や洞窟や、巨大な恐竜の骨の化石のような形状の階段の手すりもあれば、ドラゴンのような架空のイメージだってある。

要するにガウディは、人間を生み出した自然と、自然から触発されて文化や物語を創り、都市文化をつくりあげた人間との関係を見つめ、自らの建築には、デザイン化した自然のモチーフをちりばめることで、人間の想像力を喚起する方法、すなわち、人間にとってのもう一つの自然である都市においては、人間のイマジネーションという創造的能力を介して、自然とつながるきっかけを、自らの建築空間に潜ませるという、極めてラジカルな方法を敢えてとった。

ガウディはどうやら、都市文化というものの本質を、あるいは、自然とイマジネーションの両方によって生きる人間の本質を見抜いていたように見える。都市の建築のなかでは、思いきり想像力を働かせて文化を享受し、人間であることの不思議さを見つめ、そして待ちにまった終末には、思いっ切り自然と触れ合って、生命のルーツを享受する。そしてそれは、庶民が都会と田舎の両方を身近に手にしているバルセロナならではの方法でもあっただろう。

さらに自然は、人があえて大自然から切り離してつくり出した都市の中にあってもなお、人が生きて行くために必要不可欠な恵を与えてくれる。空や光、そして漂う大気や風である。だからこそ、ガウディは、自らが創る建築空間における光や風のありようにこだわった。

また建築のなかで、大自然の中にいるのと同じように、自然とダイレクトに接することができる場所があるとすれば、それは屋上にほかならない。そこでは、見あげれば、あるのは空。風と共に姿を変え移ろう雲、あるいは夜空の中の月や星がある。

朝日が昇り、夕陽が沈む屋上では、刻々と変化する自然と触れ合うことができる。だからこそガウディは、自らが都市の内部に創る建築空間における屋上のありようには強くこだわった。

そこが単に個々の住居の暖炉の煙を排出する機能をはたすだけの、不細工な煙突が建ち並ぶ空間などであってはならない。だからガウディは、カサ・ミラなどでは、都市の日常のなかでふと、空という自然と触れ合える屋上を美しい庭のようにして創った。

またガウディは、新たな技術を取り入れることにも熱心だった。たとえば鉄骨は、高層建築を創る際に、それまでの石積みの工法に比べれば、はるかに建築を軽量化できるし、空間の自由度を増すこともできる。

ロンドンのクリスタルパレスやパリのグランパレや多くの鉄道駅を皮切りに、やがて世界には、近代のテクノロジーの成果としての、精度の高い鉄骨とガラスを多用した建築が満ちて行くが、ガウディもまた、その可能性に目を留めて、積極的に鉄骨を取り入れた。

時にはそれらを内装材で覆って隠すことをせず、鉄骨やそれを繋ぐボルトを、室内空間を構成する言語としてあえて用いたりもしている。要するにガウディは、技にせよ材料にせよ、新しいものであろうと古いものであろうと、空間を豊かにするものであればなんでも取り入れた。

ガウディが遺したサグラダファミリア教会のスケッチ

さらに言えば、たとえばグエル公園の細かく割れたタイルで構成された空間を見ていると、ガウディが、自然に無駄なものなど一つも無いように、都市やそれを構成する建築にも、無駄などあってはならないと考えていたように感じられてならない。

よく知られているようにガウディが建築の表層に用いた、粉々に割れたタイルは、彼がそうしたくて意図的に壊したタイルではなく、バルセロナという都市が、近代都市へと新たに生まれ変わって行く過程の中で取り壊された建築の廃材のなかの粉々になってしまったタイルにほかならない。

他のスペインの街と同じように、イスラム的な文化を受け継ぐバルセロナの街の建築には、さまざまなタイルが施されていたが、ガウディは、樹木から落ちた木の葉が、大地に帰って、それが新たな生命を育むように、壊された建築のかけらに、自らが創る新たな空間の、新たな衣装としての命を与えた。

ガウディには、新たにタイルを焼いて、それを用いるつもりも最初はあったかもしれないが、もちろんそれには費用もかかる。ならばと、発想を飛躍させ、捨てられる廃材でしかなかった粉々になったタイルを、独創的な表現言語に積極的に用いたところにもガウディの天才がある。

そしてサグラダ・ファミリア教会。そこにもまた、都市というものに関するガウディの表現哲学が如実に表れているように思われる。

ガウディは、サグラダ・ファミリア教会の建設に、文字通り生涯を捧げたし、晩年はそこに寝泊りし、一介の職工のように、身なりも構わずにそこで働き、そして市電に接触するという、不慮の事故に合い、誰にも看取られずに亡くなった。ただ、ここではそのような運命や、彼の暮らしぶりについては触れない。それは結婚も贅沢もせずに建築を創り続けたガウディ自身が、それほどこだわらなかったプライベートなことだからだ。

またガウディは規則正しく教会にお祈りに行くなど、敬虔なキリスト教徒だったと言われているけれども、ここではそのことにも触れない。近代までのヨーロッパ人にとって、それはごく普通のことだからだ。

重要なのはむしろ、ガウディが建築家として、あるいはヴィジョン・アーキテクトとして、サグラダ・ファミリア教会に、どんな夢を見ていたのかということだ。

一つの大きな空間的生命体である都市には、とりわけ長い歴史のなかで培われた個有の魅力を持つ大都市には、必ずのように、その都市に相応しいシンボル空間がある。

それは、その都市の始まりを表す遺跡のようなものだったり、都市の歴史や時代の転換や市民の心に触れる物語や育んだ文化を象徴する建築や場所だったり、あるいは、その都市に住むことの確かさや誇りや喜びと、どこかでつながっていることを感じさせる何かだったりする。

たとえばロンドンにおけるロンドンブリッジやビッグベンやロイヤルアルバートホールや大英博物館やアビーロード・スタジオなどなど。

パリにおけるノートルダム寺院やエッフェル塔やバスティーユやルーブル宮やオペラ座や十九世紀の鉄道駅を改修したオルセー美術館などなど。

またヨーロッパの都市の多くは、教会を中心にして街が成長したという歴史を持つため、一般的に教会や、その前の広場が、街を代表する場所で、市民の憩いの場だったりする。

その周辺に、その都市に特徴的な様式を持つ建築が建ち並んでいたりもして、今日では、それらは観光ポイントとなっていたりするが、もともとは、それらは自分たちの街の文化や歴史を象徴するものであり、また、市民の心の拠り所であることも多い。

そのような場所が多いほど、その都市が、豊かな歴史や文化を育みながら存在し続けてきたということが言えるだろう。また、都市が大きな空間的生命体だということを考えれば、新たな時代の到来を予感させ、街の未来に方向性を与えるような建築による、新たな生命力の付与ということも極めて重要だ。なんとなくまとまりの乏しい場所に、どうしてこれまでこの場所に、このようなものが無かったのかと、創られてみれば誰もが想うような新たな建築を作ることによって、その周辺が活性化することもある。

こうしたことを長期的な展望や、冷静な現実認識に基づいて、計画的に行なうことが都市計画や都市における建築構想の最も重要な役割だが、結果的にみて、セルダの都市計画の申し子のようなガウディは、大きな時代の変わり目にあるときに、建築家が果すべき役割やその重要性というものを、ほとんど本能的に直観していたように思われる。

古いバルセロナを象徴する場所といえば、まずは大聖堂《カテドラル》やラス・ランブラス通りで、カテドラルの前には広場があり、日曜ともなれば、バルセロナ市民が大勢集まってきて、サルダーナという民族舞踊を、手をつないで輪になって楽しそうに踊る。お祭りの日には、ものすごく大きな竹馬のような脚を付けた人が巨人の王様や王妃の衣装を来て巨人《ヒガンテス》となって練り歩いたりもすれば、クリスマスには長期にわたって市がたつ。

それはまさしくバルセロナの中心的な場所だが、ただ、壮麗なカテドラルは旧市街のゴシック地区の中心部にある。都市計画的に拡張された広大な新市街地は、そのゴシック地区を包み込むようにして広がっているが、新たな市街地であるそこにはもちろん、カテドラルのようなシンボリックな場所はない。ガウディは、そのような新たな街区にも、それが創られた時代を象徴し、さらにバルセロナの未来につながるような新たなシンボルが必要だと考えたように思われる。

彼が創った建築は、まさにそのような働きをすることになるが、約百三十メートル四方の、マンサーナの一区画全部を用いてあるいはそこからはみ出るようにして創られるサグラダファミリア教会（口絵六～七頁）は、まさに、拡張《アイシャンプレ》と呼ばれる、バルセロナの巨大な新市街区域を象徴する建築となるに相応しい場所的な条件を持っていた。

もちろん教会の建設計画自体は聖家族《サグラダファミリア》教会によるものであって、ガウディはその建築家として抜擢されたわけだが、しかし、それに対してガウディが想い描いた構想の大きさを見れば、ガウディは新たに誕生する巨大な教会が、未来のバルセロナのシンボルとなりうると直観したにちがいない。

だからこそガウディは、カタルニアの聖地であるモンセラットの山々の表情とも響き合う、それ自体が新たな街区の中の、もう一つの自然であるような大教会を創り、それに未来のバルセロナとカタルーニアを象徴する役割を担わせようとしたのではないかと思われる。

もともとヨーロッパではどこでも、基本的に教会が街や街区の中心的な存在だが、そこでは、響き渡る教会の鐘の音が、重要な音環境《サウンドスケープ》となって教区全体を包み込む。街は、教会の鐘の音と共に目を覚まし、鐘の音と共に眠る。ガウディはサグラダファミリア教会全体を、大きな楽器のようにしようとしていたともいわれているが、そこから響き渡る音が、新市街区全体を優しく包み込むさまが、きっとガウディには、見えていたにちがいない。


教会は単なる一宗教の施設ではないか、それがどうして新たな街のシンボルになり得るのかと、もし言う人がいたとしたら、それはヨーロッパにおいてキリスト教が、どんなに人々の心や街の仕組やお祭りや、政治を含めた文化の総体と一体となっているかを知らない人だ。

そこには良いも悪いも無い。そのようにして築き上げられてきた過去と現在、つまりは歴史があるというだけだ。もちろん、一口にキリスト教と言っても、そのありようはさまざまであって、もちろんカトリックもあればプロテスタントもあり、さらに、個々人の心のなかのありようともなれば、全く千差万別であって、ほとんどの人がその影響を受けているとはいっても、それぞれの暮らしとの関り方は全く違う。

ただ、キリスト教の原典である旧約聖書には、一つの顕著な特徴がある。それは、人間はもちろん草木も魚も虫も動物も、すなわち万物を神が創ったとしていることだ。しかもこの神は、人間があまりにも神との約束を守らないので、せっかく創った人間を含めた生物の全てを、洪水によって根絶やしにしてしまおうとするような極めて過酷な神だ。

さらに特徴的なことは、創世記の初めに、神が動植物をつくったと言及している以外は、旧約聖書には、自然の中の動植物に関する記述が、ほとんどないということだ。

あるのは神の言葉と人間たちの行いとの関係に関する記述であって、あらゆる物語が語られるけれども、虫や動物と遊んだり花を愛でたりなどというような自然との対話のようなものは出てこない。つまり旧約聖書は神との関係における善悪や、都市国家的な人間社会の規律を書いた書物にほかならない。

新約聖書では、イエスという神の子である人間が登場することで、旧約の神の厳しさは薄められる。しかも人間の罪をイエスが背負って十字架に架けられるため、人間に対する眼差しは優しくなり、キリスト教は旧約聖書の世界と比べれば、かなり人間的な宗教へと変貌している。ただそこでも、荒野でサタンに試されたりはしても、自然は基本的に物語の背景でしかない。

しかしキリスト教は、かなり包容力を持つ宗教でもあるので、歴代の聖人たちのなかには、修道士サン・フランシスコのように、小動物とも、人に対するのと同じように心を通わせた聖人が現れたりもして、彼の人気も高い。

それはキリスト教の価値観における、反自然、あるいは非自然的な傾向に、味気なさを感じる人が多いということかもしれないが、さかんに自然のモチーフを自らの建築空間に登場させるガウディにも、そのような感性が、きっと働いていたのだろう。サグラダファミリア教会には、イエスやマリアや天使たちに混じって、ドラゴンなどの架空の生物も含めて、無数の動植物が登場する。門の柱を支えているのがカメだったりもする。

折しも時代は、かのニーチェが象徴的に、神は死んだと宣言した時代であり、教会を含めたかつての権威は失墜し、進化幻想がもてはやされ、科学が神に代わって新たな真理を布告し始めていた。アール・ヌヴォーやモデルニスモが登場したのはまさにこの時期であり、ガウディもまた、そのような時代の空気を呼吸していた。

ガウディは、深い信仰心を持ってはいても、それはかつての過酷な神に対する信仰ではなく、もっと人間的で優しい、自然や、そこで生きる全ての命と共に人を生かすような、そんな世界観が息づく世界に対する、祈りのような願いだったように思えてならない。

最後に余談だが、私のバルセロナの敬愛する友人たちには、ガウディを深く愛する人たちが多い。祖父がガウディの友人だったためにガウディとも面識があり、カサ・ミラが建設されていく様子を見た経験を持つ、ミロの親友の写真家で、ミロ・ファウンデーション（ミロ美術館）の初代館長でもあったジョアキン・ゴメスもそうだ。

彼は、かつてほとんど評価されず、バルセロナのお荷物のように想われていたガウディ作品を、フォトスコープという、建築に遠くから近づいて行って次第に中に入り、家具や窓やそのディテールなどを、まるで建築空間の総体を慈しむかのような方法で、いくつものガウディ作品を六冊の写真集にして、その存在を世界に知らしめた。

前述の丹下俊明は、ガウディの作品と生涯を、細かなところまでつぶさに調べて、謎につつまれたガウディの存在を明らかにし、彼の意義を伝え続けているほか、ガウディを生み出したモデルニスモの時代の建築と、さまざまな建築家に関する精緻な研究を続けている。

またフランコの独裁に抗する学生たちのデモを弾圧する様子を捉えた写真で世界的に有名になった写真家のマネル・アルメンゴールは、カサ・ミラの屋上の煙突だけを、まるでそれらが、そこに生息する不思議な生命体であるかのように撮影した写真集を出版した。

さらに、都市計画的な観点から建築を創り続けている建築家のリカルド・ボフィルは、敷地の属性やそれを取り巻く環境の総体を重視するガウディの方法を高く評価し、自らも世界中で、その土地の歴史や文化を尊重し、そのエッセンスを取り入れた建築や街を創り続けている。

面白いのは、彼らがそれぞれ、異なる視点からガウディを評価し愛していることだ。自然が、それを愛するものに、多様な表情や魅力や驚きを見せるように、ガウディの作品もまた、それ自体が、都市におけるもう一つの自然のように、それに近づく人に、多彩な表情と魅力と謎を見せる。そして人のイマジネーションを刺激する。まさしくそのことこそが、ガウディが為そうとしたことだったように思えてならない。

かつて私がバルセロナに住み始めた頃、工事中のサグラダ・ファミリアには、工事中とは言え、巨大なクレーンなどはなく、二、三人の人が、壁に張り付くようにして、静かに仕事をしていた。

現在、サグラダファミリア教会は、ガウディの没後百年にあたる二〇二六年を目指して、急ピッチで工事が進められている。

これは単なる私見に過ぎないが、神が死に、大きな科学や政治もその限界と矛盾を露呈させた今、また近代の、合理や数値や資本や機能や効率といった価値規準が、人間性を損うことがすでに明らかになった今、もともとガウディの手作り空間だったサグラダ・ファミリアは、むしろ、何かの目的を果すためではなく、教会という目的からさえも離れて、ガウディの未完のヴィジョンを表わす空間として、そのまま、一つ一つ、小石を積むようにして、ゆっくりと永遠に創られ続ける、そういう建築であって欲しいと想う。そんな建築が、地球上に一つくらいあってもいいと、思う。

遠い、あるいは近い未来において、あらゆるものが、自然とイマジネーションとが一体となって空にそびえるサグラダ・ファミリアに相応しい、全ての命が喜びを分かち合うようにして生きる、そんな場所や社会や空間や仕組を、人が創り出せないとは限らないのだから……。

●ガウディの主要な作品には、主にバルセロナで触れ合うことができる。バルセロナで最も高級ブランド店などが建ち並ぶグラシア通り《パセオ・デ・グラシア》では、カサ・ミラやカサ・バトリョがあり、そこからそれほど遠くはない場所にサグラダ・ファミリアが、そして山手のグエル公園にはガウディ記念館がある。また、旧市街のラス・ランブラス通りに面するレアル広場には、ガウディの学生時代の作品の街灯があり、通りをはさんだ向かい側の路地を入ればグエル邸がある。また、ドメニク・イ・ムンタネーのカタルーニア音楽堂やサン・パウ病院などのモデルニスモ建築に関しては、ツーリストインフォメーションで詳細な地図がもらえる。

またバルセロナの郊外のコロニア・グエル地下聖堂のあるコロニア・グエル駅（Colonia Guell）へは、バルセロナから電車で二十分程度、生家やガウディに関する資料を収蔵したガウディセンターがあるレウス（Reus）へは電車で一時間半程度。

そのほかの作品や、ガウディにゆかりの場所などに関しては、丹下俊明著『バルセロナのガウディ建築案内』（平凡社コロナブックス）に、地図も含めて、大変詳しく、また解りやすく紹介されている。

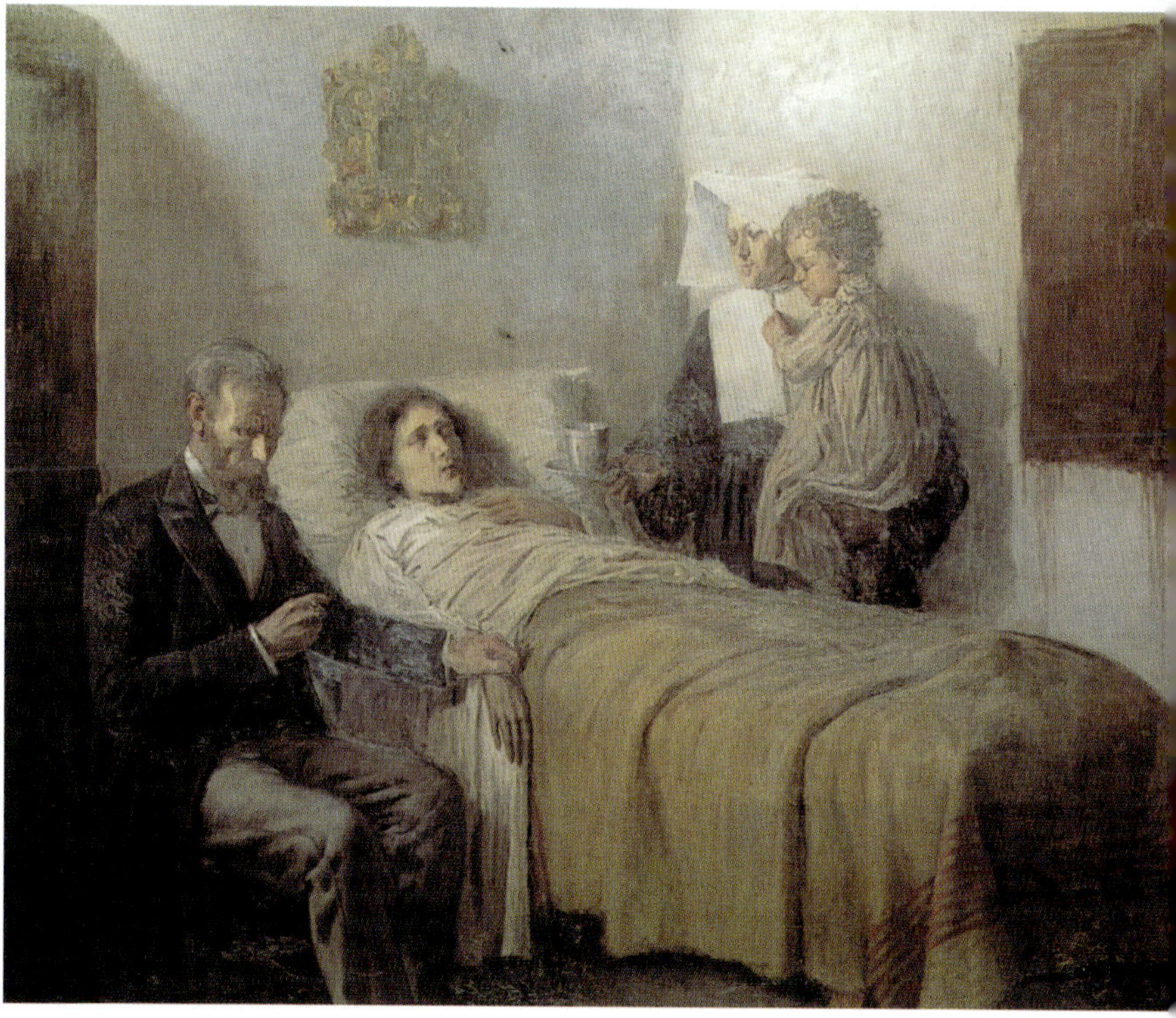

『科学と慈愛』1897年　197 x249.5cm　ピカソ美術館（バルセロナ）／パブロ・ピカソ（本文233頁）

ラモン・カサスが描いた19歳のピカソのポートレイト　1900年
（本文233頁）

さまざまな表現スタイルの絵で一杯になった部屋での晩年のピカソ　photo by Roberto Otero

『畑』64×70cm　1918年／ジョアン・ミロ

演劇『ベルナルダ・アルバの家』のベルナルダの衣装の絵
1936年　／フェデリコ・ガルシア・ロルカ（本文315頁）

『パン籠（美術アカデミーの卒業制作作品）』1926年／サルバドール・ダリ（本文340頁）

インゲン豆のある柔らかな構造――市民戦争の予感（1936年）／サルバドール・ダリ（本文355〜6頁）

『モンペリエの街と新市街アンティゴネー』全体の写真／リカルド・ボフィル（本文397頁）

Wホテル／リカルド・ボフィル（本文398頁）

Pablo Picasso

8　パブロ・ピカソ

親しい友を持ち、恋人を愛し
自由に生きて表現をし続けることが何より健康的で
しかも極めて効率の良い経済行為でもあることを実証した天才

ラモン・カサスが描いた19歳のピカソのポートレート（1900）

一八八一年、マラガで生まれる。父親のホセ・ルイス・ブラスコは美術学校の教師をしていた。ピカソは、母親の、マリア・ピカソ・ロペスの姓。一九七三年、南フランスのムージャンにて死去。

幼少時より豊かな表現力を発揮した。一八九五年、十四歳の時、一家がバルセロナに移り、ピカソは美術学校に入るが、肌が合わずに中退。

現在バルセロナのピカソ美術館に展示されている、十六歳の時に描いた、古典的な手法による油絵の大作『科学と慈悲』が、国の公募展に入選したこともあって、一八九七年にマドリッドに行き、サン・フェルナンド美術アカデミーに入学するも、すぐに辞め、プラド美術館のエル・グレコやベラスケスなどの名作を見て学び、一八九八年にバルセロナに戻る。

当時のバルセロナは建築などの空間芸術においてモデルニスモが華開き、カタルニア・ルネサンスと呼ばれるほど芸術運動が興隆した時代であり、この時期のバルセロナの活気ある空気に触れ、そこで新しい表現を追い求める若いアーティストたちと出会い、また、しばらくパリとバルセロナを往き来するなかで、アートが最も大きく変化し始めていた最先端の都市のアートシーンのまっただ中で多感な青年時代をすごしたことが、ピカソに決定的な影響を与えた。

二十世紀に入るやいなやピカソはパリで注目を集め始め、その後、矢継ぎ早に表現スタイルを変化させ、一九〇七年には『アヴィニョンの娘たち』を制作してキュビズムの旗手となる。

ピカソは絵画史上、最も多くの作品を創り出した画家だが、創作は絵画や版画などの平面芸術にとどまらず、彫刻やディアギレフの『パレード』などの舞台美術や衣装。さらには陶器や、創作の過程を見せるドキュメンタリー映画に出演するなど、あらゆるジャンルに及び、二十世紀で最も創造性豊かな表現者として生きた。

ピカソと表現

ピカソほど、生きることに懸命だったアーティストはいない。彼はあらゆることに興味を持ち、自分をインスパイアしてくれる友を積極的に求め、友から学び、自分を活き活きとさせてくれる女性を愛し、それらのすべてを表現者としての生命力にかえ、エル・グレコやベラスケスやゴヤなどの、スペイン絵画史を創ってきた偉大な先達たちがそうであったように、何よりも絵を描くためにこそ生きた。しかも歴史上の画家の誰よりも多くの作品を生産して、美を創り出す行為こそが、人間が為し得る最も効率的で無限の可能性を秘めた経済行為であり、その成果こそが、社会のための大きな文化資本でもあることを実証した天才だ。

ここにピカソが十六歳の時に描いた大きな油絵がある。ピカソの父親は美術学校の教師で、マラガで生まれたピカソは、父親の仕事の都合でコルーニャに引っ越した後、十四歳の時に、家族と共に、文化ムーヴメント、モデルニスモの熱狂が渦巻いていたバルセロナに移り住んできた。

ピカソはコルーニャでもバルセロナでも、一応、美術学校に入りはしたが、学校で絵を習うことに馴染めず、父親の手ほどきはあったとしても、ほとんど独学で描写力を身につけた。この絵を見れば、この頃すでに、古典的な絵画の技法に関しては、十二分にマスターしていたことがわかる。

『科学と慈愛』1897年　197X249.5cm　ピカソ美術館（バルセロナ）

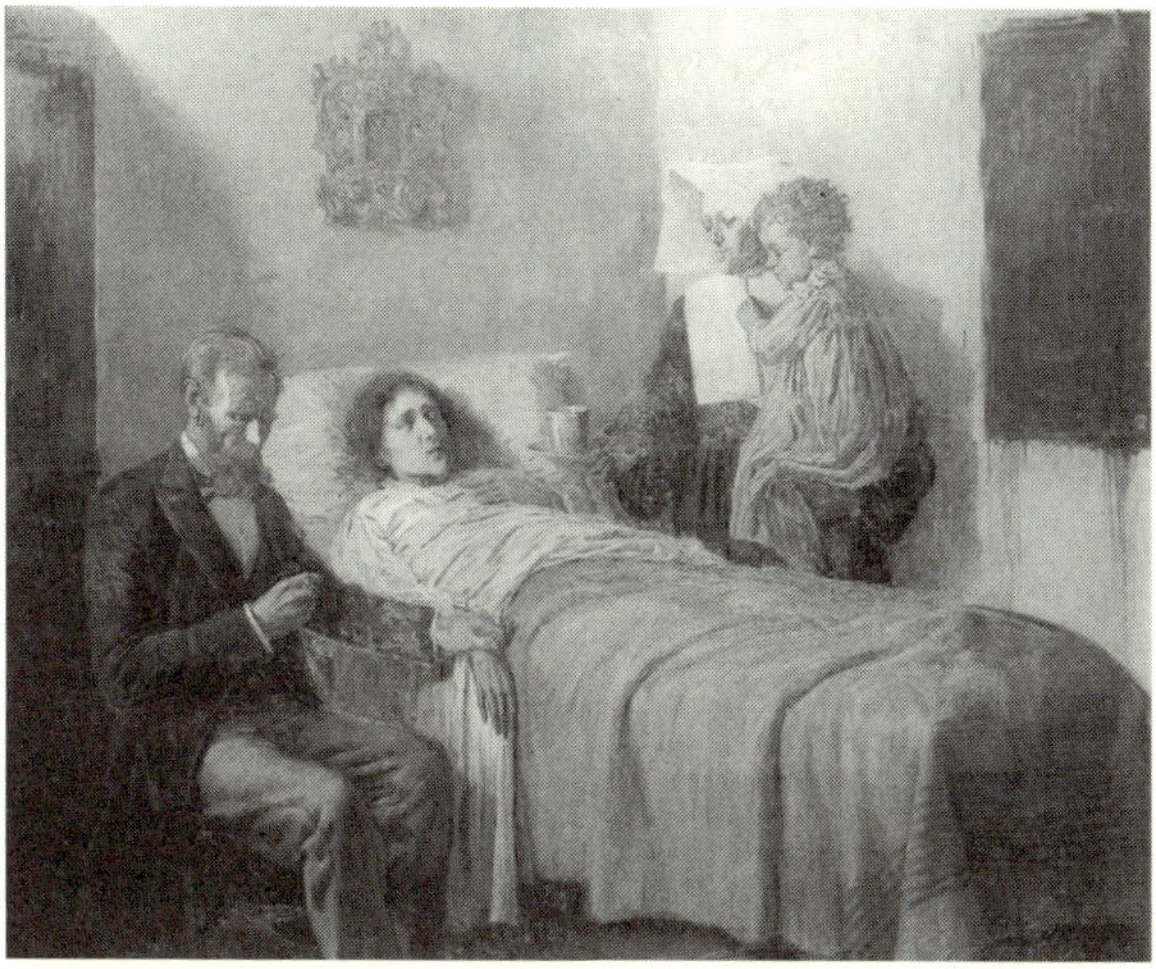

この絵は、マドリッドの美術アカデミーでの公募展に入選した。その展示の様子を見るためということもあったのだろう、ピカソはその年にマドリッドに行き、とりあえず、サン・フェルナンド美術アカデミーに籍を置くが、そこにも馴染めずにすぐに辞め、プラド美術館の名作を見たり、摸写をするなどして自ら学んでいる。

ピカソが十四歳の時に描いた絵を見た父親が、絵の道具をピカソに渡し、それ以降、自らが絵を描くのをやめたという伝説はあまりにも有名だが、とにかく、ピカソの天性の表現力は、すでに美術学校で学ぶレベルを遥かに超えてしまっていたのだろう。

プラド美術館では今でも、名作を前にして画学生が模写をしている姿をよく見かけるが、確かに、ピカソのような才能の持ち主であれば、プラド美術館に展示されている名作をつぶさに見て、そこに表された技法や描写法を、自らの目と手で確かめながら学ぶ方が、よっぽど手っ取り早かっただろう。

ベラスケスなどから学んだゴヤもそうだった。そういう意味では、プラド美術館が持つ役割は極めて大きい。世界中から多くの人が、自ら交通費を払い、宿泊費を払い、入場料を払って絵を観るためにやってくるプラド美術館は、計り知れないほどの経済効果を持つ巨大な文化資本である。

それだけではなく、美を愛し、美を求め、美を新たに創り出すことに喜びを覚える人間という不思議な存在とその営みの、最高レベルの歴史的な成果がそこに集積されていることによって、もう一人の、あるいは無数の、新たな歴史的画家を生み出す無尽の可能性を触発する豊かな社会的インフラにほかならない。

それと同時に、プラドを見てもなお画家になろうとするような、つまりは何らかの意味で、それらを超えるような、少なくとも偉大な先人たちと肩を並べるような絵を描くことが出来るはずだと考えるピカソのような若者が、いつの時代にも現れ得るということが、人間の可能性と、美の多様性ということを考えた時に感じる、もう一つの驚きだ。

たとえばどこかに絵が上手いといわれ、自分でもそう想う若者がいたとしても、その若者がもしプラド美術館を訪れたとしたら、ピカソの父親がピカソの絵を見て筆を折ったように、たいがいは、画家になろうなどという夢から、たちまち醒める。

つまり、新たな美の形を求め、それを社会に認知させてきた文化的な闘いの勝利の証が集められた場である優れた美術館には、多くの人々を美で魅了し、人々の心を豊かに潤す力があると同時に、生半可な才能の持ち主を、あるいは、ちょっとしたことで絵を描くことを断念してしまうような軟弱な精神力や情熱の持ち主を圧倒し、画家という職業を選ぶことを一瞬にして断念させてしまうような、強烈な力がある。

プラドはその最たるものだ。逆にいえば、そのショックを、あるいは強烈なレベルの洗礼を受けてなお、果敢に画家を目指す者だけが、絵画史に新たな一ページを描き加える、最低限の資格を得ることができる。


もちろん美術館や美術展には、観た絵画に感動し、絵を観ることが好きになったり、美に接して普段は考えないようなことを考えたりするという素晴らしい効果もある。また、なにも画家になるということではなくても、自分の楽しみとして絵を描くことに親しむようになったりすることもあるだろう。

ただ、画家を目指そうとする者にとってはプラド美術館は特別だ。それは単なる名画のコレクションではなく、絵と向かい合う姿勢と、絵を描く方法や、そのレベルの多様性を一覧できる、表現者にとっての宝庫なのだ。

スペインには、極めて優れた画家を輩出する豊かで重層的な文化的風土があるが、それは、これまで述べてきたようにスペインが、他のヨーロッパ諸国にも増して、多様な文化を華開かせ、それらを重層的に積みかさねてきた文化的な歴史と伝統を持つことと深く関係している。

そのなかで、絵画に関して言うならば、プラド美術館が果してきた役割は極めて大きい。高いレベルと密度を持つ文化は、そうではないものを、取るに足らないものとして、十把《じっぱ》一絡《ひとから》げの中に放り込むからだ。

もちろん、普通の人は素晴らしい絵を見て楽しめばそれで十分だ。しかし、少なくとも画家を志す者で、絵を見て、その絵の価値を自らの感受性のなかの何らかの基準と重ね合わせて評価し、あるいはそれに感動した者は、その瞬間に、大きく分けて三つの選択を迫られる。

一つは画家として絵を描いて生きて行く立場になることを断念すること。一つは、ある画家を模範として、その人に続く者になること。そしてもう一つは、まだ彼らが描いていない絵を自らの手で描くということだ。

ベラスケスもゴヤも、そうして彼らにしか描けない絵を描いて、結果的にプラドのコレクションに連なる画家となった。そしてピカソもまた、おそらくは即座に、第三の選択をした。

彼らから学ぶことは無限にあるとしても、また自らの絵が、とりあえずはアカデミーから認められたとしても、その方向性のまま進むところに、自分の未来はないと、ピカソは瞬時に判断したにちがいない。そのような絵は、すでに描かれてしまっているからだ。

本稿の扉と口絵に載せた一枚のスケッチは、バルセロナから初めてパリに出かけた頃の、一九歳のピカソの姿を、その頃すでに肖像画家として名を成し、パリにアトリエを構えてパリとバルセロナを拠点に活躍し、バルセロナのアーティストたちのたまり場だったバル・レストラン、四匹のネコという意味の『クワトロガトス（スペイン語では取るに足らないものという意味もある）』にも資金を提供するなど、バルセロナの新進のアーティストたちの後見人のようでもあったラモン・カサス（Ramón Casas 1866～1932）が描いたものだ。そこには、まだ何者でもないにもかかわらず、不敵な面構えをして真直ぐに前を見つめるピカソがいる。

この粗末な身なりをした青年が、絵画の歴史に革命を起こす二十世紀最大の画家になることなど、誰が予測し得ただろう。そんなことは、当のピカソにだって分からなかった。ただ、パリとバルセロナのアートシーンを往き来していたカサスの目は、この青年の瞳がその奥に、ただならぬ力を漲らせていることを、いち早く察知したにちがいない。またそうでなければ、このような画が描かれるはずもない。

ちなみにこの画が描かれたのは、一九〇〇年だが、その年の十月、ピカソはバルセロナの親友カルロス・カサジェマス（Carlos Casagemas 1880～1901）に誘われて、一緒にパリに出かけている。具体的な目的としては、パリ万博のスペイン館に、カサスが描いた肖像画と共に、自らの作品『科学と慈愛』（口絵九頁）が展示されていたからだが、パリでの新たな芸術運動を、自分の目で見てみたかったということも当然あっただろう。またこの頃からピカソは作品に、パブロ・ピカソとサインし始める。

ピカソの大きな才能の一つは、人であれ絵であれ何であれ、そのときどきで、自分が興味を持ったことに素直に夢中になれることで、たとえば、この時パリで目にしたロートレックが気に入ったピカソは、まるでロートレックのような絵を、早速スケッチブックなどに描いている。

つまりピカソは、自分が興味を持ったことに、しばし熱中し没頭することで、そのエッセンスや表現方法のようなものを、一筋の筋肉を鍛えるかのようにして、自分の身体の中に自然に、自らの体の一部として取り込んでしまう能力に長けている。そして、そのたびごとに、ピカソは表現者として大きく強くなって行く。

ピカソはまた、それと同じように、表現者としてのピカソの力を豊かにし、その成長を助けてくれる、自分に無い何かを持つ友人を、あるいは想いを分かち合える友人を大切にする。

このパリへの最初の旅にピカソを誘ったカサジェマスも、バルセロナ時代の多くの仲間たちの一人であり、そのなかでも最も親しく、同じアトリエで共に絵を描く画家であり詩人でもあった。

一つ年上の彼の誘いがあったからこそ、この時ピカソはパリに行ったのだろうし、そのころ極貧といってよかったピカソが、しばらくパリに共同のアトリエを構えることが出来たのも、カサジェマスがいなければありえないことだった。

この年の十二月にピカソはバルセロナに帰っているが、ムーランルージュの一人の踊り子に夢中になったカサジェマスはパリに残り、そして翌年、その踊り子に振られた悲しみに耐えきれずに、わずか二十一歳で自殺した。

カサジェマスの突然の死はピカソに極めて大きなショックを与えた。なにしろ、一緒にパリを訪れ、一緒に明日への夢を語り合った親友が、若くして自ら命を絶ったのだ。

ピカソは親友の死を弔うために、あるいは彼の存在を永遠化するためにカサジェマスの死にまつわる何点かの作品を描いた。

そのなかの『カサジェマスの埋葬』と題された大きな縦長の油絵は、明らかにエル・グレコの『オルガス伯爵の埋葬』を踏襲していて、エル・グレコの絵の特徴ともいうべき、地上から現世を離れて天空へと至る、三つの場面を重ね合わせる構図を意識的に用いている。

下方には大地に横たわる親友と、彼を取り囲んで悲しみに暮れる喪服姿の人々が描かれ、中央には、愛に生きたカサジェマスの生と夢を讃えるためか、何人もの明るい肌色をした朗らかな裸の女性たちが描かれている。

しかし天空には、エル・グレコの絵のなかにはいた、多くの天使たちやイエスや神の姿はなく、深く遠い青の中に、昇っていってしまった友のたましいが姿を変えたような、白い筋状の雲だけが幾重にも描かれている。

エル・グレコのもう一つの特徴でもあった赤や黄や青の、強烈な原色の色つかいもそこにはない。目を引くのはただ、濃さが異なる印象的な青の色。哀しみが漂うピカソのいわゆる『青の時代』がそこから始まる。

その後ピカソは、パリとバルセロナを往き来して、さまざまな画家からさまざまな影響を受けながらも、早くも『サルタンバンク』のシリーズなど、後のピカソの特徴となる、同じ画題をさまざまな場面を設定して、書き尽くすようにして描く画風《スタイル》を展開し始める。

そしてしばらくすると、ふと思いついたように別の画風の絵を描き、そしてそこから、さらに新たな画風に没頭し始める。後の美術評論家たちは、そんなピカソの膨大な作品群をカテゴライズして、『青の時代』『薔薇色の時代』『セザンヌ的キュービズムの時代』『分析的キュービズムの時代』『総合的キュービズムの時代』『新古典主義の時代』『シュールレアリズムの時代』『ゲルニカの時代』『画家とモデルの時代』など、まるでそうしてジャンル分けしなければピカソが理解できないかのように、さかんにあれやこれやと名札を付けて、その画風の特徴や変化の原因などを、こと細かに探ろうとする。

しかし、そうすればするほど、ピカソはまるで目の見えない人たちが、それぞれ象の体の一部分を触って、そこから全体像を想像して、いろんな姿の怪物を想像してわけが分からなくなる笑い話もさながらに、掴みどころのない、ピカソという名の得体の知れない巨大な怪人をつくりあげてしまう。

その作品と生涯を見る限り、ピカソは最初から最後まで、ひたすら懸命に表現をし続けて生きた。その姿は、律義に作品を創ることを仕事とする、一人のまっとうな労働者のようだ。

その意味では、ピカソの画家としての生き方は、まるで近代以前の職人的画家のようでもあるけれども、しかし同時に、近代産業資本主義時代の先にある、人間的な喜びと命を重視する、きたるべき多様な表現の時代を先取りして生きた果敢なパイオニアのようにも見える。

考えてみれば、金融資本による工場生産によって、大量生産、大量消費に邁進した、金と物と機械の時代ともいうべき近代は、需要と供給、投下資本と利益、あるいは目的と手段と結果などという、乱暴極まる単純な脈絡のなかで、人間の営みを含めた、あらゆることを細分化し部品化し商品化し数値化し、それにレッテルを貼り続けてきた。

時間も細かく区分され、それを共有するため、時報が鳴り、タイムテーブルがつくられ、工場もオフィスも学校もテレビやラジオの番組も、全てがそれに従って稼働する。

家事と仕事、遊びと仕事。労働もまた、事務だの営業だの経理だの、管理職だの経営者だの臨時雇いだの、第一次産業、第二次、第三次、第四次産業などと細かく分かれ、学校で学ぶことも、算数、理科、国語、社会、体育などと異なる教科に分解され、国の仕組もまた、無数の省庁に縦割りされる。

まるで全てが、それぞれ別の何かであるかのように、それぞれの固有の範疇の中で処理され、いつしか総合性や調和を、何処までも見失っていく。

こうしたことが、わずか二百年ばかりの、近代という極めて特殊な時代のなかで猛スピードで世界中で進行して人間社会を一変させた。労働はもとより、材料や製品や株や情報や流通やイメージなど、人間の営みや、それにまつわるすべてが金とリンクする形で商品化され、決算やGDPなどのように、最終的には数値化された損得勘定のなかで流れていく。

アートの世界であってもそれは同じだ。画家はもちろん、描いた絵が売れなければ画家として生きてはいけない。その意味では絵は、今も昔も商品だが、かつて画家という職業は、いまに比べれば狭い範囲の、限られた空間と関係のなかで成立してきた。

しかし近代に入って、交通が広域化し、情報が世界化し、経済規模の飛躍的増大に伴って、絵画のマーケットそのものが拡大するなかで、絵画において、自ずと、一つの特殊な傾向、すなわちオリジナリティと希少性という奇妙な概念と風潮が社会化していった。

つまり大衆化とブランド化の分離が進行するなかで、無数の匿名性の商品と、少数の記名性をもつ商品との間の価格の格差が拡大し始め、やがて大量生産される工業製品においても、それがどこの製品かということが重要になっていった。

絵の世界でもまたブランド化が進行し、あたかも特定のラベルが貼られているかのように、誰が描いた絵かが、はっきり分かるような絵がもてはやされ始めた。

もちろん画家と、彼が描いた絵の個有性は、過去においても重要だった。重要な画家の作品は、その絵が、彼にしか描けないほどのレベルと特徴を持っているからこそ貴重とされた。

しかし、古典的な絵画の世界では、他の画家との画風の差はそれほど顕著ではなく、一つの時代の一つの地域のなかでは、一つの様式の中にあることが、むしろ重要であり、そこから外れることは、画家として生きて行く上では必ずしも得策ではなかった。

そこから脱して、新たな表現を目指すには、そうしてもなお、他を圧倒するだけの孤高の力量が必要だった。

しかし近代に入り、いわゆる産業革命によって生産が拡大し、富が飛躍的に増大していくなかで、その伝統は大きく揺らぎ始めた。かつては王侯貴族や富豪や教会が中心だった絵を発注する側の基盤が揺らぎ、さらにはフランス革命によって権力構造そのものが激変し、かつては限られていた絵画の購入者そのものが多様化し、分散化し、激増し始めたからだ。

こうした潮流をいち早く察知して、絵を描く対象や画題《テーマ》そのものを、大きく変化させたのがゴヤだった。市民が力を持つようになる時代においては、マスプリントメディアである版画が力を持つと考えたゴヤは、王侯貴族を相手とする油絵ではあり得ない表現を、先進的に銅版画を駆使して追求した。しかしゴヤは、あまりにも先進的でありすぎた。

その後、銅版画に加えて、たとえばギュスターヴ・ドレ（Gustave Doré 1832～83）は精巧な木口木版によって、映画的な表現の先駆けとなる、多くの画によるシーン展開という方法を確立して視覚的な喜びを大衆化した。

またドーミエ（Honoré Victorin Daumier 1808～78）などは、今日のオフセットにつながる石版画の技法によって、画入り新聞《ジャーナル》の流行を生み出し、ロートレック（Toulouse-Lautrec 1864～1901）は大判の多色刷り石版画によって、キャバレーなどの大衆的な娯楽とそのスターたちを描いて一世を風靡し、絵画の大衆化を促進させた。

それに加えて、写真の登場が視覚表現シーンを一変させた。下手な肖像画家たちよりも遥かにそっくりに、本人そのままの画像を一瞬にしてつくりだすことができる写真は、多くの画家たちを失業させ、あるいは写真家への転業を余儀なくさせた。そんななかで、写真の分野での最初のスターとなったナダール（Nadar 本名 Gaspard-Felix Tournachon 1820～1910）が肖像写真の分野で優れた作品をつくりはじめ、また写真によるポストカードがブームになるにいたって、視覚《ヴィジュアル》媒体《メディア》はますます市民にとって身近なものとなっていった。

こうした潮流のなかでは、当然のことながら、絵画の世界も変わらざるを得ない。すでに写真がある以上、単に写実的なものの魅力は減じ、劇的な表現も、写真には撮りようがない聖書や神曲などの幻想的な物語空間をダイナミックに展開したドレによって極められた観があった。そこに登場したのが、モネ（Claude Monet 1840～1926）やルノワール（Pierre-Auguste Renoir 1841～1919）らの印象派や、その先駆けともいうべきターナー（Joseph Mallord Willan Turner 1775～1851）だった。

今日印象派と呼ばれる画家たちの絵は、伝統的な絵画とは大きく異っていたため、まっとうな絵画とはみなされず、当初、作品を発表する場さえなかったが、その窮状を見かねたドレの口添えで、ナダールのアトリエで、有名な第一回の印象派展がひらかれたのは、まさしく奇遇としかいいようがない。

しかしそれを契機に、一気に、それまでの絵画の伝統から大きく外れて、そうではない絵を描く画家たちが、いたるところから現れ始める。マネ（Édouard Manet 1832～83）、ゴッホ（Vincent

Willem Van Gogh 1853〜90）、ゴーギャン（Paul Gauguin 1848〜1903）、セザンヌ（Paul Cézanne 1839〜1906）。

そしてピカソやブラック（Gorges Braque 1882〜1963）やマティス（Henri Matisse 1869〜1954）やモジリアーニ（Amedeo Modiglilani 1884〜1920）やルソー（Henri Rousseau 1844〜1910）など、多くの個性的な画家たちが登場して、絵画シーンに劇的な変化を起こし始める。

文化的なムーヴメントというのは不思議なものだ。それはある時ある場所に多くの若者たちがなぜか寄り集まり、ある種の熱狂のなかで、短い間に百花繚乱というべき情況を創り出す。

後から振り返れば、それは一つの時代から、もう一つの時代へと移り変わる、時代と時代とのはざまに咲いた花々のように見えるけれども、同時に、そうして花を咲かせた草木たちが、そこで咲き誇った多様な美が、一つの時代を終わらせ、もう一つの時代への扉を開け放ったのだとも言える。

そしてピカソは、まさしくそのまっただ中にいた。しかもピカソは、いわゆるエコール・ド・パリの新たな息吹と、バルセロナのモデルニスモの、二つの大きな文化ムーヴメントや、それを創り出した人々の両方の中心にいて、彼らからすべてを吸収し、そしてそこから先へと向かった。

ピカソに影響を与えたのは何も画家たちばかりではない。そこには、多くの文化ムーヴメントがそうであるように、新たな時代の新たな美や価値に言葉を与える多くの詩人たちもいた。

とりわけピカソには、夭折したカサジェマスをはじめ、詩人の友が多くいた。パリで最初に知りあったのも詩人のマックス・ジャコブだった。

画家や詩人たちがたむろしていた安アパートを『洗濯船（Le Bateau-Lavoir）』と名付けたのはマックス・ジャコブだが、印象派がそうであったように、新しいムーヴメントや美は、それに名前がついた瞬間から社会化し始める。つまり、まだ海のものとも山のものとも分からないような文化運動が、それにぴったりの、あるいは、なんとなく進むべき方向を指し示すような名前を持つことには意味がある。

印象派という名前は、絵画は、自分の外にある景色や人物を描くことに加えて、描く人の内面、すなわち個的な印象を画面上にはっきりと、他の誰のものでもない個有の様式《スタイル》で付与することで、新たなフィールドがひらけることを如実に表す働きをした。

そしてキュビズム。ピカソは結果的に、ブラックやファン・グリスと共に、この表現方法を確立し。その表現スタイルを社会的に認めさせる旗手の役割を果たした。

セザンヌに始まるこの絵画表現における果敢なチャレンジは、一般的には、立体である人物や物体を、一方向からだけではなく多方向から見た姿を重ね合わせて描き、立体の持つ多様な表情を表現する方法と解釈されている。

しかし私は、それではピカソとキュビズムの革新性が十分に伝わらないと考えている。つまりそのような解釈では、キュビズムは、立体を平面化する、あるいは平面から立体を想起させるという、それまでの絵画の方法の延長線上にある方法ということになってしまう。

そうではなくて、むしろ、立体を平面化するというそれまでの絵画の常識を離れて、絵画とは色と線と形が織り成す平面芸術だと、言い切って見せたところにキュビズムの革新性がある。

つまり、かつてベラスケスが、宗教的な意味や図象学に囚われ過ぎて失われてしまった、絵画の持つ視覚表現メディアとしての本来の本質的な力を取り戻そうとしたように、絵画は、必ずしも現実の実態と関係を持たなくても成り立ち得る一つの視覚的な平面芸術であって、重要なのは、そこに描かれている図象が、絵として、人々の鑑賞に堪え得る独自の生命力を持っているか否かということだと言い切り、そこに問答無用の完成度を与えたところにこそ、ピカソの天才力がある。


どんなに対象の実際の形や姿を離れても、物体の通常の構造や、自然界の慣わしを無視してもなお、平面である一枚の絵を、それでも確かな何かであり続ける絵として成立させること。既存の概念はもとより、あらゆる現実を逸脱していても、それでもなお、何処から見ても、あるいは見れば見るほど、一つの独立した画像としての調和と完成度を、いつの間にか感じてしまうような存在感を、一枚の絵に付与すること。それこそが、ピカソがキュビズムという破壊的な方法によって創出させた、絵画の新たなステージにほかならない。

それは、絵画は立体や空間の奴隷ではないという、あるいは立体の呪縛から絵画を解き放とうとする、絵画のもう一つの独立宣言だった。そしてそのためには天才ピカソの、色や形や構成を自由に操る視覚表現力が必要だった。

そのように考える時、ピカソがそれから表現様式《スタイル》を、次から次へと変え続けた理由も解る。ピカソは、あらゆる観点から、それまでの伝統的な絵画とは異る描写方法にチャレンジし、そして、それでもなお自分が描く絵を絵として認めさせるに足る方法上の可能性を、極限まで追い求め続けて絵画史を刷新した。

さらにピカソは、絵という、言葉や音楽と同じように、人間が手にした奇跡的な表現道具《メディア》である絵の、初源の本質にまで立ち返って見せた革命家なのだ。根源的《ラジカル》とはまさに、ピカソのためにあるような言葉だ。しかもピカソの場合、あらゆる表現が、観念的な理論としてではなく、自らの身体と一体化した表現方法となっている。


ピカソと同じような時期にスタートした、新たな絵画の多くの旗手たちは、印象派の画家たちにせよ、ゴッホにせよ、モジリアーニにせよ、ユトリロにせよ、自らの表現方法を確立した後、それを個有の方法として用い続けた。

それは商品の価値を、それを生産した特定の会社の技術力や信用、あるいはブランドが支えるという、近代産業社会に特有の傾向を如実に反映しているとも言える。

近代に入って鉄道や大型船や自動車などの普及によって、商品が生産地を離れて、遥か遠くにまで運ばれるということが日常化した。かつて生産者と消費者との関係は身近なものだったが、近代に入ってからは、互いの顔はすでに見えず、あらゆるものが大量につくられ、それらがパッケージされて遠くへと運ばれた。

それを買う人は、つくった人の姿を知らないまま、物を包んでいるパッケージのデザインの美しさや謳い文句や、価格や効能書きや説明書や評判などをもとに、買うかどうかを判断する。

また近代は、思想や主義が無数に生まれ蔓延した時代でもあって、フランス革命と産業革命以降、かつては善悪の大きな基準となっていた宗教的権力も衰え、科学が新たな輝きを放ち始め、新しいことをよしとするかのような進化論が蔓延し、かつては安定していた権力も分散し、権力の多くが資本を有する資本家へと移行した。

それと同時に、それに対抗するものとして生まれた社会主義や共産主義や民主主義や人道主義をはじめとする多くの新たな制度や価値観が、崩壊し始めた旧来の権威や価値観に代わって登場した。

旧ソビエト連邦などのように、革命を起こして、国家の仕組そのものを、新たな思想に基づいて構築する国家さえも生まれ始める。

あまり馴染みのない考え方や新たな知識や価値観の理解を助けるものとして、思想家や知識人や批評家がいたるところでさまざまな論説を展開し始め、また、議会制民主主義制度のなかでの国家運営の主導権を得るために、啓蒙主義的な団体や政党や利権団体などが乱立した。それぞれが自らの独自性や正当性を主張して競い合い、他者との差異を誇示し、あるいは対立するものどうしが、たがいに相手を非難し合った。

アートシーンもまた、このような世相や風潮と決して無縁ではなかった。伝統的な古典絵画の権威の失墜と、新たな表現の興隆と、マスメディアの普及は、無数の批評家や評論家や解説者たちに発言の場を与えた。

つまり王侯貴族や教会や少数の富豪といった限られたパトロンと画家との、ある意味ではシンプルな関係のなかで、王宮や教会を飾るものとして描かれてきた絵画は、十九世紀に入ってから、とりわけ産業社会と資本主義社会の仕組が、新たな社会の仕組として定着し始めてから、その役割そのものが本質的に大きく変わり始めた。

産業規模の爆発的な拡大によって富裕層が急増するにしたがって、彼らが絵画を、単に自らの部屋を飾るだけのものとしてではなく、資産としてコレクションし始めたからだ。

ヨーロッパ社会には、絵画を含めた芸術や街、つまりは美や文化を、富の象徴であると同時に、最も重要な社会資本と考える伝統がある。

狭い地域に多くの民族国家が密集し、権力関係や住民が、常に流動的に変化するヨーロッパでは、武力だけで国を治めることは困難であって、一つの都市や国が他の都市や国に比べて魅力的かどうかが極めて大きな働きをする。

有り体に言えば、文化度の高さや街の美しさや住みやすさ、都市や国の価値観や美意識の豊かさや時代的先進性が、権力そのものを左右してきたという歴史がヨーロッパにはある。美や文化はヨーロッパでは、権威や経済や武力や技術力とともに、ギリシャやローマの時代から、社会や国家を支える重要な柱であり続けてきた。

したがって、権力や産業の構造を含めた社会の構造が大きく変われば、美のありようも自ずと大きく変わる。

王や宗教の権威に代わって、フランス革命が掲げたように、自由、人権、友愛のような、大きな社会的価値観を、一種の社会的美意識のありようと考えるならば、産業化社会と国民国家という、本質的に異なる推進力を持つツインエンジンを稼働させて走り始めた近代は、実は、資本とともに、美意識や価値観が社会を牽引し始めた時代だと言っていい。

また市民が台頭し、思想や価値観の正当性や妥当性が政治を左右し、革命によって労働者が国家を統治するという試みまでもが現実化し、すべてが目まぐるしく刷新され、新たなものが次から次へと登場していった近代では、あらゆる局面で、言説が極めて重要な働きをするようになり始めた。

こうしたなかで、ニーチェは「神は死んだ」と言ったが、死んだ神に代わって善悪の基準となり始めた科学や社会科学や、新しいことや進化を善とする幻想や神話のようなものが社会に蔓延しても行った。

そして芸術家たちもまた、古い過去の伝統や常識から解き放たれるようにして、新たな美のありようを、次から次へと提示して行く。

そこでは画家や音楽家たちを、方向性を共有する知識人たちが、新たな言説によって援護し、あるいはリードし、そのような文化的なムーヴメントそのものを認めさせ社会化するために大きな働きをした。

そしてそこに、古い価値観に縛られない新たな富裕層、あるいはその資産の継承者たちが、新たなパトロンとして、新たな文化ムーヴメントの中の新たな画家の作品を、自らの好みや画家の将来的可能性とからめ合わせて、系統的に、新たな資本主義社会における新たな資産として、コレクションし始めたのだった。


十九世紀の後半から二十世紀の初めにかけて、芸術家たちは、それまでの芸術観を一変させる新たな美を求める努力を、全方位で展開し始めたが、こうしたムーヴメントは、別の観点から見れば、こうした歴史的な大きな社会的変化を背景としてもいた。

そのなかで画家や芸術家たちは、こぞって自らの新たな画風、あるいは個有のスタイルを模索したが、思想や主義がそうであったように、表現の世界でも、印象派を皮切りに、キュビズムやフォービズムやナイーヴ派や未来派などの、さまざまな表現運動が、美術評論家たちやマスメディアを巻き込んで展開された。

あるものは新たな様式を確立し、あるものはそれに追随し、またあるものは、そこから離れてさらに新たな、独自の画風を確立しようとした。

そのとき、モネであれセザンヌであれ、ブラックであれモジリアーニであれ、ゴッホであれゴーギャンであれルソーであれ、それぞれが、自らが切りひらいた画風と美のフィールドで、独自の画風を追求し、そうして確立した画風を誇示し、あるいは当然のこととしてそれに固執した。

理由は簡単だ。絵画における独自性は、商品経済社会におけるブランドの役割を果たすからだ。私は何も彼らがそのようなことを、具体的に意図してそうしたと言っているのではない。画家がそれぞれ懸命に創りあげた独自の画風は、その画家の個性と技と美意識と世界観と、画家としての現実的な戦略的判断とが混ざり合って結実した結晶のようなものであって、それに愛着を持つのは当然だ。しかし、それをコレクションする立場から見ても、それは好都合なことだった。ブランドは確かな方がいいからだ。こうしてアートシーンは、そのような独自の画風を持つ者を、オリジナリティのある画家として遇し始めた。

こうしたなかでは画風は、その画家に個有のものとして変わらない方がいい。そして、それはやがてオリジナリティ神話となって、二十世紀のアートシーンの、大きな価値基準になっていく。

しかし、そんななかにあって、どうやらピカソは違う。『青の時代』以降、ピカソは自らの表現スタイルを、目まぐるしく変化させ続けた。一つの着想を得ると、そのことに夢中になって、それに飽きるまで同類の絵を描き続けるピカソには連作が多く、しかも作品の数も多い。

ただそれは、一つの表現方法を追求しそれを確立しようとした結果であって、必ずしも自分に個有の画風を確立すること自体を目指したわけではない。やがてキュビズムと呼ばれる表現スタイルの追求を、ブラックやファン・グリスと協働するかのように行なったことにもそれは表れている。

連作が多いのも、ピカソの場合は、どんなものでも、見る時や、そのときの気分によって、同じような画題《テーマ》でも、見え方や感じ方が変わると同時に、人間であれ物であれ物語であれ、全てのものは、簡単には汲み尽くせないほどの多様な豊かさ、もしくは深さを有していると、ピカソが感じていることの現れのように見える。

キュビズムに専念していた頃はもちろん、ピカソはそのときどきで、同じような表現方法の絵を集中的に描いた。アルルカンのシリーズや、ラス・メニーナスの連作や、画家とモデルのシリーズなど、ピカソはスペインやアフリカの民芸品であれ何であれ、いったん何かに興味を持つと、なぜそれに自分が魅力を感じるのかを知り尽くそうとするかのように、似たようなアプローチで多くの絵を描いた。

生産量の多いピカソであってみれば、そのつど彼が追求した表現スタイルによる作品たちは、通常の画家が一生をかけて築き上げるような、オリジナリティ溢れる作品群のように見える。しかもピカソは、そこからさらに変化する。何も、何らかの主義や主張の反映としてそうしたわけではない。極端に言えば、対象なり方法なり、そのときどきで興味を持ったことに熱中し、そしてそれに飽きたら、ほかの何かを見つけて、再び熱中するということを繰り返したに過ぎない。そうしてピカソはさまざまな表現方法を開発し身につけ、その方法を時と場合とテーマに応じて、自在に使いこなした。

近代では、絵画に限らず、あらゆることが、観念的な思想や主義や理論と関係づけて語られることが流行した。それはまさしく流行《ファッション》であって、多くのことが、流行や目新しいカテゴリーと関連付けられて語られる。

曰く、社会主義的な絵画。人道主義的な絵画。反動的な絵画。進歩的な絵画、前衛的な絵画などなど。しかし、ピカソは、当時の文化ムーヴメントのまっただ中にいながら、そんな流行や観念的な理論とは無縁な場所にいたように思われる。


人はなぜか、今も昔も美しさを求めながら生きてきた。それが人間らしさや文化を創ってきた。そのような人の心の本質的なありようが、言葉や音楽や絵や数字を生み、それらの表現のための道具《ツール》を駆使することで、美しくも豊かな詩や音楽や哲学や思想や絵や建築が創りだされてきた。

そのとき、言葉によって織り成される詩には詩の、線や色によって構成される絵には絵の、また音を連ねることによって奏でられる音楽には音楽の、それぞれの美しさがある。

逆にいえば、音でしかなしえない、あるいは言葉や絵によってしか織り成せない美しさがあることを人が知ったからこそ、人は音楽や詩や絵画や歌や舞踊や建築を創り出し、多様な表現方法やそのための技を編み出し、時にはそれらを組み合わせて豊かに育ててもきた。

ピカソが生きた軌跡を眺める限り、ピカソは、たとえばアルタミラの洞窟絵画を描いた人のように、初めてクレヨンを手にした子どものように、あるいは初めて楽器に触れて心を踊らせた少年のように、筆や絵の具によって絵を描く喜び、すなわち、自らの手によって、描くまでは存在しなかった何かが息づき始めるという、人が人であるからこそ感じる喜びや驚きや感動と、常にダイレクトに向かい合っていたように思える。

人は、衣食住が満たされてもなお、それだけでは満足できず、表現することによって、そしてそれを誰かと分かち合うことによって生きる喜びを感じ、命を輝かせる不思議な動物だ。

ピカソは、そんな理屈を超えた人間の不思議さと、常に共にあった表現者《アーティスト》であり、そうあり続けることを、徹底して肝に命じた人だったように思われる。

こうしたピカソの生き方は、彼を個人的に良く知る人から、ピカソの日常の様子を聞けば、ますます良く分かる。

私事になるが、私はかつてスペインのバルセロナやイビサ島に住んでいた。そのときロベルト・オテロというアルゼンチン生まれの写真家と知り合い、やがて十八歳年上の彼とは、まるで兄弟のように親しくなった。

彼は、晩年のピカソが、南仏のムージャンで、最後の妻のジャクリーヌ・ロック（Jacquline Roque 1927〜86）に守られ、喧騒から離れて制作に没頭した時期のピカソの親しい友として、家族のようなつきあいをした。スペイン市民戦争時代のリーダーで、フランコ独裁政権時代、アルゼンチンに亡命していた詩人のラファエル・アルベルティ（Rafael Arberti 1902～99）とも親しく、チェ・ゲバラとは幼なじみだった。

ロベルト・オテロによれば、スペイン第二共和国政府時代、アルベルティはピカソを、プラド美術館の館長に推薦し、時の大統領が正式に館長に任命したが、ピカソは晩年、「それ以降、解任されたことはないので、俺は今でもプラド美術館の館長なんだ」と嬉しそうに冗談を言っていたらしい。

私はオテロと会うたびに、しょっちゅうピカソの話を聴かされたが、その中にはこんなエピソードがあった。


ピカソは基本的に、自分の絵の評判を聞くことや、絵に関して評論家たちがあれこれ言ったり、またピカソが愛した女性たちのことを絵と結びつけて、まるで見てきたような嘘を言われるのが大嫌いで、そもそも絵に奇妙な意味や理屈を付けて語られること自体に我慢がならなかったらしい。

あるとき、キュービズムの最初の扉を開けた作品として有名な『アヴィニョンの娘たち』について、ある評論家が、あのアヴィニョンというのは、バルセロナの下街の、娼婦がたむろするアヴィニョン通りのことで、貧しい時代のピカソが、娼婦の家に転がり込んでいた頃の女性たちを描いたのだと言っているらしいよと、オテロがうっかり言ってしまった時、ピカソはたちまち不機嫌になり、そんなことは絵とは何の関係もない実にくだらないことだと言い、そしてこう言った。

「パンはパン、ワインはワイン、絵は絵だ」

またピカソがブラックと共にキューービズム的な手法の静物画をさかんに描いていた頃、ある人から、「ピカソさん、あなたの絵には全く人間が登場しませんが、要するにあなたは人間嫌いなのですね」と言われた時にはこう言った。

「とんでもない。俺は人間が大好きだ。ただ、このコップも、そこのテーブルも、その上にある花も、みんな同じように大好きだ」


このエピソードには、ピカソの画家としての姿勢が明解に表れている。ピカソにとってはすべてが絵の対象であり、極端な言い方をすれば、対象は何であってもかまわなかった。それはちょうど、ピカソと同世代の詩人メーテルリンク（Maurice Maeterlinck 1862～1949）が、『青い鳥』のなかで、魔法使いの言葉として、「石はどれも宝石なんだよ。それなのに人間ときたら、そのほんの少しだけが宝石だと、思い込んでいるんだよ」と言っているのにも似て、ピカソの目には、目に映るあらゆるものが画題であって、ピカソはそれらを、絵という魔法によって宝石に変えることができた。

つまり、キュビズムをはじめとするピカソのさまざまな表現スタイルは、それぞれ、見たものやイメージを絵に変える方法の一つ、すなわち、異る魔法のかけ方にほかならなかった。

ピカソにとって大切なのは、見事な表現かどうかだった。だからほかの画家たちの素晴らしい表現にはすぐに影響されたし、画家ばかりではなく、ディアギレフ（Sergei Diaghilev 1872～1929）のバレー劇『パレード』がそうであったように、台本をジャン・コクトー（Jean Cocteau 1889～1963）が、音楽をエリック・サティ（Eric Satie 1866～1925）がという、魔法使いの集まりのようなバレー劇では、自らが、観客を視覚的に魅了する魔法使いとして参加した。

つまりピカソは、言葉によってであれ、身体によってであれ、音によってであれ、絵によってであれ、それを見事に使いこなして、どこにもない素敵な時空を創りだすことのできる人が好きだったし、彼らから学ぶことも大好きだった。

ピカソは絵画表現だけにとどまらず、版画や彫刻をつくったり、陶器をつくったり、詩人と一緒に詩画集を創ったりするのも好きだったが、だからこそピカソは、それぞれの表現メディアの違いと、それがもたらす効果の違いを、正確に見抜くことが出来た。

その意味ではピカソは、観念的な言説に惑わされない、実際的《プラクティカル》なインテリジェンスが極めて高いアーティストであって、『パレード』では、衣装デザインや、劇が開幕するまで舞台にかかっている巨大な緞帳《どんちょう》までデザインしているが、そこでは極めてファンタスティックで幻想的な絵を描いていて、彼が総合芸術である舞台の時空のなかで、何がどんな役割を果たすかを熟知し、ピカソが持つ表現上の技量を、自分のためにではなく、舞台の時空を豊かにする要素として用いたことが良く分かる。

ピカソに詩人たちの親友が多いのもそのためで、言葉によって魅力的な時空を創り出すことを見事にやってのける詩人たちをピカソは素直に尊敬し、友として愛した。

ほかの分野のアーティストたちについても同じだ。そしてそのことが、結果的にピカソを、さまざまな文化的ムーヴメントの中心的存在にしていった。先のオテロによれば、ピカソはかつて、こんな話をしてくれたことがあるという

「ポール・エリュアール（Paul Éluard 1895～1952）は、よく私に新聞を読んでくれたものだけれども、それはいつも、驚嘆すべきものだった。なにしろ彼が読むと、普通の新聞の、ただのふつうの記事が、まるで信じられないほどの文学性を持った詩のように聴こえてくるんだ。そんなとき俺は、ただただ口をポカンと開けて、何時間も、彼の朗読を聴き続けたものだよ」

最晩年にピカソが住んだムージャンの館、ノートルダム・ド・ヴィには多くの部屋があり、ピカソはそこで、特別なことがなければ一日中絵を描き、アトリエとして用いていた部屋が作品で一杯になると、別の部屋に移動したらしく、お城のような館は巨大な作品倉庫のようになっていた。

家全体のしつらえも質素で、生活に必要なもの以外の、豪華な家具のようなものは全く無かったらしいが、あるときジャクリーヌが、部屋の模様替えをしようと思いついて、小振りのピカソの絵を持ってきて額に入れて壁に飾ろうとしたところ、ピカソが怒って「そんなブルジョ

ワの奥さんが居間を飾るようなマネはやめろ。ここは工場なんだから」と言ったという。

そんなわけでというか、あるいは飾り始めたらきりがないからか、ジャクリーンの部屋の壁にあったのは、たくさんのピカソの作品のポストカードだった。


私は、一九九九年に、ロベルト・オテロが撮った写真と、彼とピカソとの会話の記録で構成し、それに若干の解説や背景説明を加えた本を出版したが、そこでは、高額な作品の価格や、彼の女性遍歴の華々しさなども相まって一般に流布されているピカソのイメージとはかけ離れた、誠実な生身のピカソの姿を、伺い知ることができる。

考えてみるとピカソは、ほんの若い頃の一時期を除けば、現実的には常にスター街道を歩んでいて、晩年はすでに巨大な館に住む富豪だったが、しかしそのような現実的、社会的な状態とは関係なく、工場で働く勤勉な労働者のような日々を送っていた。そしてその生活スタイルは、ピカソの生涯を通じて一貫していた。


オテロによれば、まだパリでスタートし始めたばかりの極貧の状態だった頃、ある金持ちが友人の紹介でピカソのアトリエにやってきた。

ピカソは彼に、描いた絵を一枚一枚見せたが、その金持ちは何の関心も示さずに無表情でそれを眺め、ピカソが見せ終わると、一枚の絵を指さし、それを手に取ると、いくばくかの紙幣を床に放り投げ、黙って部屋を出て行ったことがあったという。それでどうしたのかと尋ねるオテロに、ピカソはこう言った。

「もちろん彼が出ていってから、そのお金を拾ったよ。だって、そのお金がなければ、新しい絵を描くためのカンバスも絵の具も買えなかったから。ただ、その屈辱を俺はいまだに忘れてはいない」

つまりピカソの生活とは、常に自分をインスパイアしてくれる多くの友を持ち、自分と愛を分かち合う恋人と共にすごし、そして、あらゆることに囚われず、過去の自分のスタイルにさえ囚われることなく、常に自分の心が自ずと喜ぶような絵を描き、そのことによって結果的に、生きて行くに必要な物を得るという、極めてシンプルなものだった。

そこには、人が生きる喜びとはなんなのかということに対する、一つの明快な答えのようなものがある。ピカソの大作『ゲルニカ（Guernica）』は、だから、必ずしもヒトラーやフランコなどの独裁政権に抗して描いた、政治的な姿勢を表明する絵ではないと私には思える。

『ゲルニカ』は、第二次世界大戦が始まる前、スペインが第二共和制体制にあった時に、パリの万博のスペイン政府館の壁画として、その設計をした建築家のセルツ（Josep Lluís Sert 1902～83）がピカソに依頼したものだった。

後にバルセロナのジョアン・ミロ文化研究センター財団（通称ミロ美術館）を設計をすることになるセルツは、同じ年生まれのバルセロナの写真家ジョアキン・ゴミス（Jpaquim Gomis 1902～94）と共に、若い頃からバルセロナの芸術運動を牽引した人物だが、セルツがピカソに巨大な壁画を依頼し、『ゲルニカ』はそうした経緯で描かれた。そしてセルツは、もう一人の友人のミロ（Joan Miró 1893～1983）にも同じように壁画を依頼した。

ミロはそれを受けて『刈り取り人』という大作を描いた。しかしそれは万博の後、何故か行方不明になり『ゲルニカ』だけが残った。

それはともかく、セルツに依頼された時点では、ピカソにはまだ『ゲルニカ』の構想はなく、絵を描くための巨大な倉庫をピカソがパリでみつけた頃に、フランコの依頼を受けたナチスの航空部隊がスペインのバスク地方の街ゲルニカを無差別爆撃して破壊したために、急遽、それをテーマにして『ゲルニカ』が描かれた。

友や恋人と共に美を創りだして自由に生きたピカソだが、それには、当然のことながら命があることが前提であって、そんな命を無数に、平和に暮らしていた何の罪もない友や家族や恋人や子どもたちを、街もろとも破壊し殲滅するなどということは、ピカソにとって、決して許すことの出来ないことだっただろう。

ピカソにしてみれば、それが誰であれ、自由を奪い、命を奪い、表現を奪うものこそ闘うべき相手であって、『ゲルニカ』には、理由もなく命を奪われる命たちの、悲鳴と悲しみと怒りが満ちている。

ともあれピカソは、まるで近代以前の職人画家のように律義に仕事に生きた。また、時代と社会が近代から現代へと移り変わる時点にデビューし、瞬く間に、自らが竜巻のようにすべてを巻き込みながら、絵画とアートシーンを刷新し、表現のあらゆる可能性を試し尽くすようにして生きた。

そうして生きるなかで、結果的にピカソは、いつのまにか、産業資本主義社会である現代を通り越して、その矛盾に人々と社会が気付いた先に、もしかしたら生まれ得るかもしれない時代。友と親しみ、恋人や家族と愛し合い、表現と美という、人間にとって最も人間的な喜びである喜びと、日々触れ合いながら生きるという、そんな暮らしが息づく場所を、先験的に生きようとしていたように思えてならない。


考えてみればピカソが生きた時代は、人類史上、国家の大義のもとに、人間が最も多くの人間を殺した戦争の世紀だった。産業社会は人を部品のように使い、金融資本は、貧富の差をどこまでも広げ続けて来た。

そんななかで、貧しかった芸術家たちは、新しい美が息づく世界を夢見て懸命に生きた。ピカソもまた、美の対極にある戦争や暴力に対しては、毅然とした姿勢を貫き、フランコ政権にNOといい続けた音楽家のパブロ・カザルス（Pablo Casals 1876～1973）や詩人のラファエル・アルベルティのように、独裁政権下にあった愛する故郷を離れて生きた。

国家権力、独裁、金融資本、富国強兵、戦争。これらはみなピカソが愛した美の対極にある。ピカソは常に、すぐれた友と共に美と向かい合い、自由に平穏に生きようとすることで、それらと闘い続けてきた。しかもピカソは同時に、そうして高いレベルで表現をし続けるという行為が、実は自らと、そして社会にとって、何よりも生産的だということを実証した。

大量生産、大量消費に邁進した近代産業化社会においては、一般に、安くて便利なものを大量につくり、それを大衆が消費することを是とし、それによって富んだ富裕層だけが、少ししかつくられない高価なブランドを所有する。基本的に、大量に出回るものは安価であり、わずかしかない高品質のものが貴重とされた。金もダイアモンドもブランド品も、少ないからこそ高価だという神話によってその価値が維持される。

しかしピカソは、絵画史上、最も多くの作品を生産した画家でありながら、作品のすべてが高価であり続け、しかも死後も、絵画のマーケットでいまなお、最も重要かつ安定的な資産として売買され続けている。

ピカソは生涯に数万点の作品をつくったが、たとえば、一日に一点の作品を百年つくり続けてやっと三万六千点の作品ができることを考えればそれは、驚異的なほどの生産量だ。しかもピカソの場合、それらのすべてが粗悪品ではないことによって、まるで世界的な通貨が、多く出回っているからこそ持つ価値のように、優れた絵画は世界的な流通資産にもなり得ることを証明した。

またパリやバルセロナやマラガのピカソ美術館を毎日多くの人々が訪れ、世界中の近代美術館は、その目玉としてピカソ作品を展示し、ポストカードやお土産品やカタログを売る。つまりピカソは、商品経済の常識を軽くいなしながら、人間の営みのなかで、実は美と表現こそが最も効率のよい経済行為であり、その成果としての作品は最も安定的な資産であって、しかもその存在は、人を喜ばしこそすれ、武器やヴァーチャル金融資本のように、人を殺めたり追いつめたりせず、自分自身の命をも活性化することを実証した。

それは来るべき、行き詰まった近代の先にある、美と命と人間的な喜びが息づく社会の、一つのありようを示唆している。

●ピカソの作品は世界中で観ることができるが、公の美術館としては、幼青年期のピカソの作品を中心に、さまざまな時代のピカソ作品や『ラス・メニーナス』の連作や陶芸作品などを収めた、バルセロナのピカソ美術館。ピカソの死後、ピカソが所有していた作品の一部を遺族が寄贈した作品を収めた、パリの国立ピカソ美術館。そしてピカソの生地のマラガに、アル・アンダルース風のブエナビスタ宮殿にクリスティーナ・ピカソとベルナール・ピカソから寄贈されたコレクションを中心に、ロベルト・オテロの写真なども収めた、マラガのピカソ美術館がある。そのほか、南仏のヴァロリスにも、『国立ピカソ美術館・戦争と平和』がある。
『ゲルニカ』は、マドリッドのレイナ・ソフィア・アートセンターに展示されており、ミロやダリなどの、同時代の多くの作家たちの作品も展示されている。

なおロベルト・オテロの写真とピカソとの会話、私の訳と解説によって構成した『ピカソマイフレンド』（小学館）ではピカソの日常の姿を伺い知ることができる。

晩年のピカソ　photo by Roberto Otero

Joan Miró

9　ジョアン・ミロ

故郷の大地や、そこに息づく人や物
無数の命を見つめ、それらを深く愛することで
誰でも心のなかに、無限の広がりを持つ個有の宇宙を創りだし
その時空の中で遊び続けられることを証明した天才

アトリエのミロ　Photo by Joaquim Gomis 1944年

一八九三年、バルセロナの旧市街で、時計職人の子として生まれ、一九八三年、マジョルカ島のパルマ・デ・マジョルカのアトリエ兼自宅で死去。

幼い頃から絵に興味を抱いていたが、手に職をつけさせるために父親はミロを商業学校に入れる。ミロは父親に懇願して夜間の美術学校にも通い、十七歳で商業学校を卒業した後、雑貨屋で働くが、おそらくはストレスによって一種の鬱病を患って身体を壊し、静養のために、ミロ家の別荘、バルセロナの南のタラゴナ県の、海沿いにある自然豊かな小さな街、モンロッチのマシア（大きな農家）にしばらく滞在した。

モンロッチで大地や海や樹木やさまざまな命と親しく触れ合った経験は、ミロに決定的な影響を与え、ミロは画家になることを決意し、後に、このマシアにアトリエを構えることになる。

バルセロナに戻ったミロは、再び私立の美術学校に入り、そこで、パリでの新しい芸術運動のことを知る。ここで、後にミロの陶芸作品の共同制作者となる、リョレンス・アルティガスらと知り合い、アート・グループを結成する。

一九一八年、バルセロナのダルマウ画廊で最初の個展。冬はバルセロナ、夏はモンロッチで暮らす生活のなかで、オリーブや葡萄の木や農園の動物など、あらゆるものをミロ個有の視覚言語として用いる表現方法を見いだす。

一九二一年にダルマウ画廊がパリで行なった展覧会を機に、パリのモンマルトルの芸術家たちとの交流が始まる。ちなみにピカソはこの頃、ミロが一九一九年に描いた自画像を購入し、生涯身近に置くことになる。

その後、アンドレ・ブルトンやトリスタン・ツァラなどのダダイストやシュールレアリストたちと親しくなり、彼らの表現運動の一員として独自の表現世界を確立する。

その後、フランコ時代にパリに移住したほかは、バルセロナ、モンロッチ、そして一九五六年以降はマジョルカ島に巨大なアトリエと住居を構えて、絵画はもちろん、彫刻や版画や陶芸作品などを精力的に制作し続けた。

ミロともう一つの宇宙

ミロは、自分が最初に受けた感動を大切にし、それと共に歩み続けた。ミロは十八歳の時に体を壊して静養した際に触れ合った、カタルニア的な豊かな自然に溢れたモンロッチ、そして画家になることを決意させたモンロッチと、そこから得たものから生涯離れることがなかった。同じように自分が生まれたバルセロナ、そして妻の故郷であり、海の青と空の青が美しいマジョルカを愛し続けた。

ミロは、大地であれ樹木であれ石であれ夜空の星であれ海の青であれ何であれ、自らに親しいものを深く見つめ愛することで、それらと対話し、イマジネーションの中に、それらのすべてが息づく、もう一つの個有の宇宙を創りだした天才だ。

ピカソがまるで力強い機関車のように、二十世紀の新たな絵画表現を牽引して驀進し、彼の友人たちと共に、あっという間に、キュビズムをはじめとする新たな絵画の方法を展開し尽くし、その先にはもう何も無いかのように見えた頃にアートシーンに登場したミロは、人間の表現には、限界など無く、もう一つの可能性が常にあるのだということを鮮やかに示した。

ただ、同じスペイン出身のピカソとミロは、互いに、対称的というべきほどに、あらゆる面において異っている。

たとえばピカソには、対象をリアルに写実的に描く天性の描写力があり、だからこそ、対象の実際の形状を破壊し尽くすようなキュビズムを、もう一つの絵画として見事に成立させることができた。

ミロはそうではない。古典的な意味での写実的な描写力ということに関してだけいえば、ミロはピカソのようには豊かではない。ただミロは、ピカソのように、対象をあらゆる方法によって視覚化しようとするのではなく、対象と自分との関係を見つめることによって、そこにある情動そのものと語り合い、それを表現しようとした。

ピカソは、まるで呼吸をするかのように描き続けたが、ミロは、まるで記憶を確かめるかのように、絵を自分のなかで熟成させ、それが何らかの確かさを持って自らに語りかけてくるのを待った。

ピカソの紹介を得て始めた舞台美術も、ピカソが造形的な、ある意味では建築的ともいうべき空間効果を追求したのに対し、ミロは、動的で抽象的で、しかも色や形が飛び跳ねるような、大人よりもむしろ子供がダイレクトにその魅力を感じるような、異界から、なにかの拍子に現れて、それを目撃した者に、一瞬の輝きを感じさせて消えてしまうような、別世界を創りだそうとした。

ピカソは絵について語ろうとしなかったが、ミロは自らの絵に関して、というより、自らの描いた絵たちのなかで息づいている命たちとその世界のことを、彼らの代わりに、どこまでも語ることができた。なぜなら、ピカソにとって絵は、色と形と線が織り成す絵画上の景色だったが、ミロにとって絵は、あるいはその中に存在するすべての形象は、彼の視覚的な言語にほかならなかったからだ。

ピカソは無数の友人たちと共にムーヴメントの中を生き、その中で変わり続けたが、ミロは、ミロを認める限られた親しい友たちと共に、どこまでもミロであり続けようとした。ピカソは自分がまだ見たことのないものを描こうとし、ミロは、自分が見たものだけを描き続けた。

ここでなにも、ピカソを取り巻いた多くの女性たちのことに触れる必要はないが、ミロはピラールという、たった一人の、まるで母親のような女性を妻とし、彼女に、絵を描くこと以外のすべてを委ねて生きた。

ただ、スペイン生まれスペイン育ちの、この二人の画家に、根本的な共通点がないわけでもない。たとえば、ピカソもミロも二十世紀初めの芸術的ムーヴメントのまっただ中にいたけれども、ただ、彼らを創作に駆りたてていたのは、あくまでも、それまでの絵画の常識を超えた新たな絵画を描きたいという意欲であって、何々主義といったような主義主張を表明したかったわけでも、時代の最先端を行く旗手になりたかったわけでも、そのようなことのために絵を描いたわけでもない。

『農園（La Masia）』1944年　187.4X163.4cm　1921～22

その意味ではピカソもミロも、スペインの偉大な先人たちの後継者に相応しく、何よりもまず、絵を描くためにこそ生き、そのために必要なことをしたということでは似ている。しかしそれでもなお、やはり二人の絵に対するスタンスは大きく異なっている。

大雑把に言えば、ピカソは絵という表現メディアの不思議さと可能性を追求しようとし、ミロは、絵を含め、美しい何かを見たときに人が感動するということの不思議さそのものを、どこまでも見つめようとした。

その意味ではピカソは、彫刻や舞台美術など、さまざまなジャンルの表現をしたとはいえ、基本的には常に絵画と共に生き、ミロは、絵を描くという行為を通して、常に、自らを感動させる美と共にあることを求めて生きた。

たとえば、『ラ・マシア（La Masia スペイン語で大きな農家の意味）』と題され、一般には『農園』と呼ばれているこの作品は、ミロの名を一躍有名にした初期の代表作で、ミロが初めてパリに行った頃に描かれた絵だが、すでに後のミロの特徴となる、いくつもの要素が丁寧に描き込まれている。

この絵には、「私の作品はすべてモンロッチで考え出される」と言ったミロが愛したモンロッチのマシアと、その周辺の農園のようすが描かれているが、ミロがここで大切にしたのは、単なる風景画を描くことではない。

ミロが描こうとしたのは、青年期に心の病にかかった時に、それを癒してくれたモンロッチの、ミロ家の別荘のマシア、そしてそこにある大地や草木や農具や空や風や光や香りや家畜小屋やニワトリや荷車など、画面に描ききれないほどの、ミロと触れ合い、ミロの心のなかに常にある、彼にとって親しいものたちの生きた姿にほかならない。

それらはミロにとってすでに物ではなく、たとえどこに行ったとしても、ミロの心のなかで生き続ける命たちであって、パリにいようとどこにいようと、ミロはそれらとの対話を続けた。

これだけ詰め込んでもまだ、とうてい一枚の絵には描き切れない、多くのものたちが、ミロのなかには息づいている。絵を描くにあたって、ミロにとって重要なことは、遠近法やスケールや写実や脈絡や主義や様式などの絵画を取り巻く諸々の約束事や意味づけなどではなく、自分に命や感動を与えてくれ、今もなお共に生き続ける彼らを、どうすれば絵の中に息づかせることができるか、ということだったことが、この絵を見ていると良く分かる。

しかしこの絵は、新たな絵画が脚光を浴び始めていた当時のパリでさえ、一部の人々を除いて、全く評価されなかった。とりわけ画商たちは、この絵を作品としては認めず、ミロが望むような価格ではとうてい売れないと思ったある画商は、この絵を何枚かに切り分け、それに安い値段をつけて売ることをミロに提案しさえした。

しかし、仕方なくカフェで展示したこの絵を見た人々の中に、たまたま小説家のアーネスト・ヘミングウェイ（Ernest Hemingway 1899～1961）がいて、彼がこの絵を手に入れることを熱望し、五千フランを工面して買ったことで、この絵は一躍有名になった。

スペインを愛し、後にスペイン市民戦争にも参加し、『誰がために鐘は鳴る』を書き、この絵を生涯身近に飾ったヘミングウェイが、この絵について、「この絵には、スペインに居る時に大地から感じるすべてと、スペインを遠く離れているときに感じるすべてがある」と言ったという伝説的な言葉は、この絵を美術批評的な目によってではなく、一人のスペインをよく知る人間が、心の目で素直にこの絵に接した時に感じた感動を、感性豊かな表現者ならではの言葉で的確に言い表している。

私事になるが、私はかつてイビサ島に住んでいた頃に、ジョアキン・ゴミス（Joaquim Gomis 1902～91）という写真家と知り合い、親しくなって、彼のバルセロナの家をしょっちゅう訪れた。四十六歳も年上だったジョアキンは、私を親しい詩人の友として遇してくれ、まるで家族同然のつきあいをしてくれたが、ゴミス家には、古い写真や無数のアートブックや、ベルエポックの時期の美しいポストカードや、趣味の多色刷り版画のクロモスなど、ビクトリア時代に大衆を熱狂させて、瞬く間に消え去った民衆アートが大量にコレクションされていた。
私は夢中になってそれらを眺め、ジョアキンもまた、まるで玉手箱からとりだすかのように、次から次へと美しいものたちを見せてくれた。後に私は、それらを四冊の本にして出版することになる。

ともあれ、バルセロナの遠くに海が見える高台の高級住宅街にあった、趣味のよい落ち着いたその家には、絵画や工芸品や陶器や、ちょっとした彫刻などが、至るところに、ごく自然に飾られていた。

その家の中の、私がバルセロナで一番美味しいレストランと呼んでいたダイニングルームに、巨大なミロの絵があった。それは一九四八年に、ジョアキンの誕生日祝いとしてミロがプレゼントしてくれた絵（カバーも参照）で、ちょうどダイニングの壁の大きさに合わせて描かれていた。

イビサ島で偶然ジョアキンと知り合いになった時には、知的でユーモアのある優しい人というイメージしかなかったが、彼は実は、ミロの一番の親友として、若い頃から活動を共にしてきた歴史的な人物で、事業家であり写真家であると同時に、バルセロナの芸術運動を牽引してきた、バルセロナとスペインの現代アートシーン興隆の、最大の功

『Joaquim Gomis』500X255cm　1948年

労者の一人だった。

その功績によって、第一回レイナ・ソフィア賞（ソフィア王妃賞）という文化賞も授けられているジョアキン・ゴミスは、一九二七年のパリ万博でのスペイン共和国政府館を設計し、ピカソとミロに巨大な壁画を依頼した建築家のセルツや、もともとは老舗の帽子屋で画廊も始めたファン・プラッツと共に、ADLAN（Amics de l'Art Nou 新しいアートの友）という組織を立ち上げ、バルセロナを中心に、パリやニューヨークを含めさまざまな場所で文化イベントを、自らがその代表として展開した。

イギリスで教育を受けたからか、物腰は柔らかで、いつも微笑みをたたえて、何事にも自然体で接するジョアキン・ゴミスは、既成概念に全く囚われずに、自分が美しいと感じたものやことや人には、無条件でのめりこみ、それらを社会化することに、常に大きな熱意を秘めていた。

廃虚化し始めていたガウディを評価し、作品を撮影して多くの写真集にし、『ガウディ友の会（Amics de Gaudí）』を組織し、自らがその初代会長としてガウディを世界的に有名にして、その価値を不動にすることにも寄与した。

ある時、ガウディの家具がまとめてオークションに出された時に、私財を投じてそれを競り落とし、国外流出を阻止した後、それを現在のグエル公園のガウディ記念館に寄付するなど、思い立ったら、何としてでもやり遂げるといった信念の強さも持っていた。

それは彼の写真家としての姿勢にも表れていて、ジョアキン・ゴミスは写真表現史では、スペインの現代写真のパイオニアとされているが、それにとどまらず、子どもの絵や、雨が壁に創った模様や、手工芸品など、ジャンルを問わず、また社会的な価値や既存の評価には囚われずに、人や自然が創り出すあらゆる美しいものに目を留め、それを多くの写真集にしたりUNESCOで発表したりなどして、その美しさを人々に知らしめ、それを美として認めさせることに情熱を注いだ。

現在、多様な自然と文化との豊かな共生ということで島ごと世界遺産になっているイビサ島や、そこにある民家や自然や人々の営みの美しさをいち早く世界に知らしめたのもジョアキンで、既成概念を無視して、あらゆるものに美を見いだすという意味では、ミロと、非常に似かよった感性を持っていた。

だからこそ気が合って、ミロの晩年には、バルセロナのモンジュイックの丘の上に、盟友のセルツの設計による『ジョアン・ミロ財団・現代アート研究センター（Fundació Joan Miró Centre d'Estudis d'Art Comtenporani）』を共に創り、その初代館長を務めることにもなったのだろう。

この通称『ミロ美術館』のことでは、私はジョアキンから、さまざまなエピソードを聞いた。そのなかで最も印象に残っているのは、ミロはこの美術館を創るために多くの私財を投じ、万を超す作品も提供したが、実はそこで最もやりたかったことは、子どもや学生たちが、自らの絵を自由に飾り、互いに気に入った作品があったら交換するという、まるでイビサ島のフリー・マーケットのような場所にするということだった。

このことには、権力や既成概念から、とことん無縁なところで美に向き合おうとする、ミロやジョアキンの本質的なラジカルさが良く表れている。二人の夢は残念ながら実現されなかったが、その代わりのようにして、年に一回の公募展の入選者にはミロの版画が授与されるという最小限のコンセプトだけは残されることになった。

ちなみにヨーロッパでは、アートは決して個人的な自己表現行為とは考えられていない。もちろんピカソもミロも、実際に絵を描くのは彼らだが、しかし、彼らの回りには必ず、アーティストが創り出す新しい美や価値観に共鳴し、その成果に、社会的な意義や意味や価値を与え、それを現実の社会に定着させようとする仲間たちが、必ずのように存在する。

二十世紀初頭の、さまざまな文化的ムーヴメントの嵐の、その台風の目のようだったピカソは、多くの詩人や評論家や、彼と命運を共にしようとする画廊主や、先見性の高い新興の資産家たちに常に囲まれていた。もともと地力とポテンシャルの高さでは群を抜いていたにせよ、ピカソもまた、彼らと共に育ち、彼らと共に自らの美を社会化し、それを社会的な資本とすることに寄与した。

ピカソほどではなかったが、ミロもまた、彼が現実化しようとする美を高く評価し、その働きに協働する仲間たちに恵まれていた。

すでに述べた建築家のセルツや、写真家のジョアキン・ゴメスや、画廊主のファン・プラッツに加え、主にミロによって世界的な画廊となったマーグ画廊のエメ・マーグ、そしてフランス人の詩人でミロのカタログ・レゾネなども編纂しているジャック・デュパンなどが、ミロを支えた主要な仲間たちだが、ほかにも、後に巨大な銀行となった『カイシャ（CAIXAバルセロナ貯蓄年金信用金庫）』というバルセロナの地方銀行も、ミロを積極的に支援した。

カイシャがシンボルマークにミロの星と太陽と月を用いるのを許されているのはそのためで、この銀行は美術財団を設けて、展覧会の開催や、ミロや、その仲間たちの文化イベントのスポンサーとなった。

ヨーロッパ、特にスペインでは、銀行がアートや文化活動を支援する財団や、作品を展示するためのアートスペースを持つのは文化的な伝統で、歴史的な大銀行はすべて、立派なアートスペースと膨大なコレクションと、新たな文化活動を支援するための財団を運営している。

これはアートや文化が、権力や財力に匹敵する極めて重要な社会的な資本でありつづけてきたという、歴史的、現実的な事実を背景として根付いた価値観で、基本的には、権力者であると同時に社会運営者でもあった王侯貴族や教会が果してきた歴史的役割の継承でもある。

だが、スペインの場合は、それに加えて長い間、イスラム的、あるいはアラビア的な文化圏にあったことが大きく影響していると考えられる。

アラビア的な王たちの役割の中には、自らの街に住む人々に対して、より美しい街や文化や豊かさを育むためのインフラや平安を提供するということがあり、互いにその族長としての能力を競い合うという文化的伝統がある。今日のスペインの銀行の、市民に美や文化を提供するという名目を持つ文化財団は、そうしたことの名残とも言える。

しかも、キリスト教もユダヤ教もイスラム教も、教義的には貧しい人々から金利を取ってはならないとしていて、たとえばルネサンスの興隆の大立役者を演じたメディチ家はもともと両替商であり、儲けたお金を社会に還元するということは、メディチ家の美意識や財力の誇示であったと同時に、それが富む者の特権であり義務であり、そして名誉でもあるという思想が根底にあったからにほかならない。

それはキリスト教で言えば、天に徳を積むことであり、イスラム的に言えば、イスラム教徒の務めである五行のうちの一つ、富む者の貧しい者に対する喜捨（ザカート）でもあって、欧米で財をなした者が財団や美術館をつくって社会に還元したり盛んに慈善活動を行なったりするのも、それと関係している。
ともあれ、スペインでは文化的風土の中に、パトロン気質のようなものが深く根付いていていて、ベラスケスもプラド美術館も、ガウディの建築も、それと切り離して考えることは出来ない。

ミロの仲間たちの気持のどこかにも、そのような気風が、文化的遺伝子のように組み込まれていたのかもしれないが、それに加えて彼らには、独裁者フランコの時代や、スペイン戦争を体験した者ならではの、権力や権威や暴力や陰謀や弾圧や排斥や無知とは対極にある無垢な美で、この世を満たしたいという、前向き《ポジティブ》な、そして自然体の熱意があった。
ジョアキン・ゴミスはミロと知り合ってからずっと、ミロの表現活動を見守り続け、共に刺激し合いながら、ミロ自身はもとより、作品や、ミロのアトリエの様子や、作品の制作の過程や、ミロが創作のモチーフとした多くのもの、たとえばミロの生活圏にある草木や景色や農具や枯れたオリーヴの木の根や壊れた瓢箪や農夫や、モンロッチの海岸で拾った木片やヒトデなど、ミロを取り巻いている環境《アンビエンツ》そのものを写真に撮った。それは無二の親友だったからこそなしえた、ミロに関する唯一無二の貴重な証言となっている。

余談だが、このジョアキン・ゴミスや、彼と同じ年の一九〇二年に生まれた詩人のラファエル・アルベルティという、共にほとんど一世紀を生きた人と触れ合うことによって、私は、彼らと付き合うまではなかった身体的な時間感覚のようなものを得た。

それは、一世紀という、なんとなく漠然とした長い時間は、実は彼らの一生という時間の長さに過ぎないという事実から来る身近な時間の物差しのようなものだ。これは私自身が還暦も過ぎ、物心がついてから半世紀を生きてしまったのだという実感も加わって、私にとって実に興味深い尺度になった。

たとえば、今日的な近代の始りである二百年前は、たかだかジョアキン二人分をさかのぼった時点に過ぎない。ベラスケスが生きていた頃は四人分、イエス・キリストの時代でさえ、ラファエル二十人分だと考えれば、歴史上の出来事が、なんだか身近に想える。

それと同時に、もしも彼らと彼らの働きがなかったらと思い、その働きの人間の表現にとっての重要性、あるいは彼らが切り開いた地平《フィールド》や社会に及ぼした影響を考えることが、私自身の習慣のようになった。それは私が、このような文章を綴っていることとも、どこかで関係している。

ともあれ作品を見れば自然に感じることではあるけれども、ジョアキンを通して生身のミロについて知れば知るほど、またミロの発言をつぶさにみればみるほど、ミロが、画家としては稀なほど、自分がどういう表現者で、自分にとって何が大切かということをいかに明確に自覚し、それをまるで詩人のように、見事に言葉にしていたということが良く分かる。

私はジョアキン・ゴミスの死後、ミロが生誕百年を迎えた一九九三年に、ゴミスファミリーとミロファミリーの孫たちに頼まれて、ジョアキン・ゴミスが撮り遺した写真と、ミロの言葉によって構成した『ミロの仕事場、ある宇宙の肖像』という本をプロデュースし、カタラン語、スペイン語、英語、日本語の四つのヴァージョンで出版したが、そこからいくつかの写真とミロの言葉を紹介する。

たとえば、こんな二枚の写真がある。

これはミロが初めてパリに行く前年の一九一九年の作品で、畑の描き方などにすでに前出の『ラ・マシア（La Masia）』のところで見られる、ミロ独特の表現がなされているが、興味深いのは、村の風景に関しては、極めて写実的に描いていて、ミロがモンロッチをまるごと愛していたことが良く分かる。ミロはモンロッチに関してこんなことを言っている。

モンロッチは私が常に回帰すべき
根源的かつ衝撃的な第一歩である。
他の場所に居る時、私はいつも、
モンロッチを比較の物差しにしてすべてを測る。

ミロにとって生地であるバルセロナは、もちろん彼の故郷だが、しかし、画家を目指しつつも、ピカソのように若くして周りから注目されることもなく、いやいやながら雑貨店で働くことになり、心身のバランスを壊してしまったミロを癒し、そして画家として生きることを決意させたモンロッチは、画家としてのミロの故郷であり聖地なのだ。

パリに住んでいたことがあったとはいえ、ミロにとって、落ち着いて絵が描ける場所は、バルセロナとモンロッチ、そしてマジョルカ島のアトリエだけだった。

ジョアキン・ゴミスはその三つの重要なアトリエのすべてを撮影しているが、面白いのは、三つのアトリエのどれもが、丘を背にした海の近くにあることだ。

ミロの作品『モンロッチの村と教会』(1919年制作)を撮影した写真
by Joaquim Gomis

絵と同じ視点からのモンロッチの写真　photo by Joaquim Gomis

バルセロナの生家であり、パリから帰ってきて最初にそこに構えたアトリエは、バルセロナの旧市街のランブラス遊歩道からほんの少し入った、ガウディが学生時代に設計した街灯のあるレアル広場につながる小路にある。それはもちろんバルセロナという大都会の一角だが、そこから五分も歩けばバルセロナ港がある。

ミロが六十三歳の時に、バルセロナの生家を売って、最後の拠点として、親友のセルツの設計で建設したパルマ・デ・マジョルカの巨大なアトリエと自宅も、海を眼下に望む高台にある。大都会や、アートシーンの動向や、そこでの社交などに興味がなかったミロは、そこで晩年、最愛の妻ピラールに護られて創作に専念したが、ミロの絵にあるような真っ青な空と海と星が、すぐそこにある。

そして、もともとミロ家の別荘であり、夏にはミロがアトリエとして長いあいだ用いていたマシアのあったモンロッチは、いかにもカタルニア的な風土を持つと同時に海にも近く、ミロはしょっちゅう海辺を散歩した。ミロはその風土に対して、こんなことを言っている。

大地と、それを耕す人たち。
そして、そのために使われる道具と直接触れ合うことは
人間的価値を高め、豊かにしてくれる。
人間としても、アーティストとしても。

作品のテーマはみんな、野原や海岸でみつける。
錨の断片やヒトデ、壊れた舵のかけらなど
みんな私の作品に出てくる。
奇妙な形をした茸のかさや
七十七通りの形を持つ瓢箪と同じように。

秋の、誰も行かなくなったモンロッチの砂浜。
人やひつじの足跡が、まるで星座のようだ。

一本の木は、一人の人間である。
特に、わたしの故郷にある木、アルガロボともなれば
ひとかどの人物で
人の気をもませるような、そんなところさえある。
私はときどき、目や耳を木にあててみる。
木は、見たり聞いたりするのだ。

結局のところ、何より面白いのは

一本の木とか屋根の瓦とかを
文字を書くように描いていくことである。
葉を一枚一枚、枝を一本一本、草を一つ一つ。

このような言葉のはしばしから伺い知れるように、ミロは、人であれ草木であれ空であれ何であれ、自分に親しい大地を構成しているすべての要素を凝視し触れあうことで、それらを自分自身の心身の一部と化し、視覚的言語として抽象化したそれらを、自分の絵に登場させることによって、そうすることによってしか創り出せない、ミロという画家にとっての豊饒な故郷、あるいは宇宙との、豊かな対話をし続けた。
つまり、そこではすべてが生きていて、それらはみな、ミロの宇宙の住人だった。ミロはまた、自らの視覚言語についてこんなことも言っている。

静物には驚かされる。
瓶もコップも、荒涼とした海辺の石ころも
みんな動かないものなのに
私の心のなかではどれも
自由気ままに、大きな、大きな動きをする。

人物であろうと馬であろうと
あるいは建物であろうと花であろうと
何であろうといっこうにかまわない。
絵を描くことで、生き生きとした何かを
この世に見せることができれば。

新しい人間像を創りだすこと。
それらに命を吹き込むこと。
そして彼らのための世界を創ること。

空の星は、私の愛するものたちの分身。

そこには、ピカソとは違った方法とアプローチで、絵を描くことによって、自分の愛するすべてを永遠に息づかせようとする、ミロの熱意がある。
ミロは何よりもそのことに専心したが、その仕事ぶりには、一介の生真面目な職人のような、あるいは大地と共に生きる一人の誠実な農夫のような律義さがある。次にあげる言葉には、そうしたミロの勤勉さのようなものが良く表れている。

仕事に習熟すればするほど、人生は前に進み
同時に、最初の頃の感動により回帰している。
とすれば、私の人生が終わる頃には
幼い頃の価値のすべてに、また出会えるかもしれない。

手工芸品や大衆芸術は、いつも私に影響を与える。
そこにはトリックも大言壮語もない誠実な芸術
単刀直入な芸術がある。

私の仕事場は農園のようなもので、私は農夫である。
そこではなにもかも、少しずつ芽を出し
すべては自然の仕組にしたがって進む。

作品の着想は
心のなかで、燃え上がるようでなければならないが、
それを現実化するには、医術のような冷静さがいる。

仕事をするとき私は、

決して物分かりが良くはない我が子に相対するように
愛情を込めて接することを
自らの喜びとして画布に向かう。

ピカソは晩年を除けば、たくさんの友や大勢の仲間の中にいたが、ミロは常に、どちらかといえば限られた親友たちと共に生きた。もちろんミロも、たとえば合衆国などの空港や大学に、巨大なタイルによる壁画を制作するために世界中を飛び回ったし、大阪万博の時には、巨大な壁画を描くために遠く日本にまで旅をしたが、しかしそれは仕事をやり遂げるためであって、必ずしもそこから何かを得るためではない。

極端に言えばミロは、スペインの片田舎のモンロッチですでに、絵画上のモチーフのすべてを、絵を描くための視覚的言語のほとんどを手にしていた。ミロの存在は、優れた表現者になるためには、むやみに遠くを求める必要がないことを示している。

まずは此処《ここ》を見つめること、そうする自分に感動をもたらしてくれた人や物やことを愛し、愛し続け、それを表現すること。そうして生まれた不思議な宇宙と対話を交わし、そして交わし続けること。

絵を描いて生きて行くために必要なすべてがそこにあるとしたら、それ以上の、何を求めることがあるだろう。そして、もしそれを壊そうとする何かが現れたとしたら、断固としてそれと闘うこと。宇宙も世界も、私の心のなかと、わたしが自分の脚で立つ此処にある。ミロの絵や言葉は、そんな決意のような信念に満ちている。

ローカルであればあるほどユニバーサルである。

大地に触れることで私は飛ぶことができる。

詩人の尊厳を持って生きること。

ここでミロが、詩人の尊厳という言葉を用いたのは、スペインでは詩人が、社会的に最も尊敬すべき存在だと考えられているからだ。それというのも、ヨーロッパはどこでもそうだが、特にスペインでは、一般的に詩人というのは、単に情緒や私的な感傷を美しい言葉にするような人ではなく、たとえば社会が混乱している時に、あるいは良い方にせよ悪い方にせよ、社会が大きく変化しようとしている時に、暗闇のなかで希望の松明を掲げるように、あるいは進むべき道を示すように、人々の心と呼応する言葉の旗を、いちはやく掲げてくれる人のことだとされているからだ。

だからこそ、時代が大きく変化をする時には、スペインだけではなく、イタリアであれフランスであれイギリスであれドイツであれ、詩人たちがムーヴメントを代弁し先導した。あるいはスペイン市民戦争の時のガルシア・ロルカやラファエル・アルベルティのように、闘う人々の心を言葉で支えた。だからこそピカソもミロも詩人の友人を持ち、彼らを敬愛した。

ロベルト・オテロによれば、ある時ピカソはロベルトに、「俺は道を踏み誤った詩人なのかもしれない」と言い、ロベルトが、「そうかもしれないけど、良い方に踏み誤ったと思うよ」というと、ピカソはさらに、「ミロは画家だけど俺はちょっと違う。ミロはずうーっと星を描いているけど、あんなふうに星を描き続けるというのは大変なことなんだよ」と言った。

もちろんピカソはベラスケスと同じように、あるいはゴヤやエル・グレコのように画家の中の画家だ。そしてミロもまた、ピカソと同じように、絵画や舞台美術や彫刻や陶芸など、さまざまな表現行為をしたとはいえ、基本的にはスペインの古き良き伝統を受け継ぐ画家であって、方法的には彼の対極にいたピカソと同じように、人が絵を描き、描いた絵を他者が理解し、あるいはそれを見て自分が成長できるという、絵と人間との関係の不思議さに対する感動を持ち続け、絵を描くためにこそ生きた。

最後に、ミロにまつわる一つの私的なエピソードを紹介しようと思う。

ある時、私はゴミス家の書斎で本を創るための作業をしていた。ジョアキンもまた、私と向かい合った机に坐って仕事をしていたが、その時、彼の妻のオデットが、「ジョアンから電話よ」と言って部屋に入ってきた。

彼らの長男はジョアンという名なので、たぶん息子からだろうと思って私は作業を続けたが、それから二、三十分ほどしてジョアキンが、めずらしく沈んだ表情をして戻ってきた。「どうしたの？」と聞いた私にジョアキンが口にしたのは、次のような言葉だった。

「ジョアン・ミロが、あした目の手術をするらしい。しなければすぐにも見えなくなるらしい。そのことで、電話の向うでミロが泣いていた。何も手術や、それで死ぬことが怖いわけじゃない。もし手術が失敗したら、目が見えなくなる。そしたら絵が描けなくなる。それが死ぬことよりもずっと怖いと言って、泣いていた」

●ミロの作品は、世界中の美術館に収められているが、バルセロナのモンジュイックの丘にある見晴らしのよい『ジョアン・ミロ財団・現代アート研究センター』には、絵画や版画や彫刻など、ミロの全貌が窺える多くの作品が展示されているほか、ミロやジョアキン・ゴミスの遺志を反映して、新しいアーティストたちのための企画展も多い。

マジョルカ島のパルマ・デ・マジョルカには、ミロの晩年の住居兼アトリエを開放した『ピラール&ジョアンミロ・ファウンデーション』があり、晩年のミロの作品や、作品が所狭しと置かれた、ミロが亡くなった当時のアトリエを観ることができる。

南仏のサン・ポール・ド・ヴァンスのマーグファウンデーションには絵画のほか、ミロの大きな彫刻作品やカラータイルによる壁画がある。

モンロッチののマシアから外を眺めるミロ
by Joaquim Gomis

またミロが制作した巨大なタイル壁画は、バルセロナ空港やパリのユネスコやハーバード大学やマドリッド議事堂などでも見ることができる。

Federico García Lorca

10　フェデリコ・ガルシア・ロルカ

音楽、絵、人形劇、演劇、詩、歌、講演、朗読、会話
過去、現在、未来、夢、現実、幻、記憶、予感
政治、芸術、学問、仕事、遊興、公私、貧富、差別、国境
自他、善悪、男女、愛憎、生死
人と社会を取り巻くあらゆる垣根を無視して
時空を表現の翼で自由に飛び回ってみせた天才

ガルシア・ロルカ（左）とラファエル・アルベルティ（右）
中央はアルベルティの妻で彼と共に市民戦線の象徴的存在だったマリア・テレサ・レオン

一八九八年、アンダルシア地方グラナダ郊外の、フエンテヴァケーロスで、農園を持つ父と、教師の母の子として生まれた。十一歳の時に一家がグラナダに引っ越し、ピアノやギターを習い始め、曲も創るようになる。

一九三六年、独裁者となるフランコが反乱軍を率いて武装蜂起した年に、グラナダの郊外の、オリーブ畑の中で、フランコ側のファランへ党員（熱狂的な国粋反共ファシズム主義者）もしくはそれに心酔する連中に銃殺されて死亡。

十六歳の時。グラナダ大学の予備過程に入学し、哲学、文学、法学を学び、『カフェ・リンコンシート（片隅カフェという意味）』に集まっていた学生たちの仲間になる。修了後、フェルナンド・デ・ロス・リオス（自由教育主義者、後にスペイン第二共和制政府の大臣になる人物）が総裁を務めていた『グラナダ芸術センター』の会員になったことが、ロルカの人生に決定的な影響を及ぼす。

その後、音楽を学ぶためにパリに行こうとするが、父親に反対され、ロルカの才能に最初に注目したフェルナンド・デ・ロス・リオスの勧めで、設立されたばかりの、学生が寄宿し、スペインの超一流の講師を擁し、アインシュタインや、ケインズや、キュリー夫人や、ルイ・アラゴンなど、ヨーロッパ中から、当時の第一線の科学者や知識人や芸術家を招いて学生たちとの触れ合いの場を設けるなど、総合的な自由教育を目指して創設された学院、『ラ・レジデンシア・デ・エストゥディアンテス（学徒たちの館）』に行き、そこで、アントニオ・マチャード、サルバドール・ダリ、ルイス・ブニュエル、ラファエル・アルベルティなどの多くのアーティストたちと親しくなり、詩を書き始める。

やがてマドリッドやグラナダやバルセロナの文化シーンの中心的な存在として、多くの詩や演劇の創作、詩の朗読や講演などを行ない、アルゼンチンやメキシコやキューバなどでも広く知られるようになった。

銃殺による突然の死後、ロルカの名声はますます高まり、世界的な表現者として広く知れ渡ることになった。

フェデリコ・ガルシア・ロルカと人の命

アンダルシア。なんと華やかな、そしてなんと哀しい響きを持つ言葉だろう。スペイン南部の、強い陽射しの下の、アフリカ大陸と至近距離で向かい合うこの大地の下には、いくつもの文化の記憶が幾重にも折り重なって眠っている。

強過ぎるほどの太陽の光を浴びて干涸びた大地の上で目覚めた幾多の芽のなかから、たまたま、大地の深部にまで根を伸ばし、幸いにも、凝縮された遠い記憶を糧にして大きく育った草が、やがて、遥か彼方から吹き渡ってきた風に吹かれて、目にも鮮やかな花を咲かす。あるいは花を咲き終えた後の綿毛に、無数の種子を乗せて、遠くへと運ぶ。

グラナダ近郊の、フエンテ・ヴァケーロス（牛飼いたちの泉という意味）で生まれたフェデリコ・ガルシア・ロルカは、アンダルシアの申し子のような詩人だ。とびきりの幸運が天才詩人ロルカを創り、突然の不運によって、伝説的存在となった。

もちろんロルカには、あらゆる僥倖や偶然を自然に、ポジティブなものとして受け入れる柔軟で人間的な資質のようなものがあっただろう。また、それを自らの糧とする豊かな潜在力を備えてもいただろう。さらには、自分が感じたことを他者に伝える表現力にも恵まれていただろう。

しかし、たとえどんなに、アーティスト的な資質をもともと豊かに持っていたとしても、牧場主の子として生まれたロルカは、アンダルシアの大地と、自然や街の中の強い光と色彩の輝きに触れ、アンダルシアの抑揚に富んだ音楽的ともいえる言葉のなかで育ち、アンダルシアの歌や踊りに身近に接したからこそ、ロルカはロルカになれた。

そんななかで、若い頃からピアノや、アンダルシアの外にあるヨーロッパのクラシック音楽や、歌の友というべきギターを習ったことは大きいが、それにもまして、保守的なグラナダで生まれながら、そこで、世界的な視野を持った自由な知識人を育てる自由教育思想を持つ恩師フェルナンド・デ・ロス・リオスや、アンダルシアの歴史や文化を良く知るグラナダ大学のマルティン・ドミンゲス・ベルータ教授と出会ったことは、ロルカの知性と好奇心を覚醒させ視野を広げることに大いにつながっただろう。

ベルータ教授に引率されてアンダルシア各地を旅行したからこそロルカは、アンダルシアの大地の下に眠る歴史や華々しい文化のことを体感することができた。そこに想いをはせる事がロルカに大きな影響を与えた。

またその旅の中で当時のスペインの文化シーンの最重要人物だった詩人アントニオ・マチャード（Antonio Machado 1875～1939）に会ったこともまた、ロルカの体内に潜む詩心を呼び覚ます大きなきっかけになっただろう。

さらには、同じアンダルシア出身のカンテ・ホンド（アンダルシアの古謡）を愛した、当時すでに名声を得て、ピカソが美術を担当したディアギレフのダンス劇『三角帽子の男』の音楽を創った作曲家のマヌエル・デ・ファジャ（Manuel de Falla 1876〜1946）に出会い、彼と一緒に、『カンテ・ホンドの祭典』を催したり、グラナダのお祭りのために創った子どものための人形劇の成功体験がなければ、後に学生たちを率いて、スペインの古典的な演劇を民衆向けに易しくアレンジして各地を公演して回ることに情熱を傾けることはなかったかもしれない。あるいは、ロルカの名を一気に知らしめた詩集『ロマンセーロ・ヒターノ（Romancero Gitano ジプシー歌謡集）』もまた、生まれようがなかっただろう。

こうしたことが、ロルカを、単なる詩人ではなく、詩や絵や音楽や人形劇や、それらを融合させた演劇や講演などを含め、ジャンルを超越した総合的な詩的時空表現者、あるいはパフォーマーにすることに大いに役立ったと思われる。

そして、自由教育の理想を掲げてフェルナンド・デ・ロス・リオスが創設した『グラナダ芸術センター』に入った事が、ロルカにとって極めて大きな運命的な働きをした。

それというのも、ロルカの才能をいち早く認めた彼の説得があったからこそ、父親はロルカがマドリッドに行く事を許可したのだったし、そうして入った『ラ・レジデンシア・デ・エストゥディアンテス（La Residencia de Estudiantes 学徒たちの館）』で生活を共にした多くの同世代の才能や、優れたプログラムや講師たちとの触れ合いこそが、ロルカの才能の開花をうながしたからだ。

ロルカは『学徒たちの館』を拠点にして、演劇集団『バラッカ』を率いて、スペイン各地での多くの公演を行なうが、それも、後にスペイン第二共和国政府の文化大臣となるフェルナンド・デ・ロス・リオスの縁もあって、政府の援助を受ける事ができたからこそだろう。

それにしても、『学徒たちの館』のような場所が、国家の未来を担う人間を育てる場所として存在し、そして結果的に見て、ほとんど奇跡的と思えるほど見事に機能していたことの意味は極めて大きい。


『学徒たちの館』は、ロルカの恩師のフェルナンド・デ・ロス・リオスが一八八七年に創設した自由教育学校を母胎に一九一〇年に創設されたが、そこには、いわゆる『九八年世代（Generacion del 98）』の、優れた詩人や知識人たちが積極的に関っていた。

『九八年世代』は、スペインが一八九八年のアメリカ合衆国との戦争に敗れて、プエルト・リコやグアムやフィリピンやキューバなどの植民地を失い、かつて世界を制覇したスペイン帝国の残照さえもが消え失せようとしていた時期に、スペイン文化のアイデンティティと活力を再興すべく集まった表現者たちのグループだ。

そこには、ラファエル・アルベルティ（Rafael Alberti　1902～99）の才能を見いだしたアントニオ・マチャード、ファン・ラモン・ヒメネス（Juan Ramón Jimménez　1881～1958、一九五六年にノーベル文学賞）らの詩人、哲学者のミゲール・デ・ウナムノ（Miguel de Unamuno　1864～1936）、ホセ・オルテガ・イ・ガセット（José Ortega y Gaset 1883～1955）などの、筋金入りの知識人たちがいて、スペインの新しい価値観やヴィジョンをリードする役割を果たした。そんな彼らの存在があったからこそ、またそのようなことを当時のスペインの文化人や政治家たちが目指したからこそ、『学徒たちの館』も、ロルカたちの詩人グループ『二七年世代』も生まれ得たと言える。

『学徒たちの館』にはほかにも、メキシコ人の小説家で外交官のアルフォンソ・レイエス（Alfonso Reyes 1889～1959）、作曲家のマヌエル・デ・ファジャ、メキシコ人の詩人オクタビオ・パス（Octavio Pax 1914～98、一九九〇年にノーベル文学賞）、映画『イル・ポスティーノ』の、主役の郵便配達夫が感化される詩人のモデルとなったチリの詩人で外交官のパブロ・ネルーダ（Pablo Neruda 1904～73、一九七一年にノーベル文学賞）などの世界的な表現者たちが出入りしてもいた。こんな環境のなかで、とびきりの資質と可能性を持った若者たちが、世界的な賢者たちと触れ合い、互いに影響を与え合いながら切磋琢磨し、朗読会や展覧会や即興劇などの遊びもまじえて共に暮らすのだから、ロルカにとって、これほど楽しい場所はなかっただろう。

ロルカは『学徒たちの館』を、一九一九年から一九二七年までの八年間、自らの居場所とし、そこを出てから後も、そこを拠点に活動したが、そこに籍を置かない、たとえばラファエル・アルベルティのような若者も自由に出入りをしていた。

つまり『学徒たちの館』は、一般の大学とはちがって、定められた教科を一定期間履修して卒業するというような教育機関ではなく、一九一九年にドイツで設立された『バウハウス』にも似て、超一流の世界的な賢者や表現者たちと、資質豊かな若者たちとが、時空を共有しながら新たな何かを生み出していく実験的な場所だった。

しかも、どちらかといえば建築やデザインに特化したプログラムを持つ『バウハウス』にくらべ、『学徒たちの館』は、多くの詩人たちを輩出する場となったことでもわかるように、ジャンルを問わず、より総合的で自由なかたちで、創造性に富んだ若者たちを育てるための場となることを意図して創られた、現代にこそ意味を持つような、実に興味深い場所だった。

国家や行政の役割が本来、人々が社会のなかで人間としての文化的で豊かな営みを育める場所や仕組、あるいは未来を担う多様な人材や生き方を創出することを助けることにあるとすれば、『学徒たちの館』はまさしく、そのような働きをする場として設けられ、その役割を果たし、そしてそれは、市民戦争が始まり、市民戦線政府がフランコ独裁政権に敗れるまで続いた。ロルカは幸運にもそんな場所で頭角を現してロルカになった。

スペインバロックの黄金時代の詩人、同じアンダルシア出身のルイス・デ・ゴンゴラ（Luis de Góngora 1561～1627）の没後三百年を記念する会が、一九二七年に、セビージャのアテネオ（Ateneo スペインの主要都市に設置されている文化や芸術活動のための場所）で行なわれたことも、ロルカにとっては極めて大きな出来事だった。

なぜならそれが、『二七年世代』と呼ばれる、スペインの二十世紀文学を牽引した詩人たちのグループがスタートするきっかけとなったからだ。

スペインでは伝統的に詩人に対する尊敬が高く、そうでなければそのような会も開かれなかっただろうが、これまで別の章で述べてきたように、王や権力者が壮麗な建築や美しい街を競って創ろうとし、あるいは、エル・グレコの章で述べたように、十二世紀に創られた『トレド翻訳学院』が十三世紀に、後に賢王と呼ばれるトレド国王アルフォンソ十世の支援によって、当時のヨーロッパの重要な文化拠点となったように、さらには、『プラド美術館』のコレクションがそうであるように、スペインでは、王侯貴族や財閥や銀行や大企業が文化活動を担うことが、ひとつの文化的伝統であり続けてきた。

ゴンゴラ没後三百年祭は、スペインの国民的な新聞『エル・パイス（国という意味）』がイベントを後援したが、一般的にスペインの新聞は文化欄が充実していて、特に日曜版は、分厚い紙面が文化的な記事で溢れる。それはすなわち、知識人やアーティストたちの発言の場が多いことを意味する。

文化的な講演会なども多く、なかでもより知的なものが、各地にあるアテネオでしばしば行われた。アテネオの建築空間は一般に重厚で、それは、文化が社会にとって重要な何かだということを自然に感じさせる。

ちなみに、この文化イベントに参加した詩人たちを列記すれば、ホルヘ・ギジェン（Jorge Guillén 1893～1984、一九七六年にスペインで最も権威のあるセルバンテス文学賞受章者）、ノーベル賞詩人パブロ・ネルーダが、愛の詩人と呼んだペドロ・サリーナス（Pedro Salinas 1891〜1951）、後に市民戦線政府のリーダーとなるラファエル・アルベルティ（一九二五年に国家詩人賞、一九八三年セルバンテス賞）、ダマソ・アロンソ（Dámaso Alonso 1898〜1990、一九七八年セルバンテス賞）、ジェラルド・ディエゴ（Gerardo Diego 1896〜1987、一九七九年セルバンテス賞）、ルイス・セルヌーダ（Luis Cernuda 1902〜63）、ビセンテ・アレクサンドル（Vicente Aleixandre 1898〜1984、一九七七年ノーベル文学賞）、マヌエル・アルトラギーレ（Manuel Altolaguirre 1905〜59）、エミリオ・プラドス（Emilio Prados 1899〜1962）。

実にそうそうたるメンバーで、スペインの現代文化運動は彼らを抜きに語れないが、スペイン市民戦争が始まった年に銃殺されたロルカを含む十人の詩人たちのうち三人をのぞいて、市民戦争の間、あるいはスペインがフランコによる独裁政権となると、フランスやメキシコやアルゼンチンやチリなどの国外に脱出し、ある者は故郷を離れた異国の地で客死し、あるいは、アルベルティのようにフランコの死後、スペインが民主主義的国家になるのを見届けて帰国するまで、長い亡命生活を送った。

彼らのおおまかな共通点としては、シュールレアリズムを含めた、時代の最先端の息吹を取り入れつつも、古くから詩が大きな力を持つスペインの文化風土を受け継ぎ、比較的平易な言葉を用いて、民衆やスペインの風土に密着しつつ、各自が個性的な表現を試みたことだ。

それにしても、これだけの歴史的な詩人たちがグループを結成し、たがいに影響し合い、表現を競い合う場があったということが、ロルカはもちろん、それぞれの表現者に与えた影響は計り知れない。人は基本的に、人と触れ合い、たがいに影響しあって育つからだ。

しかもルイス・デ・ゴンゴラがそうであったように、シュールレアリズム的な手法そのものがすでに、ある意味ではスペインの伝統的な表現様式でもあり、彼らは、観念的、あるいは抽象的で実験的な主義としてではなく、どちらかといえば、地に足をつけつつも幻想的な表現を目指した。

しかも彼らは、日本における文壇のような、世間から離れて高踏的な表現をすることをよしとする特殊で狭い世界の殻の中に閉じこもるのではなく、当時のスペインの流動的で複雑な社会やその変化のなかで、たとえば、市民戦線政府のなかのラファエル・アルベルティなどがそうであったように、いわば言葉の旗を掲げて、人々が進むべき方向を指し示し、スペインの文化的伝統を受け継ぎながらも、自由な表現や生き方を封じ込めようとするファシズムや、その一派であったフランコに対抗して、新たな時代の風をはらんで海を行く美しい帆船のように、新たな時代を切り開く新たな価値観や美や希望や確かさや可能性を求めて、それぞれがそれぞれの方法で、積極的に、個有でありながら普遍的な表現を展開した。

こうして見ると、まるでロルカを取り巻く何もかもが、彼をスペイン現代史に輝く表現者にするためのお膳立てとして働いたかのようだ。

そしてスペイン市民戦争が始まる。あらゆる表現に興味を持ち、ジャンルを超え、政治的な思惑や立場を超えて自由に生き、詩集はもちろん、各地で演劇や講演を繰り広げ、ロルカの評価が高まり、その名が広く知られ始めた矢先、ロルカの命が突然消える。

後に独裁者となってスペインを統治するフランシスコ・フランコ（Francisco Franco 1892～1975）が、共和国政府に対する反乱軍を総司令官《ヘネラリッシモ》として率い始めた一九三六年、反乱軍を支持するファランヘ党に与《くみ》する者たちによってロルカは拘束され、銃殺された。

殺されてしまえば、信じられないほどに豊かな、そして創造的な環境のなかで育まれた、奇跡的なほどの幸運と出会いがもたらしたロルカの知識や知恵や表現力や感性もまた、ロルカの命と共に消え失せる。

それはロルカがそれまで得た幸運を、一瞬で支払い切ってしまうかのような、一瞬の、あっけないほどの不運だった。あるいは、美しく精緻に組み立てられたロルカの、終盤で一気に運命的で悲劇的な結末に向かって突っ走る演劇のような、悲劇だった。

しかし、身体を失ったロルカの作品とそのイメージは、人々の心のなかで、それからさらに高く広く、飛翔し続けることになる。

ちなみに、この頃のスペインの社会的状況についてごく簡単に述べれば、十九世紀後半から二十世紀の初めにかけて、スペインは、過去の幻影を脱し、新たな時代の息吹を取り入れて近代国家として、新たに国の仕組や権力のありようや文化を再構築しなければと考える勢力と、国王や教会や貴族の権力保持を含めた、旧来の仕組や権力や価値観を維持しようとする勢力との、構造的な対立が深まっていた。

第一次世界大戦で中立を保ったために、軍需によって一時的に潤ったスペイン経済は、大戦終結後、たちまち不況に陥り、折しも一九一七年のロシア革命によって、一気に労働者の意識が高まっていた。

また、いち早く産業革命を取り入れて近代化の道を進んでいたバルセロナやバスクが、古い中央集権体制を否定し始めていたこともあって、スペイン各地で、中央の専制政治体制を打倒しようとする動きが強まっていた。

これに対して、王制を維持しようとするプリモ・デ・リベラ将軍率いる軍部がクーデターを起こし、軍事独裁政権を樹立する。

この政権は九年間続くが、しかし、労働者や民主主義者や社会主義者などの、いわゆる左翼勢力の増大と、軍部内部の分裂などが複雑に絡み合った結果として、一九三〇年にリベラは退陣に追い込まれ、別の将軍が首相に就いたものの、もはや民衆や諸団体の不満を抑えることはできず、一九三一年の総選挙によって、王政打破を唱える民主勢力が勝利。国王は国外に亡命し、スペイン第二共和制政権が成立することになった。

しかし残された矛盾や課題は多く、それらはスペインが君主専制国家から近代国家へと急激に変化して行くための複雑で構造的な課題でもあったため、共和国政府は、構造改革と同時に、スペイン全土での、多くの暴動やテロなどに対処せざるをえず、社会状況は混乱を極めるようになる。

そんななかで、いわゆる左翼勢力が力を増すと同時に、右翼勢力も結束し、プリモ・デ・リベラの息子が、王と教会と祖国の復権を唱えてファランヘ党を結党し、信仰の厚いカトリック的な民衆の支持を取り込むなどした。

こうした勢力争いやデモや暴動やテロが各地で勃発し続ける状況の中で、一九三六年、モロッコに追いやられていたフランコ将軍が蜂起し、軍事クーデターを起こす。

これによって、新旧の勢力と価値観の対立は決定的になり、各地で、フランコを支持する人々と、共和制政府や、さらなる革命を望む人々とが武力で戦い合う内戦状態となり、いわゆるスペイン市民戦争に突入する。


ロルカが殺されたのは、そんな状況のなかでスペイン市民戦争が始まった、まさにその時だった。すでにスペインで有名になり、ニューヨークやキューバやメキシコやアルゼンチンなどで、講演や、自作の演劇作品の上演が相次ぎ、スペインが生んだ新たなスターとして引っ張りだこになっていたロルカは、スペインの不穏な社会情勢を案じた友人たちやスペイン語圏の国々から、亡命を勧められたりもしていた。

しかし、もともと人懐っこく、「私はすべての人の友人だ」と言っていたロルカは、国外に脱出する仲間たちもいるなか、亡命には応じず、それどころか、自らの故郷とはいえ、わざわざマドリッドから、よりによって、保守的でフランコ支持者が多く、すでにフランコ側の支配下に入りつつあったグラナダの、友人とはいえファランヘ党員のルイス・ロサレスの家を避難先に選び、結局、グラナダで身柄を拘束され、二日後に銃殺された。

音楽家のファジャからも、自分の家にかくまうからと誘われていたにも拘らず、どうしてそんなところに行ったのか。ファランヘ党員の家にいれば安全と、もしかしたら思ったのかもしれないが、この年にはロルカは、『反ファシスト知識人同盟』を結成したラファエル・アルベルティが、ソビエトで行われた反ファシストの集会に参加して帰国した際の祝賀パーティに出席したり、アントニオ・マチャードと共に『平和のための世界連合宣言』に署名するなど、さまざまな場所でさかんに自由主義的な言動をとっており、フランコ側にとっては、明らかに反ファシズム運動の中心的な存在と映っていたはずだ。

もしかしたらロルカは、他者に対する警戒心、あるいは、死に対する恐怖そのものが希薄だったのかもしれない。

また、友人たちの多くが反フランコ派だったとはいえ、ファランヘ党員の友人たちもいたロルカには、政治的な意味での右翼左翼といった感覚や自覚のようなものが、あまりなかったのかもしれない。

自分を拘束した相手が、たとえファランヘ党員であったとしても、アンダルシア人の自分を、同じ言葉を話すアンダルシアの連中が殺すなどということがあるはずがないと、なんとなく思っていたのかもしれない。人と人とが敵対する局面での緊張した空気が、気のきいた冗談一つで、たちまち嘘のように霧散することだって、アンダルシアではよくあるからだ。

ただ、そうはいっても、作品のなかでさかんに死のイメージを登場させる詩人のロルカに、死や、自分の運命に対する悲劇的な予感のようなものがまったくなかったとは思えない。

頭ではなく、全身で状況と共鳴し合って言葉をみつけ言葉を紡ぐ優れた詩人は、あらゆることが予感の内にあり、しばしば自分の運命さえも、自分の思惑や算段や願望や理屈を超えたどこかで、なんとなく自覚していることが多いからだ

運命を表す言葉はスペイン語ではデスティノ（destino）だが、この言葉には、行き先、あるいは目的地という意味もある。つまりロルカの代表作である『血の婚礼』をはじめとするロルカの悲劇の舞台がそうであるように、非日常的でありながら、あるがままの現実より遥かにリアルに、人間や社会の本質を映し出す彼の舞台の表現空間のなかでは、さまざまな場面のなかに、死や、悲劇的な結末への予感を漂わせながら劇が進行する。

その予感は終盤に近づくにつれて次第に凝縮され、やがてどんなにあがいても抵抗できない運命の糸に操られるかのようにして、急速に加速しながら結末へと突き進む。

そのような戯曲を書く時、あるいはその舞台の時空をイメージしている時、ロルカはロルカであってすでにロルカではない。つまり、劇の進行を司るものは、劇のテーマにまつわる、人と社会の日常のなかの、隠れた真実と運命と必然であって、作家はその代弁者、もしくはその

進行の目撃者に過ぎない。

また、その時空の中の登場人物の生死を含めた一切は、その劇の時空のものであって、ロルカという生身の個人のものではない。

そこで大切なのは、舞台や場面の時空設定のなかに、自然に観客が当事者として入り込んで時空を共有できるようにすること。そこで起きることの流れの中で、テーマと、その運命的ともいうべき方向を予感させること、そうして回り始めた運命の車輪と共に進むこと。

重要なのは、二時間程度のわずかな間だけこの世に出現する劇の時空に命を与えること、その命に運命《デスティノ》を宿らせることにほかならない。そうすることができて初めて、その劇の時空は、その場に居合わせた人たちの心のなかに、一つのリアルな体験として、いつまでも残る。

そうして詩人は、劇の中に、どこかで自らの運命と重なり合うかのような死さえ描き込む。たとえば『血の婚礼』のなかに、きこりたちのこんなセリフがある。

きこり3　血！
きこり1　このまま血の道を行かなくちゃ。
きこり2　でも、いったん光を見てしまった血は
　　すぐに大地に吸いこまれることになるんだぜ。
きこり1　それがどうした。
　　腐った血と共に生きるより

血まみれになって死んで行く方がずっとマシじゃないか。

これは結婚式の当日に、運命の糸に操られるようにして、招待客の中の、すでに結婚もしている初恋の男のもとに秘かに近寄り、男が死を覚悟で花嫁をさらって馬の背に乗せて逃げ込んだ森の中で、三人のきこりが交わす会話だが、この場面は私には、どこか生き急いだように見えるロルカの、死に急いだような死と重なって見える。

外国の仲間たちからの亡命の誘いにのっていればもちろん、そうでなくとも、マドリッドやバルセロナの、まだフランコの勢力が及んでいない場所に、市民戦線政府の仲間たちと一緒にいれば、ロルカが銃殺されることはなかったはずだ。

なのにロルカは、たとえそれが故郷だとはいえ、アフリカから旗を揚げたフランコ側の勢力が、あたりまえのように街を制圧し始めていたグラナダにあえて向かった。

何も私は、ロルカが『血の婚礼』のこの場面を、自らの運命を予見して書いたなどとは思わない。未来を予見することなど誰にもできない。

もちろん、グラナダで自分が惨めに死ぬなどとは思ってもみなかっただろう。けれど、当時のスペインの、光と闇とがないまぜになった、緊張の極地にあった時代の空気のなかを疾走するかのように表現をし続けたロルカが、あえてグラナダに行ったことが、単なる気紛れや無思慮からだとも思えない。

そう想う時、私の脳裏をいくつかの詩的幻影のようなものがよぎる。

幾多の文明の舞台だった時の記憶を大地の下に眠らせ
世界を制覇したスペイン帝国の表玄関だった時代はすでに遠く
大きく新たに変貌しようとしている世界からも
その息吹を浴びたマドリッドやバルセロナからも
どこからも無視されるかのように、すべてから遠く離れて
まるで明日という日が存在しないかのように
昨日を繰り返すアンダルシア。

生い茂る樹木の葉が強い陽射しを遮る木陰で
あるいは水の音が眠りを誘うパティオで
いつもと変わらぬ午睡《シエスタ》の眠りを眠るアンダルシア。
すべてを無くした寡婦《やもめ》のように、ひっそりと
過去の記憶を抱きしめながら
それさえもなくしてしまいそうな自分を恥じるかのように、そっと
眩しく光を返す白い壁の影のなかに佇むアンダルシア。

闘牛場のアリーナを

光《ソル》と影《ソンブラ》が真っ二つに割るなかで繰り広げられる死の祝祭《フィエスタ》。
大地の力の権化である牡牛《トロブラボー》と闘牛士《トレロ》との
生と死とが背中合わせの
人と自然の、日常から非日常へと飛翔するための
美と死を融合させる聖なる闘い、あるいは儀式。

死への花道を飾るためには、牡牛に身体を密着させ
身体の中を流れる血液のなかに、勇気と恐怖を溶かしこんで
華麗なダンスを踊らなくてはならない。
そうしなければ、死に美をまとわせることができないから。
ドゥエンデのたすけをかりて、美を見せることでしか
きっとアンダルシアは、目を覚まさないから……。

ロルカの演劇は、彼の詩と同じように、音楽的で視覚的な美しさにおいて際立っていて（口絵一三頁）、ところどころに運命的な予感をちりばめつつ流れるように物語が進んでいく。
それは見事な時空表現であって、そこではセリフは、詩の言葉がそうであるように、意味や理屈の奴隷ではない。そこには生きた詩としての歌があり、動きがあり、さまざまな色があり、月や水などの象徴的な自然の要素があり、人という名の不可思議な命と、命を駆る愛があり、

そして、それらのすべてを司どる運命がある。

ロルカの時空表現の結晶のような演劇があったからこそ、またロルカがカンテ・ホンドやフラメンコなどの、スペインでは被差別階級であるヒターノたちの歌や身体表現を高く評価し、それらのすべてに光を当てたからこそ、フラメンコは世界的なアートになり得たし、アントニオ・ガデスの見事なフラメンコ舞踊劇『血の婚礼』も、世界的な音楽家であるパコ・デ・ルシアも生まれ得た。


ただ、ロルカの、すべてが渾然一体となった時空的な表現は、演劇においてとりわけ顕著だったとしても、ロルカにとっては、実は詩も、デッサンも、音楽も、会話さえも、彼が見た夢《ヴィ》想《ジョン》、あるいは彼が感じた確かな気配、つまりはさまざまな時空を表現する手段に過ぎなかった。

ロルカはバルセロナを、まるで第二の故郷のように愛したが、バルセロナの人々も、ロルカを詩人の中の詩人として遇した。前章で紹介したジョアキン・ゴミスも、ロルカについて、会話を含め存在そのものがとても人間的で魅力的だったと語っていた。

スペインの超一流の表現者には、その人に個有の魅力、もしくはヒューマンパワーのようなものがある。もっといえば、それこそが彼の表現者としての証であって、それを持たない者は、極端な言い方をすれば、まわりから超一流の人とはみなされない。その意味ではスペインの超一流の表現者は生身のパフォーマーであって、彼らは自分が何者かを、つまりは自らの運命をどこかで自覚している。

だから、詩であれ音楽であれ踊りであれ、表現においては常にそれ以上の、普段は出来ないような高みを目指す。言葉をかえれば、ゴヤが『ロス・カプリチョス』で描いた、スペイン特有の小悪魔で、至高の美に関与するとされているドゥエンデが乗り移ったと感じられるような域に達した表現、いつでもできるような範囲を超えたものしか、作品とはみなさないという構え、あるいは自然体の覚悟のようなものを身につけている。

もちろんロルカもそうだった。しかもとびきりのパフォーマーだった。ロルカは、ダリやブニュエルやアルベルティといった、類い稀な光を放つ連中が集う『学徒たちの館』においても人気者だったし、ロルカの部屋に詩人たちが集まって詩を読みあう恒例の詩の朗読会でも、会の最後の締めはロルカの朗読だった。

同じように、ロルカはいろんなところで、さまざまなテーマで講演をしているが、講演録を見れば、それはまるで、音楽的なメリハリを持った散文詩のようであり、テーマの本質に、あたかも舞台のいろんなところからスポットライトを当てるかのように、さまざまな言い方でダイレクトに、かつ端的に言及して見事だ。

しかも、時おりテーマと関係する詩の一節を朗読したりもするので、ロルカのひょうきんな表情とも相まって、聴衆はさぞかし、会場にしばしのあいだ出現するロルカ的時空に魅了されただろうと思う。

そんな講演のひとつである『ドゥエンデの理論と戯れ』と題した講演の中でロルカは、スペインの表現者たちは、他のヨーロッパの国々の表現者たちとは異っていて、とりわけアンダルシアの表現者たちの表現は、詩であれ音楽であれ踊りであれ闘牛であれ、ドゥエンデという存在とその働きがなければあり得ないと語っていて、そこには実にロルカ的な、そしてアンダルシア人ならではの感覚が、端的に語られている。

基本的にアートというものは、どんなアートでも、またどこの国でも、ドゥエンデやエンジェルやミューズの力に依っている。ドイツではミューズ、イタリアでは、むかしからエンジェルだが、スペインに関しては、これはもう、ドゥエンデの働きなくしてはアートは語れない。

歌であれ、古くからの踊りであれ、スペインのアートはいつの時代でも、ドゥエンデにジュースを搾られる夜明けのレモンのように、常に、ドゥエンデに突き動かされた結果としてある。つまりスペインは死の国、というか、死に対して開かれた国なのだ。

つまりロルカは、天に住む天使や、神々の世界に住む美の女神と違って、冥界、あるいは魔界からやって来るドゥエンデがのりうつって創り出されるスペインのアートは、常に死と表裏一体のものだと言っているわけだが、この言葉に続けて、ロルカはこんなことを言う。

どこの国でも、死は終わりを意味する。死ねば、そこで幕が下り、すべてが終わる。しかしスペインはそうではない。スペインではそこからすべてが始まるのだ。人々の多くは冥界の住人、つまり死ぬまえからそこにいて、死んではじめて、この世のどこにもない場所である死の世界で光を浴びる。死んでからの方がむしろ活き活きと生きる。そうして、その人の輪郭が、床屋の剃刀の刃のように研ぎ澄まされるのだ。

あえて念を押すなら、これはロルカが死んでから、ロルカを評して誰かが言った言葉ではない。死ぬ前にロルカが、アートやドゥエンデの話とからめて行なった講演の中での言葉だ。殺されてから、ますます光り輝くことになったロルカと彼の表現のことを、さらには、カンテ・ホンドの歌い手やヒターノ（ジプシー）のフラメンコダンサーたちを含めたアンダルシアの表現者たちとその表現行為の本質を、これほど見事に言い表した言葉はない。

ここには、根っからの詩人であるロルカの面目が躍如としている。詩の形式であろうとなかろうと、この言葉は詩そのものだ。優れた詩の一行は、それを読んだ後、違う時間、違う場所、違う関係のなかで、突然、それまでは全く気付かなかった意味を見せることがある。違う輝きを放ち、違う景色を見せることがある。あるいは、それと触れあった人々の心のなかで、それぞれ違う、その人だけの個有の言葉として響き続ける。

銃で撃たれて、ロルカの体から流れ出でたロルカの血は、大地に吸い込まれ、肉体は地に埋もれてしまったけれど、確かに、そこからすべてが始まり、ロルカは死後ますます広く活き活きと、彼や彼の作品に接した人々の心のなかで、伝説という永遠の命をまとって生き続けることになる。

詩集『ロマンセーロ・ヒターノ』では、十五篇の詩にはすべて、それを捧げる人の名前が記されているが、そんな人たちは、どんな気持でロルカの死を受け止めただろう。

もしかしたらロルカは、自分がどうして『ロマンセーロ・ヒターノ』を書いたのかを、何よりも、身近な人に分かってもらったのかもしれない。そして、世界から見捨てられてしまったかのような、アンダルシアの埋もれた美を、あるいはすぐそこにあるのに正しく顧みられることなく打ち捨てられてしまっている美を、世界に知らせ、彼らに広めてもらいたいという気持が常にあったのかもしれない。

それでなくとも、ロルカがロルカになるために出会った多くの人々、ロルカによって自分が何者であるかを自覚した多くの人々、ロルカの音楽や演劇や朗読や笑顔と触れ合った多くの人々、なのに突然、ロルカから死を手渡されてしまった多くの人々は、ロルカの死後、それまでよりもずっと、自らの心の中心に近い場所にロルカの命をいだきながら、より自分らしい道を、ロルカと共に歩んで行くことになる。

反フランコの旗を掲げていた者ならなおさらだ。たとえば同じアンダルシアの出身の詩人で、ロルカと同じように画家でもあり、互いに兄弟、あるいは従兄弟と呼びあっていたラファエル・アルベルティは、市民戦線政府を象徴する闘士となって闘い、フランコ側がスペインを制圧し独裁政権を打ち立てると、国を出て、フランコが死亡した後も、スペインに民主主義政府が樹立されるまで、国の外からスペインを見守った。

私は、彼の娘のアイターナと結婚した写真家のロベルト・オテルのおかげでラファエル・アルベルティと知りあい、幸いにも、彼の友人たちの末席に加えてもらう喜びを得た。

家では気楽な服装をしていたラファエルは、外に出てレストランに行ったり、詩の朗読会に出かける時などには、たとえば青いシャツに真っ白なジャケットを身につけ、彼の生まれ故郷の港町、プエルト・デ・サンタマリアの海の色のような、真っ青な、長い幅広のスカーフをいかにも軽やかに肩にかけ、彼に気付いた若い娘たちが、上気した表情で彼を見つめる中を、背筋を伸ばし、まっすぐ前方を見つめて道を歩いた。

そこには、超一流の詩人ならではの、穏やかだけれども凛とした、自然体のオーラのようなものが漂っていた。

ちなみに、ロルカより四歳年下の、同じアンダルシアの詩人のアルベルティが、ロルカの死から十八年後、いまだフランコの独裁政権下にあったスペインから遠く離れたアルゼンチンのブエノス・アイレスで書いた詩に、こんなふうな言葉で終わる詩がある。

　グラナダに行ったことのない者たちよ集まれ
　嗚呼、流れ落ちた血よ、その血が私を呼ぶ。

けれど
俺は決して、グラナダになど、行くものか。
嗚呼、流れ落ちた最良の友の血
天人花の花のそばで、パティオの水のそばで……
俺はグラナダになど、一度も行ったことはない。

最良の友の、天人花のそばの
ダロ川を流れ、ヘニル川を流れた血
俺はグラナダなど、一度も見たことはない。

けれど
もしも、塔という塔が高くそびえ
その高さが価値を持つ日が来たなら
山の麓を通り、海原のような草原を渡って
俺は、グラナダに、入る。

（『グラナダには一度も行ったことがない』より）

また、若き日のロルカの心に詩心を芽生えさせ、アルベルティの才能をいち早く見いだした、ロルカより二十七歳年上の、同じくアンダルシア出身の偉大な詩人アントニオ・マチャードは、ロルカの突然の死を受けてすぐに、こんな言葉で終わる詩を書いてロルカに捧げた。
ちなみにマチャードは、スペイン市民戦線政府が最後の拠点としたバルセロナが、フランコ軍によって陥落した一九三九年、国境を越えてフランスの、国境沿いの街コリウールに脱出したが、悲痛と憔悴のあまり、そこで命を落した。

かつて、彼が歩く姿を、見た……。
同志たちよ、つくってくれ、アランブラに
詩人のために、石と夢で、墓を。
涙のように水を流す泉の上に。
そして永遠に語りついでくれ。
罪はグラナダで犯されたと。
彼の故郷のグラナダで犯されたと。

(『罪はグラナダで犯された』より)

草木にせよ動物にせよ虫にせよ、命あるものにとって重要なことは、生きて行くことであり、命をつないでいくことにある。人間にとってもそれは同じだ。

しかし人はまた、美を愛し、美を追い求め、他者と力をあわせて共に生き、共に喜びあうために、文化や居場所や社会や街を創り、それを受け継ぎ、そしてその上にさらに、新たな美とそのありようを積み重ねることで、営々と、人らしさを、人としての豊かな心を育んできた。

だから人は、生きていくことと同じように、生きるなかで、美や文化を受け継ぎ、育て、そしてそれぞれが、それぞれの表現によって、もう一つの美やそのありようをつけ加えていくことが必要だ。それもまた、人として生まれた者の重要なつとめだと思う。

そして、公共教育機関であった『学徒たちの館』が果した働きが如実に表しているように、そのような働きを促進することが、社会や、それを運営する手段としての政治というものの、本来の役割にほかならない。

もちろん、他者の命を奪う戦争や殺戮や、多様な美や文化を育てず、それを疎外し、あるいは破壊することが、その対極にある罪であることはいうまでもない。

多様な花々が咲く文化の大地の上に、もうひとつの花を咲かせ、そしてその花の種を、美を求める志を、人として生きた証のようにして遺して行くこと。

人が人として生きるというのは、きっと、そういうことであり、一人ひとりがそうしてはじめて、これからも人は、人として生き続けていける。

それを積み重ねることで、もしかしたら人は、今より少しはましな、あるいはずっとましな、人がより人らしく生きていける社会を創り出すことができるとも、思う。

ロルカはわずか三十八歳で殺されて命を失ったが、しかし、自らの短い生を人として精一杯に生き、故郷を愛し世界を愛し、作品を遺し言葉を遺し、死んでなお、友を支え、多くの人々の心のなかに美の種を撒き、そして撒き続けている。見事だ。

ロルカのスケッチ『愛』1934年

●ロルカの作品は詩や戯曲など、多くの作品が日本語に翻訳されていて、研究書も多く出版されている。

マドリッドに『ガルシア・ロルカ・ファウンデーション』があり、ロルカに関する研究や展覧会などの、さまざまな催しを行なっている。

またグラナダ郊外の街、フエンテヴァケーロスには、ロルカの生家がミュージアムになっているほか、ロルカ研究センターがある。また近くのバルデルビオの街やウエルタ・デ・サンビセンテの街にも、ロルカが住んだ家をミュージアムにした記念館がある。

なお、本文中に引用した、ロルカをはじめとする詩人たちの詩文や言葉に関しては、筆者が訳出した。

Salvador Dali

11　サルバドール・ダリ

古典的な意味での絵画の歴史が
ちょうど幕を下ろしかけたときに登場し
シュールレアリスム絵画を確立すると同時に
アートビジネスという別の次元のステージの
あらゆる可能性を先験的に展開し尽くした天才

79歳のダリ（1983年）

4歳のダリ（1908年）

一九〇四年、カタルーニア州ジロナ県、自然豊かなアンプルダン地方の街フィゲラスに、裕福な公証人の父の子として生まれる。父と同じサルバドール（救世主）と命名されたが、これはダリが生まれる一年前に亡くなった長男の名でもあった。

幼い頃から聡明だったために、両親の期待を受けて育ち、自らも幼い頃から画家になりたいと思っていたが、ダリの生涯の拠点となるカダケスの、芸術一家ピチョー家が所有していた家に住むようになってからは、ダリの才能をピチョーがいち早く認め、また彼の七人の子どもたちのなかに、カザルスの弟子のチェリストや、オペラ歌手や、ピカソの友人の画家がいたことから、ダリは彼らから、リアルタイムのアートシーンの動向を知ることができ、決定的な影響を受けた。

ちゃんと絵を学ぶべきだというピチョーのアドバイスを受けて、父はダリに絵を習わせ始めるが、翌年には自宅で息子のデッサンの展覧会を催していて、父の期待の大きさが窺える。しかし十六歳の時に母を亡くし、その後、父が母の妹を妻に迎え入れたことで、ダリは大きな喪失感と心の傷と、父への不信を、生涯にわたって抱き続けることになる。

十九歳でマドリッドに行き『学徒たちの館』から『サンフェルナンド王立美術アカデミー』に通い始めるが、すぐに問題を起こして停学処分を受ける。しかし『学徒たちの館』で詩人のガルシア・ロルカや、後に映画『アンダルシアの犬』を協働制作することになるルイス・ブニュエルと出会ったことがダリの運命を決定づけた。

その後パリに渡り、シュールレアリスムの象徴的存在として脚光を浴びると、そのまま、スーパーモンスター画家として、世界を舞台に、ジャンルを超越した表現を行い、さまざまな奇行やゴシップなどを絶えず振りまきながら、スター街道を突っ走った。

一九七四年に、フィゲラスに『ダリ劇場ミュージアム』を開館。一九八九年、妻のガラのためにつくった『ガラテアの塔』で、ワーグナーの『トリスタンとイゾルデ』を聴きながら亡くなったとされている。

ダリ、もう一つの夢

もしかしたらピカソやミロは、絵画が美の代名詞だった幸福な時代の最後の画家だったのかもしれない。ダリはしかし、古典的な意味での西欧絵画の枠が、印象派から、キュビズムやシュールレアリスムを筆頭とする、表現上のあらゆる方法や手法や理論によって破壊されたあとのアートシーンに登場した。

ダリは、その類い稀な知性と繊細さと鋭敏さによって、すでにアートが、資本主義的な仕組の中の、金融資本となり始めていること、絵画の価値や価格は、必ずしも絵のクオリティとの関係の中で語られるようなものではもはやなく、そこで重要なのは、アートマーケットのなかでいくらで、どのようなストーリーをまとって、誰にどのように売られたかということだということを、おそらくは誰よりも早く看破し、それ以降の現代アートのあらゆる可能性を先験的に展開させた天才だ。

しかしダリの活動は、絵画の領域を遥かに超えて多岐にわたっているために、また書物や映像を含めて膨大な量の発言を彼自身がしているために、ダリの言動を細かに見れば見るほど、ダリの存在は不可解になっていく。

しかも奇妙なことに、ダリというアーティストは、彼が為した無数の言動や、創り出した無数の作品に匹敵する量の、あるいはそれ以上の、彼が為さなかったことと共に存在しているように思えてならない。

つまり、結果としてそうだったダリの向こうに、そうではなかった、もしかしたらあり得たかも知れない、もう一人のダリが幻のように、常に浮かんで見えるように感じられるところに、ダリというアーティストの特異性がある。

そして細部にとらわれずに、もう一人のダリを含めたダリの存在の全体を見たとき、私の心のなかになぜかリアルな、こんな幻のダリのようなイメージが浮かぶ。

母親の胎内にいた時に何かを見てしまったために
本当は生まれてきたくなどなかった子ども。
あるいは、生まれたのになぜかすぐに死んでしまい
抜け殻のようになってしまった身体に秘かに
再び魂を吹き込むためにあらゆる試みをし続けた子ども。

生まれた時は光に
幸福と喜びに包まれていたはずなのに

すぐに、すべてにウンザリしまった子ども。
ほんとうは、なんでもできるはずなのに
なにもしたくはなかった子ども。

けれど、時を紛らわすためには
人を驚かせて周囲を攪乱させずにはいられなかった子ども。
あらゆる才能に恵まれていたにもかかわらず
退屈しのぎに明け暮れ
ついに自分を含めたすべてを持て余し
疲れ果ててしまった子ども。

もしくは
年をとっても
さらには老人になってもなお
胎児のように無垢なままでいることが
もしかしたらできるはずだと
どこかで信じていた大人。

にもかかわらず
夢のなかで見た不思議な道を
楽しそうに歩く道化師のことを
目が覚めても、なお忘れきれずに
なにかの拍子にどこかで
ふと別の道に踏み込んでしまったまま
それからずっと
夢の中で何かを探しているうちに
なにもかも夢の中に
置き忘れてきてしまったことに気付いた大人。

それを取り戻すためにもういちど眠ろうと
眠りの世界に分け入った途端
手に持っていたスプーンが床に落ち
その音で
一瞬とも永遠ともつかない眠りから目覚め
すでに老人になってしまっていることに気付いた
夢見人《ゆめみびと》。

画筆力であれ、文章力であれ、知力であれ、想像力であれ、構成力であれ、演技力であれ、およそ表現者が手にし得るあらゆる才能を手にし、自らを天才と、あるいは神聖ダリと豪語してはばからず、度外れた評価と風評のなかで、贅沢を極め、錬金術師のように金を稼ぎ、サルタンのように金を浪費し、社交界で王のように振るまいながら、それでも絵を愛し、絵を描き続けたダリ。

しかし、いつだってドゥエンデがのりうつっていたかのような、もともと詩神を体内に宿らせて生まれたとしか思えないロルカの体から、あたりまえのように溢れていた、喜びに満ちた詩性の輝きにだけは、なぜか見放され、あるいは見放されたと思い込み、その哀しみだけは、どうしても手なづけることができなかったダリ。ダリはそんな奇妙な天才だ。

ダリはもし彼が、父や、幼くして死んだ兄と同じサルバドールという名前を持たなかったら、もしかしたら全く別の人生を歩んでいたのではないかと、つい想ってしまうような、相反性を深く内に秘めた画家だ。

ダリは、芸術というものの存在やその価値を、先輩のピカソやミロよりも、遥かにナイーヴに信じていたように思われる。にも拘らず、実際には、画家としての道を踏み外し続けた。

ただそれは、資本主義の規模が急激に拡大するにつれて、もはや絵画が単独の美としては存在し得ず、あらゆるアートが、資本やコマーシャリズムの激流に飲み込まれていくなかで、芸

王立アカデミー入学時のダリ（1922年）

術の最後の守護神のように、必死でその存在を誇示し続けていたようにも見える。

ダリはもしかしたら、破天荒な生活や言動を続けながらも、どこかで、芸術の価値を救うのは自分しかいないかもしれないと思い、彼が好きだった聖セバスチャンと自分とを、無意識のうちにも重ね合わせていたのかもしれない。

聖セバスチャンは、三世紀のローマで、キリスト教徒たちが厳しい迫害を受けるなかで布教を続けて捕われ、柱に縛りつけられて、無数の矢を射られて放置されたにもかかわらず命を落さず、傷が癒えると、再び布教を続けて、ついに皇帝に殴り殺された聖人で、ヨーロッパでは古くから、黒死病をはじめとする病から身を護ってくれる守護神として知られてきた。

ダリは、若い頃からこの聖人に強い興味を持っていた。ロルカへの手紙に、「聖セバスチャンは、確かに無数の矢を射られたが、しかし考えてみれば、柱で護られていた彼の背中は無傷だ、という大発見をした」と興奮もあらわに書いているが、確かに、矢を浴びて正面が血まみれになったサン・セバスチャンと、美しいままの無傷の背中。このダブルイメージは、いかにもダリ的だ。

カダケスでのダリとロルカ（1927年）

ところで、海に面したバルセロナやカタルニアは、外から新しい何かを取り入れることが、ひとつの文化的気風となっていて、しかも、国家権力を中央集権的に掌握するマドリッドに対して、常に対抗意識を持っているために、全体的には、どちらかと言えば反権力的な文化風土を持っている。

それに対してマドリッドは、すでに数百年にわたって政治の中心であり、王宮やプラド美術館などの権威の中枢でもある。そして、権力を持ち続ける者が一般にそうであるように、保守的な文化風土を持ち、レコンキスタ以来、スペインという国に君臨してきた王家や、それが護り続けてきたカトリック教会、そしてスペインの伝統や風習を維持しようとする傾向があり、大雑把に言えば変化を好まない。

この世の楽園のような、芸術家のためにあるような、地中海に面したアンプルダンの静かな田舎で、裕福な家の子として、なに不自由なく育ったダリは、一九二二年、親の期待と、自身の野望を抱え、故郷のカダケスを出てマドリッドに行く。

『王立アカデミー』に入学した頃のダリの写真を見ると、ちゃんと絵の勉強をして一人前の職業画家になるためにアカデミーに入ったほかの真面目そうな生徒たちに比べ、ダンディーにめかし込んだダリはいかにも浮いている。実際ダリは、学校から得るものは何もなかったようで、ほとんど先生たちを馬鹿にしていたようだ。

ダリの教師は、やはりプラド美術館のマエストロたちで、エル・グレコやベラスケス、特にベラスケスには多くを学んだ。

しかし、それにもましてダリに大きな影響を与えたのは、なんといっても彼が寄宿した『学徒たちの館』の友人たちだった。

なにしろそこには、ダリが生涯で唯一、その存在に嫉妬したと書き記しているフェデリコ・ガルシア・ロルカ。そして、のちに共に映画をつくり、ダリを一気にシュールレアリズム・ムーヴメントの中心に放り込むことになる、ルイス・ブニュエル（Luis Buñuel 1900～83）がいた。

才能豊かな、いいところのぼんぼんとして甘やかされて育ったために、日常的感覚に乏しく、やることなすこと常軌を逸していたダリは、たちまち『王立美術アカデミー』や『学徒たちの館』の若者たちの中心人物となる。

しかも父親が、親元を離れて暮らす息子が生活に困らないよう、銀行のダリの口座に多額の金を入れて自由に使えるようにしておいたため、ダリは仲間たちを引き連れて、さっそくマドリッドで豪遊を始める。

後にシュールレアリスムの提唱者だったアンドレ・ブルトンから、SALVADOR DALIの名前のアルファベットの順番を入れ替えて、AVIDA DOLLARS（ドルの亡者）と揶揄されることになるダリだが、後の稼ぎぶりや豪遊ぶりはともかく、ダリには現実的な金銭感覚は、ほとんど無いに等しい。実際問題としてダリは、後に結婚するガラによって、現金を持ち歩くことを禁じられていた。

というより、もともと貨幣価値そのものにリアリティをもっておらず、子どものころに学校で、クラスの子どもたちが持つ5センチモ硬貨を、10センチモ硬貨と交換する銀行遊びをしてお小遣いを使い果たしたことさえあるダリは、マドリッドでは、仲間たちの飲み食いはもちろん、トイレ掃除のおばさんに、全く非常識なほどの高額のチップをあげたりした。

そのため、あっという間に口座は底を尽き、驚いた父親が、毎月定額を口座に入れるようにしたくらいだから、ダリの金銭感覚は尋常ではない。

ただ、極めて利口なダリであってみれば、画家という存在が、絵を売って生きる人間である限りにおいて、自分の絵が高く売れることが、自分がすぐれた画家だと認められることを社会的には意味する、ということくらいは十二分に承知していた。

だからこそ、マドリッドがどんなところかを見極め、自分の眼で古典絵画を学んだダリは、教師を罵倒して騒動を起こしたかどで停学になったり、牢屋に入れられたりなどの、すったもんだの末に、『王立美術アカデミー』を卒業すると、すぐに、当時のアートシーンの中心地だったパリで頭角を現すために、ピカソの友人でもあったピチョー家のラモーネの紹介を受け、同じくロルカに紹介されたピカソの友人だったマヌエル・アンヘレス・オルティスと共に、一九二六年、パリのピカソを訪ねることになる。

ともあれ、アカデミー入学時の写真と比べて、ダリがカダケスに、当時の親友であり、尊敬もしていたロルカを招いて夏をすごした時に、妹のアナ・マリアが撮った写真はまるで別人で、ロルカへの素直な愛情のようなものがにじみ出ている。

ダリに文章を書くことを積極的に勧めたのはロルカらしいが、ダリは破天荒な言動とは裏腹に、絵画に対しては、どうやら極めて真摯で、この頃、古典絵画はもちろん、印象派から当時のアートシーンの前衛的な表現方法とその基本的なエッセンスを、まるでおさらいでもするかのようにして、自らの手で描いてみることによって知ろうとしたことが窺える。

この頃にダリが描いた絵は、極めてバラエティに富んでいて、作品の中にハッキリと、さまざまな印象派の画家やミレーやセザンヌ、ピカソやファン・グリスのキュビズムはもちろん、青の時代のピカソや、キュビズム以降のピカソ、マチス、ミロ、イヴ・タンギー、ドラン、デ・キリコ、カンデンスキーなどの画風が律義に描きこまれている。

ただ、極めて高い潜在力と、理知的で解析的な眼と、過去のマエストロたちのような緻密な描写力を持つダリは、近代絵画史を学ぶにあたって、あまり時間をかけていない。それらしい絵を一枚描けば、それでもう解ったとばかりに、すぐに別の画風に移っていて、アカデミーを卒業する一九二六年までには、卒業制作の、極めてリアルな『パン籠』(口絵一四頁)をはじめ、後のダリにつながる作品を、すでに描きあげている。そして翌年、ダリはマドリッドを離れてパリに向かう。

ちなみに『窓辺の少女』のモデルは、ダリとは対称的に健康的で陽気で素朴な、ロルカと親しかった妹のアナ・マリアで、その後、ダリの絵にしばしば用いられる後ろ姿が早くも登場している。

『病気の少年』1923年

一九二六年にピカソに会うためにパリに行き、そこでシュールレアリストたちに紹介され、彼らの仲間になったダリは、翌年にもパリに行き、詩人のトリスタン・ツァラ、ポール・エリュワール、ルイ・アラゴン、そして、シュールレアリスム運動の提唱者アンドレ・ブルトンらと知りあい、彼らの運動の中心的人物として迎え入れられる。

　また、このときダリは、ルーヴルを見たりベルギーに旅行したりしており、そこで見たフェルメールは、ベラスケスと並んで、彼にとって生涯、最も敬愛する画家であり続けることになる。

　その後カダケスに帰ったダリは、ロルカの演劇『マリアナ・ピネダ』の舞台美術を構想したりもするが、徴兵されて一年間の兵役につき、一九二八年にカダケスで、ルイス・ブニュエルとともに、映画『アンダルシアの犬』を制作する。

　そして、少女の目を剃刀で切り裂くショッキングな場面から始まるこの映画は、一九二九年にパリで、シュールレアリストたちはもちろん、ピカソや建築家のコルビジェなども集まって行われた上映会で、かつてのアルフレッド・ジャリの演劇『ユビュ王』よりも、はるかに激しい賛否両論をまきおこし、シュールレアリストや当時の前衛芸術家たちからは、新たな表現の最先端を行く作品として絶讃された。

ダリはたちまち、シュールレアリスム運動の寵児としてたてまつられることになるが、この嵐のような数年には、後に多様な表現を繰り広げることになるダリの、基本軸のようなものがすでに明瞭に表れていて興味深い。

それはつまり、一流の古典絵画に対する尊敬と、全く新しい前衛的な表現への渇望。人間の身体を用いて行なう演劇という総合的な時空芸術への嗜好、そして映画という動的な視覚表現への興味にほかならないが、ダリはその後、主にこれらの要素を巧みに組み合わせながら、多様な表現活動を展開する。

それに加えて、こうした新たな交流の中から、もう一人、ガラという、ダリが作・演出する彼の人生劇場に決定的な役割を演じる、まるで主役のような助演女優が加わる。

貧しい亡命ロシア人の子で、もともとはポール・エリュワールの妻だったガラは、一九二九年に夫と共にカダケスのダリを訪れ、ガラは夫がパリに帰った後も、ダリの求めに応じてダリのもとに残る。このことに怒ったダリの父はダリを勘当して家から追いだすが、二人はカダケスのはずれのポルトリガットの海岸に小さな漁師小屋を借りて、そこに住み始める。

やがて二人は、ダリの最初のパトロンとなるシャルル・ド・ノアイユ子爵の援助を受けて漁師小屋を買い取り、その後ノアイユ子爵は、自分を含めて十二人の資産家たちを集めて、メンバーがそれぞれ年に一点のダリ作品を手にすることができる、『黄道十二宮』と名付けたダリのパトロン組織をつくる。

それによって経済的安定を勝ち得たダリは、さらにそれ以上を求めて、シュールレアリスティックな作品を、次から次へと生産し、パトロンの別荘のインテリア家具として、有名な真っ赤な唇形のソファーをつくるなど、八方破れの表現活動と奇行を連発しながらスター街道を爆走する。

漁師小屋だった場所には、増築、改築を繰り返して、やがて、屋上に巨大な卵のオブジェをのせた、高額絵画を生産する工場であり、神聖なるダリとガラの居城でもある大邸宅と、スキャンダル満載のダリ王国を創りあげる。

そうしてダリは、ガラと共に生きて行くための世界、あるいはガラにとってのダリという虚構、もしくは、ダリ自らが想い描いたサルバドール・ダリという幻想の王国をこの世に現出させるために、自分の創造性やエネル

『パン籠』1926年

ギーを含めたすべてを、そのプロジェクトに投じていく。

表現史的にはシュールレアリスムの象徴的存在として語られることが多いダリだが、しかし私には、ダリの表現活動は、アンドレ・ブルトンたちのシュールレアリスム運動とは、本質的に異るように見える。

それというのも、シュールレアリスムは、イスム（主義）という語尾がついていることでも分かるように、ブルトンたちにとって、芸術表現運動というよりはむしろ、社会運動に近かったからだ。

それは、同じようにイスムという語尾がつけられたキュビスムが純粋に絵画表現におけるチャレンジだったこととは異り、シュールレアリスムは、フランス革命の流れを受けた反資本主義的な社会運動が、ロシア革命のような社会体制の大転換につながったことに触発された、いわば反芸術とでも言うべき、歴史的な西欧絵画の権威や伝統のすべてにＮＯを突きつけ、それを根こそぎくつがえすことを目的とする、一種の社会運動だったように思える。

もちろん当時は、今日的な意味での近代、あるいは現代がちょうど始まろうとしている時代でもあって、そこでは当然のことながら、シュールレアリストやダダイストの過激な発言と呼応するようにして、あるいは、古い価値観から脱して新たな価値観を構築するものとしての前衛という響きの、時代的な新鮮さに吸い寄せられるようにして、表現の新たなフィールドを切り開くことになる多くの先進的な才能が、玉石混交のかたちでそこに結集した。

『窓辺の少女』1926年

しかしブルトンたちの運動は、ある意味では、政治におけるアナーキズムや、後のカウンターカルチャーにもつながるような、草創期に特有の、反社会運動的な側面が強かったように思われる。

しかしダリは本質的に、そのようなこととは無縁なアーティストだ。ブルトンが、ダリのヒトラーに関する発言に激怒して、一九三八年に、彼のシュールレアリスト同盟から除名したとき、ダリは、「私こそがシュールレアリスム」だと応じたが、ダリの反論は正しい。

なぜなら、ミロやダリやマグリットは、絵画史における最後の古典的絵画表現方法としてのシュールレアリスムの確立者であって、〜主義者といった、近代に特有の、新たな宗教にも似た政治思想や党派の、社会的な信者やリーダーとは無縁なところにいるからだ。

たとえばダリは、ブルトンが、シュールレアリスム的な方法として提唱した、オートマティスム（自動筆記）とは、最も遠いところにいる画家だ。

ダリの絵は観客として見れば不可解な要素がたくさんあるけれども、彼はしかしそれらを、決して無意識に委ねて無計画に描き連ねたのではなく、ダリは自らの作品を、あくまでも彼の言う『偏執狂的・批判的手法』によって、念入りに構想し、彼がスルバランやベラスケスやフェルメールから学んだ技術を駆使して、計画的かつ綿密に制作する。

偏執狂的《パラノイック》、あるいは誇大妄想的というのは、なにも人間としてのダリがそうだということではなく、ひとつの方法であって、かつてゴヤが追求したように、一見、何の変哲もないように見える現実のなかの、極めて微細な奇妙さや愚かさや、違和や気配や滑稽さや矛盾などに目を留め、その本質を注視し、理知的な思考力によって、あくまでも自己中心的にならないよう、あるいは一時の感覚や感傷に囚われて、普遍性や客観性を欠くことがないように、批判的に解析し、絵にしうると判断し得る要素を組み合わせて、あたかもさまざまな部材で建築をつくるようにして、絵を描くということにほかならない。

ダリにとって大切なのは、ダリがダリとして描くべき絵とは何か、そこにどのようにして、過去の巨匠たちに恥ずかしくないようなクオリティを付与することができるか、ということであって、それは具体的には、一筆一筆の、緻密で繊細で客観的な作業の繰り返しによってしか達成できない。

そういう意味ではダリは、セザンヌやピカソやミロやマティスなどに比べれば、はるかに古典主義的な画家だ。

つまりダリは、自分を天才と豪語し、これでもかというほど自分を誇示するわりには、彼が認める過去の天才たちに対する尊敬の念を、素直に抱いていて、絵画史を創ってきた天才とその優れた作品の長所を、的確に、そして冷静に見極めることに秀でていた。

ただダリは、彼らと比べた場合の自らの短所を、異常なほど冷徹に見て取ってしまう知力と眼力をもっていたがために、奇妙なほどに屈折し、その客観的現実をダリ風の構成力によってなんとか超えようとするあまり、つい、しばしば過剰な演出をしてしまう。しかしこうしたダリの、素直な面と強過ぎるほどの自意識との致命的なほどのアンバランスこそが、ダリの創作の原動力だともいえる。

つまりダリは、知性で視覚を押さえ込んだり、視覚や触覚に理性を凌駕させたりすることを、敢えて積極的に試し繰り返しながら、自らの絵を、誰の絵とも異なるダリ風の絵にしていく。だからダリの絵は自ずと饒舌になる。

このことは文筆や言動においても同じだ。ダリの頭脳は明晰で、表現は突飛で誇大妄想的だが、しかし妙に真摯でもある。要するにダリの場合、テーマを巡って、せわしなくイメージを連動させる自分を、どうやら、どこか遠いところから極めて客観的に眺めている第三者のようなダリがいて、そのダリがすべてを、シナリオ通りに進むようマネージメントしているようなところがある。

反面、ダリは自分が何を起こすかを、画布の上であれ、フィルムの中であれ、言葉を書き記したり発している時であれ、あらかじめ、どこかで計算して、その全体像を想い描いてしまっているために、それを実行するプロセスに着手した時点で、すでに飽きてしまっているようなところもある。

それが、過剰な演技と冷静さが混在するダリの作品や、彼自身の表情の中に現れている。彼はフィルムのなかでも、大向こうを意識したパフォーマンスのなかでも、しばしば、カタラン語とスペイン語とフランス語と英語をごちゃまぜにした奇妙なダリ語を用い、抑揚の大きな、そして時おり語尾を異常に延ばしたりアクセントを強調したりなどして話すが、それは彼が退屈を紛らわすための自己演出のようにも見える。

なぜなら、どんなピエロを演じているときでも、豪語している時でも、何かに怯えている時以外は、よく視ればダリの瞳の奥にはいつも、クールさが潜んでいるからだ。

そんなダリだから、たとえばテレビ番組などで、司会者からまっとうな質問をされた時などは、しばしば、司会者や観客の意に反して、実に冷静に、まっとうすぎるほどの答えを返したりもする。

たとえば、あるときスペインのテレビのインタビュー番組のなかで、「あなたは今や世界で最も有名な偉大な画家ですけれども、そのことについてどう思われますか」と司会者から聞かれた時、ダリはこう答えた。

「そんなことはない、私は自分では、そんなに優れた画家ではないと思っている。もちろん、ベラスケスやフェルメールのような例外はあるにしても、画家というのは、少し馬鹿である必要がある。そういう意味では、私は、優れた画家であるには頭が良過ぎる」

これはダリの特長のひとつ、彼の理知的な側面を実に端的に言い表している。この言葉は、ダリに対する先入観をもって聞く人には、ダリ流の冗談だと感じられるかもしれないけれども、実はダリは、実に正直かつ正確に自分がどんな画家かを語っているにすぎない。

もちろんダリは画家、それも類い稀な画家だ。そしてそれを支えているのは、絵を描くという作業に打ち込む偏執狂的な、あるいは職人的な律義さ、もしくは生真面目さにほかならない。ダリの絵には、しばしばアリが登場するが、ダリ自身、「本当の画家という者は、たとえ目の前で、どんなことが際限なく繰り広げられていたとしても、たった一匹のアリの写生に専念できなくてはならない」とも述べている。

つまり生来の画家であるダリは、集中しながら一筆一筆、画布に絵の具を置いて行く作業が自分の目と手にもたらす快感のなかで、こつこつと、アリが餌を巣に運ぶように、描くことそれ自体に専念する。

そして同時に、その作業を俯瞰し、客観視するもう一人のダリがいて、そのことになかば呆れるという、アンビバレンツな状態のなかでダリは絵を描く。優れた画家であるには私は頭が良過ぎるというのはそういうことだ。そういう意味ではダリは、近代絵画や現代絵画の画家たちのなかで最も理知的で律義な画家であり、同時に、どこかなげやりだ。

次頁の絵は、理知的で構想力に富むと同時に、古典主義的な技法を持つダリの『偏執狂的・批判的方法』が最も良く発揮されたダリの代表作であり、そしてダリの名を、絵画史にハッキリと刻印することになった、ダリにしか描けないダリの孤高の作品だ。

無数の小さな金属製の部品でできているはずなのに、まるで柔らかな布か、溶けてしまった薄っぺらいゴムのようになってしまった時計。それでも、それが確かに時計だということを感じさせる描写技術。

かつては時を刻んだはずの、しかしこのようになってしまっては、この先もはや、時を告げることなどできなくなってしまった時計。磨き上げられた黄金色の、甘い蜜などあるはずもない時計に群がる無数のアリ。

溶けた時計の下敷きになった得体の知れない、それでも、なぜか命あるものだと感じられる

『記憶の固執』1931年

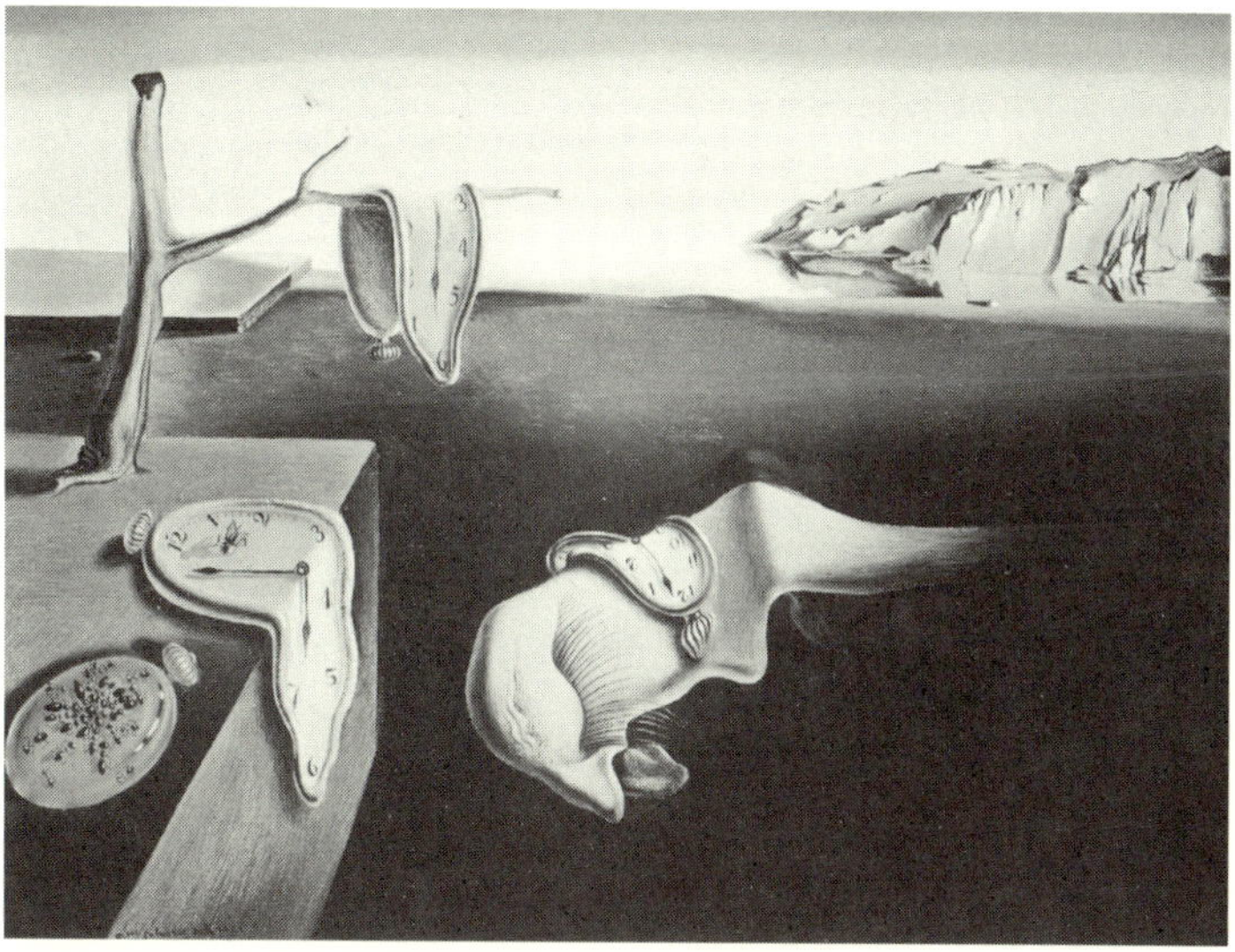

奇妙な生命体、あるいはつかみどころのない自虐的な自画像。その命や時を健やかに育んだはずのカダケスの海と大地、などなど。

　しかしこの絵は、こうして言葉で何かを語ることが陳腐に思われてくるほどに、見ただけで誰もが、ダイレクトにこの絵の本質と向かいあい、意味を超えた不思議な何かを感じざるを得ない絵だ。

　この絵を見た人は、そこから、人それぞれにさまざまな想いを抱く、あるいは、なんとかこの絵を理解しようとして、それぞれがそれぞれの脈絡で言葉を探し始める。

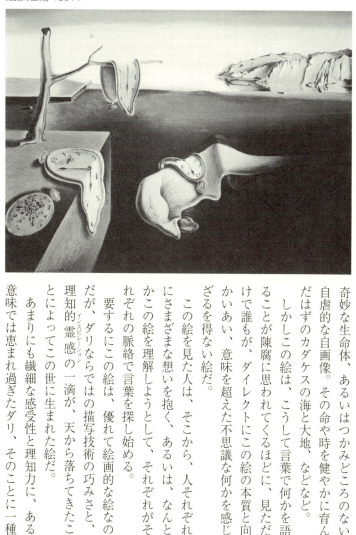

　要するにこの絵は、優れて絵画的な絵なのだが、ダリならではの描写技術の巧みさと、理知的霊感《インスピレーション》の一滴が、天から落ちてきたことによってこの世に生まれた絵だ。

　あまりにも繊細な感受性と理知力に、ある意味では恵まれ過ぎたダリ、そのことに一種の矛盾《コンプレックス》さえ抱いていたダリは、理性を麻痺させるために、偏執的に細部にこだわり、あるいは誇大妄想的《パラノイック》に感覚を総動員してイメージを増幅させながら、自らの内に生まれた表現衝動と、それを喚起した未だ形を持たない何かと向かい合うことによって、それを形ある絵にする。

かつてゴヤは、自らの版画の中に、「理知が眠れば怪物がうまれる」と書き込んだが、ダリの方法は、まさしくそれを逆に利用する、理知を研ぎ澄まして怪物の正体を客観化する方法だ。つまり、ダリの絵の中にある奇怪なイメージは、彼の幻想ではなく、現実の中にある人間たちのリアルな実態や現象を増幅させたイメージにほかならない。絵や言動から受ける印象とは裏腹に、ダリは狂気や幻覚といった言葉からは遠いところにいる。

ゴヤとは対称的に、ダリは自分のことを誰よりも良く知る画家であって、ダリの絵における奇妙な形象は、あくまでも、計画的に構築し緻密に演出された、現実の細部にある予兆や、全く異るものの中にある共通する要素を結合させた、もう一つの現実にほかならない。

その意味では、ダリにおける夢は、どちらかといえば、建築空間創造におけるヴィジョンに似ている。建築においてはヴィジョンは、あやふやな、あるいは非現実的な幻想などではなく、実現し得る理想にほかならず、コンセプトや緻密なプログラムもまた、そのヴィジョンに基づき、この世にまだ存在しないかもしれないけれども、人間と社会のより豊かな営みのためにあっていいはずの時空を実現するためにこそある。

そしてそれは、現実や歴史や人間特有の想いを凝視することからしか為し得ない。

優れた建築家は、何よりもまず、重力や物の強度などの自然の摂理を把握しなければならないが、それにもまして、何のためにそれが創られるのか、その場所には過去に何が在ったのか。つくられる空間でどのような営みが行われるのか、それは人間や社会的な営みの、何に寄与するものなのか、何十年という時のなかで、それはどのような価値を、どのようにして、なぜ持ち続けることができるのかということを考え、客観的に解析しながら建築空間創造をおこなわなければならない。

つまり建築家には、感受力《センシビリティ》と解析力《アナリシス》と想像力《イマジネーション》と創造力《クリエイティビティ》が必要だが、それは画家の場合も基本的には同じだ。ダリは、そのような力を十二分に発揮して絵を描いたが、同時に、自分がどのような画家なのかということについても、自ら明晰に客観視していた。

たとえばダリは、一九四七年に、『ダリ・ニュース』という、自らが発行する新聞に、『サルバドール・ダリの50の秘法』という、画家を志す若者、あるいは絵画という芸術を愛する若者に対して、絵とは何か、画家とは何か、絵を描くということはどういうことかなどについて、筆や絵の具の使い方から画家としての心得など、こと細かに解説している。

そのなかに、ダリが分析した、歴代の画家たちの価値の比較表がある。それが実に興味深い。

そこでダリは、レオナルド・ダ・ヴィンチ、アングル、ヴェラスケス、ピカソ、ラファエロ、マネ、フェルメール、モンドリアンなど、彼が極めて恣意的に選んだ十一人の画家にダリ風の評価を下していて、そこにはダリ自身も入っている。

評価は、「技術力」「インスピレーション」「色彩力」「デッサン力」「天才力」「構成力」「独創性」「神秘性」「真実性」の9項目で、それぞれ20点満点。

総合点が最も高いのは、ダリがほとんど崇拝するフェルメールで179点。フェルメールの場合、「独創性」だけが19点で、後は満点。次にラファエロが176点で2位。

ベラスケスは173点で3位。ベラスケスの減点は、「インスピレーション」と「デッサン力」が1点減点、「神秘性」が5点減点されていて後は満点。

神秘性の15点は、自分が何を描くかを熟知し、それ以外のことは捨象したベラスケスの、思いっ切りの良い、自分にはない健康的な明解さを、ダリが正確に評価していることの表れともいえる。

レオナルドは166点で4位だが、色彩力が5点、技術力が3点減点されているあたりが面白い。

ちなみにダリは148点で5位。以下、107点のピカソ、95点のアングル、37点のマネ、6点のモンドリアンと続く。

これを見ると、常々自分を神聖なダリ、天才のダリと豪語しているわりには、ダリの自分自身に対する評価は意外に謙虚だとも言えるし、ピカソを自分より下に置くなど、そもそもこんな評価それ自体が、とんでもなく不遜だとも言える。

ただ、ピカソの天才力は満点なのに、自分は19点。自分の色彩力には10、技術力には1

2点しか与えていなかったり、ピカソの神秘性が2点だったりするあたり、なかなか味わい深い評価表になってはいる。

これはまあ、真面目も不真面目もないような、どこかに真実の香りを漂わせたダリ特有の冗談のようなものだが、しかし、いずれにしてもダリは明らかに、絵画史を飾る画家の一人ではある。たとえばこんな作品がある。

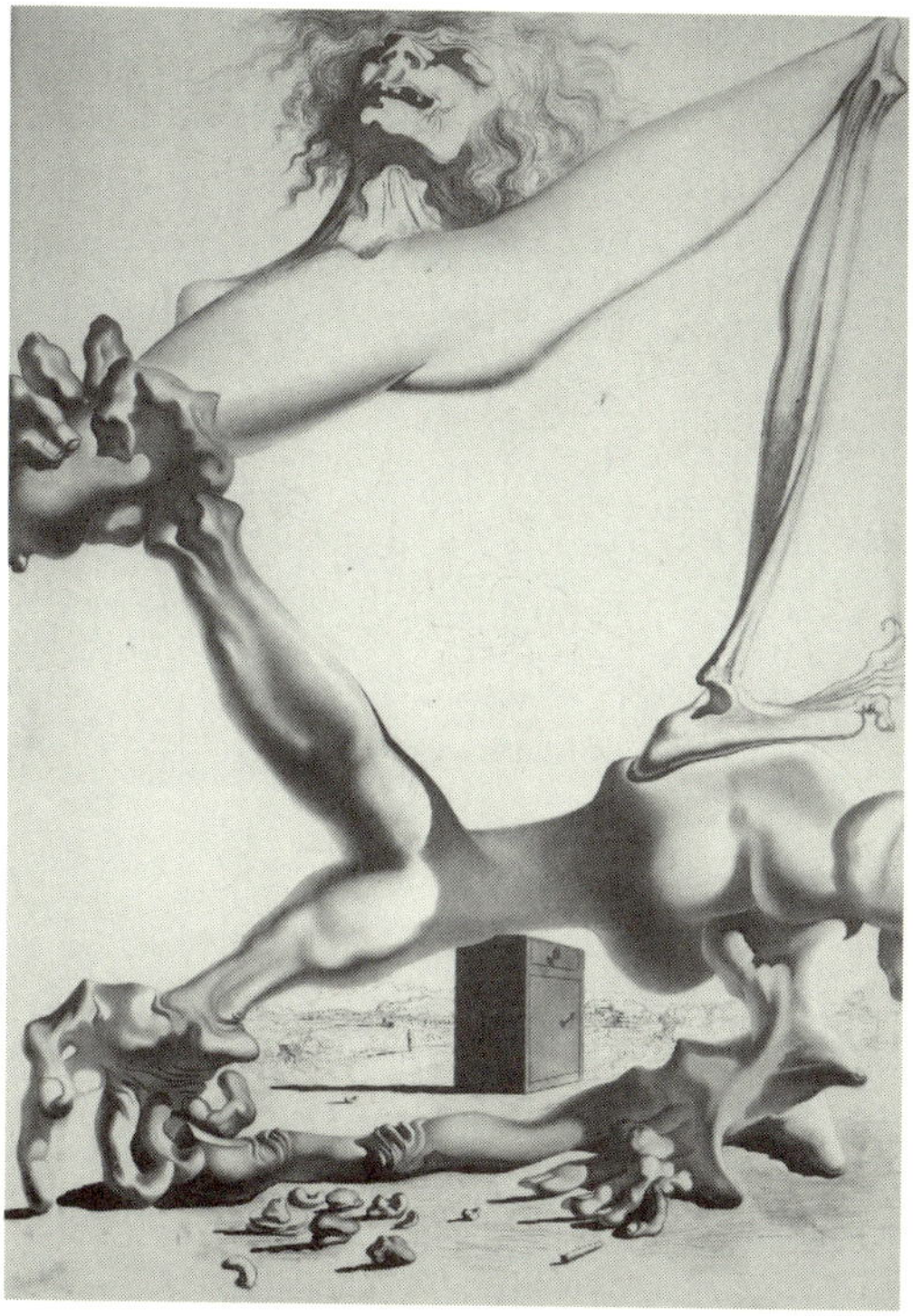

『市民戦争の予感』1935年

前頁の、下絵というにはあまりにも緻密なモノクロの絵は、スペイン市民戦争が始まる前年にダリが鉛筆で描いた絵で、翌年に描いた絵は、それを下絵にして描いた油絵だ（口絵一五頁）。ダリは明らかに、この頃のスペインの不穏な空気を全身で感じ取って、それを絶妙なまでに的確に画像化《イメージ》している。

巨人が自らの体を引き裂き、ばらばらになった身体が、互いに踏みつけ踏みつけられ、支えられながら、この世にあり得ないほど不安定な状態でありながら、それでも異常なまでに力強く、スペイン人の日常食であるインゲン豆が散らばるスペインの大地に、奇怪な構築物のようにそびえ立っている。

この作品は、『記憶の固執』と同じように、ダリの繊細さに基づく極めて鋭敏な感覚と、理知的な分析力と構成力に裏打ちされた、ダリならではの作品だ。

そしてスペインは、自国民どうしが殺し合う悲惨な内戦の果てに、フランコ将軍率いる軍事独裁政権国家となり、そのあとすぐに地球は、人間同士が世界規模で殺しあう第二次世界大戦へと突入した。そして世界は今なお、基本的には同じ構造のなかで、戦争に明け暮れている。

ともあれダリは、古典的な技法を駆使したという意味では、最後の古典的な画家であり、そして、あえてジャンルを取っ払ってコマーシャリズムの迷路に分け入った、最初のポップアーティストだ。

もしかしたらサルバドール・ダリほど、心のそこから、正真正銘の芸術家になることを願ったアーティストはいないかもしれない。もちろんそのような力は持っていたし、人並みはずれた仕事も十二分にした。

奇妙な家具の制作や、グラフィックデザインや、ファッションデザインやコンピューターグラフィックやコンセプチュアルアートはもとより、ボディペインティングやアクションアートや宝飾デザインやオブジェや映画やパフォーマンス、プロジェクトマッピングやホロスコープやコマーシャルアートに至るまで、ダリはダリ以降の、アンディ・ウォーホル（Andy Warhol 1928～87）をはじめとする現代アートのほとんどすべての領域を、何らかの形で先験的に表現してしまっている。

これはダリの知力と創造力のなせる技だが、ある意味では、絵画や芸術に対して、あまりにもナイーヴで生真面目で勤勉で敏感で、純粋に芸術を愛していたからこそ、アートシーンが、すべてがプロモートされる資本主義的なマネーゲームとなっていくなかで、芸術を復権させようともがくうちに、たった一人で、現代アートのカオスの森の奥深くまで、踏み込んでしまったのかもしれない。また、聡明なダリだったからこそ、一歩足を踏み外せば奈落の底に落ちるような綱渡りを、し続けられたといえなくもない。

それにしても、ダリはなぜ、あんなにもたくさんの絵を描いたのだろう。極端なことをいえば、ダリが絵画表現史に記憶されるためには、『記憶の固執』と『市民戦争の予感』、この二つの作品があれば十分だった。

しかしダリはその後、スペイン戦争が始まるとフランスに逃れ、世界大戦が始まると安全なアメリカ合衆国に移ってスター街道を突っ走り、戦争が終わると、親友だったロルカを殺したフランコの独裁体制下のスペインに戻り、絶え間なく、ゴシップを含めた表現や作品を大量生産し、錬金術師のように金を儲け、消費王のようにダリファミリーを集めた大饗宴《バンケット》に浪費し、フランコから勲章までもらい、ガラと共に御殿をつくり、奇想天外なダリ劇場ミュージアムをつくった。

私生活では、ローリングストーンズのブライアン・ジョーンズやロキシーミュージックのブライアン・フェリーやデヴィッド・ボウイらのロック・スターたちから寵愛されたモデルのアマンダ・レアをガールフレンドにして連れ歩いた。

ファッション雑誌『ヴォーグ』のダリ特集号などでは、自らディレクションして奇抜な記事や写真を満載させるなど、常にメディアに、良くも悪くも話題を提供し続けて遊んだ。

華やか過ぎるほどの、八五年もの時を生きたダリだが、ただ、こうして振り返ってみた時、私の心の中に、一つの馬鹿げた問いが浮かぶ。


それではダリは、幸せだったのか？

もちろん、何もかも百も承知でダリを演じたダリの前では、それは全く無意味な問いにすぎない。ただ、遺されたダリの映像を見ればわかるが、ダリはカメラの前で、どんなにピエロを演じているように見えても、彼の、瞳の奥に時おり、ほんの少しの怯えのようなものを見せる眼は、いつも真剣そのものだ。

そしてその真剣さはどこか、親に隠れて屋根の上でシャボン玉を飛ばすことに夢中になる子どものようでもある。もしかしたら極めて理知的な画家であるダリは、同時に、度外れて子供っぽかったのかもしれないとも想う。

ダリを知る人は誰でも、ダリという人物が偏執狂的で誇大妄想狂的で、しかも目立ちたがりだということを知っている。だいいち本人がそう広言してもいる。しかし偉大な画家には失礼だが、考えてみると、たとえば幼い子どもは、ちょっとしたことに怯えて火がついたように泣きだすこともあれば、同じ遊びを飽きもせずにえんえんと興じることもある。アニメの主役や変身ヒーローになりきって、おもちゃの武器を振り回して幻想の怪獣をなぎ倒したりもする。

だからといってその子を偏執狂だの誇大妄想狂だのとは誰も言わない。むしろ無心で遊ぶ子どもの無邪気さを微笑ましく感じたりするとすれば、ダリのことを、人はどうして無邪気だとは言わないのだろう。

あるいは、子どもの心を持ったまま大きくなった無垢な大人だとは、どうして言わないのだろう？　そこに大金がからんでいるからだろうか？　しかし考えてみれば、現代社会では、誰だって金まみれだ。

ダリは饒舌だ。ダリはすべてを語ろうとする。まるでそうしなければ、誰にも分かってもらえないかのように、あるいは、余計なことを他人に言われたくないためだけに、はてしなくしゃべる。

ダリほど、まるで子どものように、自分のことをかまって欲しいと叫び続けたアーティストも珍しいかもしれない。ようするに、ダリは独りぼっちでは生きていけなかったのだろう。

なぜなら、話す相手がいなくなってしまったら、自分を視ている人がいなくなってしまったら、自分自身もまた消えてしまいかねないからだ。

けれど、人は誰だって一人では生きていけない。だから、必要以上に友や愛を求めるダリの姿は、複雑な関係のなかで現代社会を生きる現代人特有の孤独と、どこか深いところでつながっているようにも感じる。

また、どこか母性的な愛や、何があっても変わることのない信頼のようなものに対する、異常なまでの飢餓感があったようにさえ見えるダリには、もし彼が、まるでプロデューサーのような、あるいは虚構の聖母のようなガラではなく、ピカソにおけるジャクリーヌのような、ミロにおけるピラールのような、もしくはロルカと親しかった妹のアナ・マリアのような女性と共にいたとしたら、とふと想ってしまう何かがある。

もちろん、ダリの喜びも哀しみも、極限的な栄華も孤独も、結局のところはダリにしかわからない。ただ、ミロの友人であり、若い頃にダリと知りあい、どちらもいたずら好きだったために、まだ若かった頃、夜中に二人で一緒に街の彫刻にいたずらをして、翌朝、新聞沙汰になったこともあるジョアキン・ゴミスは、あるとき彼の家で私に、そのエピソードを話してくれた後、ふと、こんな言葉を、微笑みながらも少し寂しげな表情で漏らした。

ミロも私も、フランコとその体制を嫌悪し敵対していたけれど、ダリはちょっとちがった。だから私たちは、あれ以降、ダリと会ったことは一度もない。ただ、ずいぶん時間がたってから一度だけ、ランブラス通りを歩いていた時、ダリとすれ違って、一瞬、目が合ったことがある。だけど、お互いに挨拶はしなかった。

また、ダリをパリのアートシーンやパトロンたちに紹介し、ダリがアメリカに移住した際には、その旅費さえたてかえた、ダリにとっての恩人であるピカソは、フランコの独裁政権に抗して、結局死ぬまで故郷のスペインに帰らなかったが、生前、こんなことを言っていたと、ピカソの友人だったロベルト・オテロが私に教えてくれた。

お調子者なんだよダリは。彼は私にとってはいい奴だった。本当は可哀相な奴だとも思う。だって、彼は毎年、私の誕生日に花束を持ってやってきた。だけど私は、結局彼には会わなかった。だから彼は、そのまま玄関に花束を置いて帰って行った。

無意味な夢想に過ぎないが、私たちが知るダリの向こうで、こちらを向いて佇んでいるように感じる、もう一人のダリとその作品を、見てみたかった、とも思う。

●ダリの作品は世界中の主要な美術館で見ることができるが、バルセロナの北のフィゲラスには、『ダリ劇場博物館』があり、ダリの全貌を知ることができる。
またその郊外のダリの生地のフィゲラスのポルトリガットには、ダリの家をミュージアムにした『サルバドール・ダリの家』があり、マドリッドの『レイナ・ソフィア・アート・センター』でも、ダリの主要な作品を観る事ができる。

また日本では、福島県に『諸橋近代美術館』が、また合衆国のフロリダのセントピーターズバーグなどにも『ダリ美術館』がある。

なお映像に強い関心を持っていたダリの姿は、ユーチューブにも大量にアップされていて、ダリというアーティストと人柄の一端を垣間見る事ができる。

Ricardo Bofill

12　リカルド・ボフィル

建築や街は、快適で創造的な
人間が人間らしい営みを行なうためにこそある。
つまり建築家の仕事は
そのための空間を、すなわち今を健やかにすごし
未来の記憶を豊かに育める空間を創り出すことにあると考え
場所の歴史性と現実性と未来性を融合させた
人間的であると同時にシンボリックな建築空間を
人間の可能性と
近代の先を見据えて世界中に創り出している天才

リカルド・ボフィル

一九三九年、バルセロナで建設業を営んでいたカタラン人の父とベネチア人の母のもとに生まれる。幼い頃から建設現場に出入りし、父親から多くのことを学ぶと共に、空間とは創り出すものだという感覚を身につける。

家族と共に、また一人で、アンダルシア地方などスペイン各地を旅行し、十六歳の時には父とギリシャ旅行をしてパルテノン神殿を体験。文化と建築との深い関係を知ると共に、特定の宗教に囚われないことを決意する。

十八歳のとき、バルセロナの建築学校に入学するが、フランコの独裁政権に抗するデモに参加して退学となる。スペイン各地を旅行した後、スイスの建築学校に入学するが、授業内容が肌に合わず学業を放棄。

二十一歳のとき、イビサ島で島の民家のスタイルを取り入れた個人住宅を設計し、バルセロナで集合住宅を設計した後、百数十年前のセメント工場を改造した自らの建築空間創造アトリエ、『リカルド・ボフィル・タジェール・デ・アルキテクトゥーラ（建築工房という意味）』を設立。建築家だけではなく、詩人、社会学者、哲学者、俳優など、多様なジャンルの多彩な才能を持つ人々からなる協働チームを、自身のヴィジョンとコンセプトと建築を創るという意思のもとに統率し、次々に大規模な集合住宅をはじめとする空間を創造すると共に、演劇や映画なども制作。

また、フランコ独裁政権下のマドリッドで大規模な分譲集合住宅を計画し、大評判となって申し込みが殺到するが、あまりにも自由な発想が、時の政権から危険視されてプロジェクトは中止となる。

南米やNY、北アフリカを旅した後、フランスでの大規模プロジェクトを、歴史的な空間言語を踏まえつつも未来性を内包し、工法の開発も含め、最新のテクノロジーを駆使した独創的な方法によって、次々に実現し、公共建築などの通念を一新する。

以後、世界中で、その地の文化や風土などに立脚しながらも、人間の普遍性や本質や創造性や知的な可能性を見据え、常に空間の新たなありようを、ジャンルを問わず提示し創造し続けている。

リカルド・ボフィルと未来の記憶

人は太古の昔から、自分たちのための居場所を創って生き延びてきた。家を創り街を創り、共同体を象徴する建造物を構築し、そのための技を編み出し、言葉を操り、知恵と工夫を駆使しながら、それぞれの風土のなかで個有の文化と、さまざまな暮らしのありようを育んできた。どうしてなのか？　という問いは、ダイレクトに、地球上に、なぜ人間という命が生まれたのか、どうして人は生きて行くなかで、知ることを求め、美を求め、どうしてそれを、より豊かにしようと続けてきたのかという不思議な謎につながる。

リカルド・ボフィルは、そんな謎と正面から、建築家として総合的に向かい合うことを若くして決意し、建築プロジェクトをとおして、その答えにつながる何かを知ろうとし続けてきた。その意味において、一般的な建築家の概念を遥かに超えたスケールとキャパシティと知力と創造力を持つ稀有な天才建築家だ。

建築が、重力に逆らって地上に立つ物体である以上、建築を知ることは地球と物質の現実を知ることにつながる。人がどうして誕生したかはともかく、地上に生を受けた人が、現実的に太古の昔から、建築を必要とし続けてきた以上、建築を知ることは、人と社会を知ることにつながる。

同時に、そうして地球上のあらゆる場所で、共同体を創り、文化を創って生きてきた人間のありようを知ることは、建築を知ることにつながる。

だから、人と建築との関係の多様なありようを知ることは、もう一つの新たな、建築や都市や、自然さえも含めた広い意味での人と空間とのありよう、つまりは新たな人間的な時空のありようを創り出すことにつながるはずだ。そんな確信を確かめるかのように、リカルド・ボフィルは建築を創り続けてきた。


建設業を営む父のもとで育ち、建築が創られて行くさまを、あるいは壊されて地上から消えていくさまを幼い頃から眼にしてきたリカルド・ボフィルは、建築が結局のところ、煉瓦を一つひとつ積みあげるようにして、人の手によってつくられるものだということを熟知している。

またフランコの独裁政権下で、それも中央政府から睨まれ続けてきたバルセロナで育ったリカルド・ボフィルは、建築が、国家や政治や資本に大きく左右されずにはいられないという現実のなかで、それでも建築を創ろうとすれば、強靭な意思と、人間と社会の本質を射貫くヴィジョン、それを具体的に、かつ美しいものとして実現するためのコンセプトと知恵と工夫が不可欠だという事実を、若くして直視せざるを得なかった。

そのためには、建築のことだけではなく、それを取り巻くあらゆることを把握する必要があると考え、また一人では生きて行けない人間が、共同体をつくって生きてきたように、リカルド・ボフィルは、彼のキャリアのごく初期に、『リカルド・ボフィル、タジェール・デ・アルキテクトゥーラ（RBTA）』という、彼のヴィジョンと建築空間創造へのアプローチに共鳴する人たちを集めたクリエイティヴ集団を立ち上げた。

ここには詩人や俳優や哲学者や社会学者、さらには学歴とは関係なく、なぜか幾何学的な造形力に長けた人や、数学や経済に詳しい人など、必ずしも建築の専門家ではないけれども、何かに秀でた人たちが多く参加していて、彼が建築空間創造を、単なる建築物のデザインと考えていなかったことが良くわかる。分かりやすく言えば、RBTAは、リカルド・ボフィルをリーダーとする、音楽のように詩のように、あるいは数学のように建築を創るロックバンドのようなクリエイティヴチームだといってよい。

民主化を求めて、フランコ独裁政権に抗するデモに参加して、建築学校を退学になった経歴を持つリカルド・ボフィルが、それでも、活動を始めるやいなや、RBTAを率いて矢継ぎ早に多くの建築空間プロジェクトをスペインで実現させたことは驚嘆に値する。

もちろんそれは、幼くして建築空間創造を志したリカルド・ボフィルの強靭な意思とリーダーシップと、類い稀な才能があってこそのことだが、その背景には、彼に建築家になることを決意させた、彼に個有の特質、あるいは、そのままでは日常生活に支障をもたらしかねなかった身体的問題のようなものがある。

たとえば、リカルド・ボフィルは幼い頃からなぜか、自分を取り巻いている世界、目に映る世界に対して、身体的な嫌悪のようなものを常に感じたという。それはほとんど生まれついてのもので、世界はなぜか好きになれない景色に満ちていると感じた彼は、五歳の頃にはすでに、だからなんとかしてこの現実を変えたいと、周りをもっと美しいものに創り変えたいと考えるようになっていたと言う。

もしかしたら彼は、視覚的なものに過剰に、かつ批判的に反応する、やや特殊な、自閉症的な感覚の持ち主だったのかもしれないが、このような場合、多くの少年は、どちらかと言えば周囲の総体に対して、嫌悪感や劣等感や反感を抱いて、外界と距離を置くようになったり、閉じこもりがちになったりニヒルになったりしがちだと思われる。

ところがリカルド少年は、それとは逆に、自分に嫌悪感をもたらす、自分の心身を苦しめる外界を、できればより美しいものへ、もっと安心できるものへと変えたいという、強い欲求、あるいはモチベーションに変えて、自分の身体的な課題を乗り超えて行くことになる。

考えてみれば、このような鋭敏すぎるほどの周囲の空間に対する感覚は、もしそれを利用しさえすれば、いかにも建築家という職業にとって有利に働き得る。たとえば嫌悪感をもたらす街並みを目にした時、その嫌悪感がいったいどこからくるのか、そして、それはどこをどうすれば美しくなるのかを考えることに、ダイレクトにつながるからだ。

幼い頃、リカルド少年は、目の前の風景に対して、もしこの醜い建築がなかったらどんなにいいだろう。そのかわりに、どんなものがあったら嬉しいだろうと常に考え、現実を想像力によって補完することで、なんとか心身のバランスを保っていたと言う。

だからこそ幼くして建築家になることを決意したのだろうが、ふつう子どもは、目の前の風景に対してそんなことを思ったりはしない。親も家も街も自然も、生まれた時にすでにあったものに対して疑いを持ったりはせず、それをあるがままの現実として自然に受け止め、その環境のなかで育っていく。

リカルド少年の特異さは、もしかしたら、幼い頃から父親に建設現場に連れていかれたために、建築も街も変わり得るものなのだということを、むしろ当然のことと受け取る感覚が身についていたこととも関係しているのかもしれないが、どちらにしても、彼の視覚的、あるいは身体的な感覚が、異常なまでに敏感だったことは確かだろう。

そしてもう一つ、リカルド・ボフィルは、もし彼が建築家にならなかったとしたら、生涯にわたって彼を苦しめることになったであろう、一種のハンディキャップに近いレベルの身体的な過敏さを持っていた。

それは一種の閉所恐怖症的な感覚で、彼は幼い頃から、それを強く自覚していた。リカルド・ボフィルによれば、それはかなり病的なもので、狭い空間の中に大勢の人々が押し込められているような状態のなかでは、すぐに気分が悪くなるばかりか、恐怖《パニック》感さえ感じたらしい。

閉鎖的な空間、自由な感覚を保てない空間に対する身体的な嫌悪、あるいは恐怖は、リカルド少年の心身を苦しめたが、しかし、そうではない空間を自らが創り出すことを決意した場合には、そして、その感覚の過敏さを活かしさえすれば、そうではない空間を、建築家として創り出すことに大いに活用し得る。

そして彼は実際に、若くして積極的に建築空間創造に関わるようになり、その感覚をさらに研ぎ澄まし、まるで自らの体を、空間の豊かさを測る鋭敏な検知器として利用するようにして、スケールの大きな、そして開放的で人間的な空間を創り出すようになって行く。

さらにリカルド・ボフィルは、幼い頃に父と共にアンダルシアを旅した時に、アル・アンダルース・スタイルの都市空間や建築空間から得た、ほかでは感じたことのない感覚が、何であったのかを確かめるためにアンダルシアを旅し、そして世界には、自然にせよ街にせよ、どんな空間が存在するのかを自らの眼と身体で知るために、世界中を旅する。

リカルド・ボフィルは自らを、基本的にノマド的な存在だと言うが、それはその言葉の由来である遊牧民という意味よりも、さらに広く自由に世界をさすらう放浪者、もしくは、さすらう先でそのつど、その場所の人々の暮らしや文化と空間の様式との関係に目を留めずにはいられない彼の性分を考えるならば、時空遊泳探求者とでも呼ぶべきではないかと思われる。

旅が好きな彼は、若い頃に世界中を旅して、たとえば北アフリカのカスバやサハラ砂漠や、そこに生きるトゥアレグ族などに強い関心を抱いたりするが、世界中でプロジェクトを展開するようになった今でも、その仕事をとおして、その場所の文化や風土、そしてその反映としての、場所の歴史を含めた特異性を注視する。そしてそこに、何らかの文化的な規範《ツール》、あるいは空間を構成する特徴的な空間構成言語を見いだすことに、極めて強い関心を持っている。

それには彼の、空間を感じ取る身体的な感覚の生まれついての鋭敏さが役立つが、リカルド・ボフィルの面白さは、そこから今度は、その空間構成言語の内に潜む普遍性、つまり人間的で快適な空間を創る際に役立て得る汎用性に目を留め、それを彼に個有の直感力によって抽象化、あるいは形態化する作業に集中し始めることだ。

その作業においては、多様な空間を経験してきた彼の体験と、論理的な分析力、そして異るものの間にある共通性をつなぎ合わせる創造的知力、あるいは直感力が役立つが、逆にいえば、そのようなアプローチをとらないと、これから創る空間が、文化や伝統に立脚しつつも、今から明日に向けて創られるものである建築が備えるべき、建築空間としての新鮮な生命力を宿せないと考えるからだ。


堅固な物体である建築は、壁などの固い外殻によって内と外とを隔て、その内側で人々が個有の営みを行なうための場を確保するものだけれども、しかし建築は、それが社会的な存在である人間のためのものである限りにおいて、それが建つ場所を取り巻く景観だけではなくて、文化や歴史や時代や法規などの、必ずしも目には見えないけれども、ソフトでありながら強靭な、まるで伸縮性を持つ透明な強い膜のような社会的な空間に包まれている。

だから重要なのは、創り出す建築空間の、内と外の関係のありようにほかならない。建築の内での営みを包み込む表皮のような外壁《ファサード》が創り出す表情は、建築の所有者の私的な好みを満たすためにではなく、内での営みと、その働きが持つ意義《ヴィジョン》を外に伝えると同時に、周りの景観と調和するような、あるいは周囲が決して美しいとはいえないような場合には、それを未来に向けて刷新する牽引力を持つものでなければならない。

そして、外の世界との関係の中にある内での営みもまた、その営みが、外の営みのありようを、より豊かで成熟したありようへと変化させるような、あるいは新たな営みのありようを予感《インスパイア》させるような、ときめきと連動していることが望ましい。

民家や寺社などの、文化的風土や暮らしや精神性を反映した伝統的な要素を持つ建築であれば、屋根や壁や床などに、その地に特有の材料や技術が多く使われていたり、あるいは、その場所に特有の形状や装飾などの意匠、つまりは個有の空間表現言語が用いられていたりもする。

人類は長い間、そうした文化的風土が反映された、建築空間や街を営々と創りあげてきた。だから世界中に、さまざまな個有の営みを反映した建築様式や街並みや景観があった。しかし建築や街がもともとまとっていた、文化風土と一体となった佇まいやスタイルは、近代に入ってから急激に変わり始めた。

とりわけ、二十世紀に入って産業化が進み、鉄やガラスやアルミやセメントなどの建築材料が、規格化され工場生産されるようになり、それらを用いて建築がつくられ、アスファルトの道路や鉄骨の橋がつくられ、その上を規格生産品である自動車が走り回るにつれて、住居や街の景観はどこでも、次第に似かよったものとなり、空間は急激に地域性を失って行った。

近代の産業化社会における工業化は、圧倒的な物量で地球を巻き込んで行ったが、それでもその初期においては、近代化に対する最後の抵抗ともいうべき文化運動《カルチャームーヴメント》が起きた。イギリスにおけるいわゆる『アート・アンド・クラフト』、フランスなどの『アール・ヌヴォー』、ドイツの『ユーゲント・シュティール』、バルセロナにおける『モデルニスモ』といった文化運動がそうだが、そこでは、手仕事の美しさや、工業製品では難しい曲線などが多用され、草木や動物などの生命的なモチーフが取り入れられたりもした。

そのあとに続いた、二十世紀初頭の、いわゆる『アール・デコ』の時代には、工業化と大量生産を受け入れつつも、それでもそこに、ヨーロッパが急激に失いつつあった装飾的な要素を補完するかのように、東洋や古代など、世界中に存在するさまざまなモチーフをデザインに取り入れたりもした。それは、重力という自然の力に逆らってそびえ立つ、近代技術の勝利の証であるかのようなマンハッタンの超高層ビル群などにも用いられた。アール・デコは短い期間、一世を風靡したが、しかしそれも、さらなる規格化、工業化、大量生産化の巨大なうねりの中に飲み込まれて行く。

そして、そのような潮流と呼応し、むしろ近代的な材料や規格品や工法を積極的に使いこなして、そこに新たな建築美や都市のありようや居住スタイルを提案するル・コルビジェを筆頭とする近代建築家たちが現れて、いわゆる『近代建築様式』的なモデルをつくり、それを範とする建築や都市が、国家と産業を重視する近代的な価値観の追い風を受けて、世界中につくられていくことになる。

そこでの顕著な特色は、鉄骨や鉄筋コンクリートの強度を利用した構造による、大きな平面空間や開口部の確保、そこにガラスをはめ込むことによる開放性や、モジュールの重視とそれに伴うデザインのパターン化などで、それらを機能性や合理性や、新たな時代の新たな美といった言葉で補完し意味を与えて、新たな美意識や生活様式を牽引《リード》する役割さえ果たした。それはやがてインターナショナル様式《スタイル》として、世界を席巻する。

同じような手法は都市計画にも採用され、中央集権的で、目的を細分化する近代国家の特徴を背景に、官庁地区や工場地区や住宅地区や公園といった、都市を個別の目的に集約した、いわゆる『ゾーニング』によって構成するという手法が一般化され、世界を、同じような構成を持つ都市の集合体へと変えて行く。集合住宅などの居住空間や労働空間でも、同じように、キッチンや居間や個室やオフィスといった、空間や営みの目的化、機能化が進行する。

建築家たちはそのなかで、建築空間のなかでの人間の多様な営みということよりも、行動や機能を類型化《パターン》することに専念し、あるいは、規格化された同じような材料を用いざるを得ない建築に、造形的なデザインを施すことによって、そこに建築家の個性を反映させようとし始める。そこでは、もともとは街並みや景観を構成する要素であった建築が、ともすれば、建築家の個性を発揮する舞台のようにさえなって行く。

近代化が進むにつれて、国家も都市も企業も巨大になり、経済規模は拡大し、人口が都市部に集中するにつれて都市の標準化と地域性の劣化が進行して、都市景観は地域や個有性を失って行った。

リカルド・ボフィルは、こうした近代の、建築や都市を巡る世界的な潮流のすべて、さらには建設を取り巻く現実に叛逆するところから、彼のキャリアをスタートさせた。それは自分を取り巻く空間からの疎外感を感じ続けていた少年にふさわしいアプローチではあっただろう。

彼はまず、現在「多様な自然と文化との共生」という理由で世界遺産に指定されているイビサ島に、イビサスタイルを取り入れた住宅を設計し、バルセロナでいくつかの共同住宅を、緑を豊富に取り入れて実現した後、ガウディの生地であるレウスの、低所得者向けの、二千戸の都市計画的規模の集合住宅街建設プロジェクトを受注すると、その実現のために、彼の空間創造チーム『リカルド・ボフィル、タジェール・デ・アルキテクトゥーラ（RBTA）』を設立して、それまでの共同住宅の概念にとらわれない斬新な手法を導入した。また画一的な街区ではなく、ややカスバ的で複雑な導線を持つ、発見の驚きに満ちた都市空間創造を目指した。

リカルド・ボフィルは、建築学校を退学になったり、自ら学業を放棄して旅に出たために、アカデミックな意味での正式な建築教育を受けていないが、建築創造に重要なのは、さまざまな空間とそのありよう、そしてその根拠を知ることであって、何も図面の描き方や近代の有名

廃墟のなかで構想するリカルド・ボフィル　1969年頃

ＲＢＴＡとウォールデン７、その完成模型　1974年頃

な建築家たちの、すでに権威付けされた理論を学ぶことではない。近代建築の画一性に叛逆するところから建築を始めた彼にとっては、学校で学ばなかったことは、むしろ幸いだったかもしれない。

ＲＢＴＡに集まった人たちも、すでに述べたように、建築の専門性の枠を超えた、当時のカウンターカルチャー・ムーヴメントの申し子とも言うべき、さまざまな異能の持ち主たちであり、大切なのは、すでに方程式が定着してしまったかのように見える建築の手法の一切を刷新して、それを乗り超えることだった。もちろん、建築の現場のことなら、幼い頃から父と共に建設を見続けてきたリカルド・ボフィルは熟知していて、だからこそ為し得る工法上の工夫などもお手のものだった。

ＲＢＴＡのスタートにあたってリカルド・ボフィルは、近代建築を象徴する材料であるセメントを生産する、モデルニスモの時代のバルセロナの建設ラッシュを支えた十九世紀の巨大なセメント工場の廃虚とその周辺の敷地を購入し、それを自分たちの手で改造し、現在もリカルド・ボフィルの自宅とＲＢＴＡの仕事場として用いられている場所に創り変え始めた。

そして、それに隣接して、リカルド・ボフィルの存在を一気に世界的にした初期の代表作『ウォールデン７』建設プロジェクトを完成させる。

セメント工場はまったくの廃虚の状態で、円筒形のサイロの部分などが崩れ落ちずに残ってはいたが、現在リカルド・ボフィルの住居になっている部分や、カテドラルと呼ばれている、重要な来客を招き入れる巨大なサロン兼作品展示スペースの部分なども、かろうじて躯体が残っているだけで、壁のほとんどが鉄筋を露出させて崩れ落ちていた。

RBTAを訪れた人は、かつてのセメント工場の記憶をまるで遺跡のように、そこやかしこに残しつつ、それを自然に、かつダイナミックに取りいれた、豊かな樹木に覆われた繊細で優雅な空間に感動するが、要するにリカルド・ボフィルは、当時の巨大なセメントの残骸のような廃虚の向こうに、明瞭に現在の姿を見ていたことになる。

それはまさしく、目の前の、嫌悪を覚えるほどの景色の向こうに、そうではない別の、美しい空間を夢見ていたリカルド少年の夢想力が、建築家の構想力に結実したことの、なによりの証だといって良い。

これらが建つサンジュストの街は、バルセロナ市内から車で二十分ほど行ったところにあるが、『ウォールデン7』ができた当時は、殺伐としてさびれた工場が点在する場所で、周囲には、これといった建築はなかった。

しかし、街には、その可能性と未来を象徴するシンボルが必要だというリカルド・ボフィルの信念に基づいて建設されたウォールデン7は、たちまち若者たちの人気を集め、建設されてから四十年が過ぎた今もなお空き室がない状態で、この建築の誕生をきっかけに、サンジュストの街は生まれ変わり、今ではバルセロナ近郊の高級住宅街となっている。

ＲＢＴＡの周りには美しい緑が溢れ、その前の街路やそれに添って建てられた住宅も、実に落ち着いた佇まいを見せていて、街というものが、何かをきっかけに、大きく変わり得るものだということを示している。

リカルド・ボフィルは基本的に全てのプロジェクトにおいて、対象建築を取り巻く諸々の関係を注視して、そこでしか実現できないような、あるいはそこでこそ意味があるような、対象建築に個有のヴィジョンとコンセプトを構想してそれを実現させようとするが、それは最初期の、この頃のプロジェクトにおいて、すでに十二分に発揮されている。

たとえばＲＢＴＡの空間では、住居と仕事場の一体化、あるいは融合が見事に実現されている。それは公私や仕事場と家庭など、目的別に空間を分断してきた近代の生活スタイルや仕組の対極にあるもので、ここではリカルド・ボフィルだけではなく、パートナー建築家のジャン＝ピエール・カルニョーも、ＲＢＴＡの建築空間の中に住み、初期からのパートナー建築家であるピーター・ホジキンソンと共に、それぞれ大きな丸い円筒形のサイロを改造した自らの仕事場で、まるでその場所こそが、自らの居場所《スペース》であるかのようにして仕事をしている。

ＲＢＴＡの内部

スタッフも広々とした作業スペースの中に点在していて、たがいに過度に影響されることなく、しかし真ん中にさりげなく置かれたミーティングテーブルなどで、互いにインスパイアしあうような、空間的な環境が整えられていて、まるで特別な居住空間のような、それでいて緊張感の漂う舞台の上にいるような、不思議な感覚の中で仕事を行なう。

　つまりそれは、リカルド・ボフィルがＲＢＴＡという自由な協働創造集団を創った意図、すなわち大切なのは建築がまとうべき夢《ヴィジョン》であり、それを実現させるための方法《コンセプト》であって作業分担などではないという彼の理想《ヴィジョン》そのものを空間化したということを示している。

　ＲＢＴＡに隣接し、いまや名所と化した『ウォールデン７』では、北アフリカの、壁に囲まれた迷路のような、複雑だけれども変容性に富む、そこに住む人々にとっては快適なカスバ的な居住生活空間を、平面的にではなく、垂直に、立体的に構成したような、それまでの欧米の近代都市における集合住宅とは、まったく異なるヴィジョンとコンセプトが導入されている。『ウォールデン７』の名称は、人間の新しい生き方を提唱すべく『ウォールデン・森の生活』を書いたソローの『ユートピア６』からヒントを得ていて、人間的で新たなユートピアとしての空中楼閣がイメージされている。

　基本的には集合住宅だが、通常のアパートメントの、いわゆる〜ＤＫスタイルの、似たような間取りの住居を規則的に並べたようなものではなく、人間は家族的な存在である以前に個人としてのアイデンティティを持つべきだという理念《ヴィジョン》のもとに、極めて多くのバリエーションに富んだ住居の集合体となっている。

動線も、やや迷路的で、しかも建築全体が一個の生命的な街のような一体感のなかで有機的な関係を保って創られているために、その中の一室に住む住人にとっては、建築の総体が、まるで自分の家のように感じられるようになっている。


この方法を発展させたのが、フランスのパリに創られた『バロックの館』や『エスパス・アブラクサス』などの、低所得者向けの大規模公共集合住宅で、これは所得が低い人たちが住むことを前提とした公共建築であるために、極めてローコストであることが要求され、一戸の居住空間の面積も狭い。

しかしこのプロジェクトにあたってリカルド・ボフィルは、「どこにでも好きなところに住める金持ちとは違って、行政から与えられた狭い空間に住まざるをえない貧乏人こそ、自分が住んでいるところに誇りを持てる、御殿のような建築に住むべきだ」という理念《ヴィジョン》を掲げた。

具体的には、個々の住居を分断せずデザイン的に連動させて、建築総体が、住人たち専用の美しい庭のような広場を取り囲むようにして建つ、壮麗な建築にするというコンセプトのもと、ローコストでありながら壮麗であるという矛盾を超えるための斬新な工法上の工夫と、意匠上の創意を凝らして、これを実現した。

工法上の工夫というのは、ボフィル独自のプレキャスト工法で、その後、いわゆる『ボフィルのオルミゴン』と呼ばれることになる工法だが、これは、外壁を構成する壁を、予めデザイン的にモデュール化して、外壁に用いる大きな鉄筋コンクリート版を、現場で製造し、それを組み立てることによって大幅に建設コストを削減するという方法。

建築は、人間の暮らしの全てに密接に関わっているにも拘らず、その工法は、いまだに古くからの手法に頼っている部分も多く、近代に入ってからはほとんどの部材が別々に製作されて遠いところから運ばれてくる。またその工程も、決して論理的に構築されているとはいえないと考えたボフィルは、巨大なコンクリートパネルを現場で製作することによって、人件費や運搬費を削減させるとともに、工期を短縮させるという、建設業者の息子ならではの手法を編み出した。

意匠上の創意というのは、壁面をいくつかの大きな部材に分けてプレキャスト化することで、効率と規格化の名のもとに近代建築が見捨ててきた装飾性を復活させ、建築に、かつての建築に備わっていたような優美性を付与することだった。

人間というのは不思議な動物で、新しいものに憧れると同時に、以前どこかで見たような、既視感のあるものに、郷愁や安心感を抱いたりもする。この相反する要素を同時に実現できれば、建築は新たな豊かさをまとうことができると考えたボフィルは、建築に最小限の装飾性を、対象建築に個有の言語として導入し、それをリズミカルに繰り返すことで、どこかで見たことがあるような、けれど考えてみればどこにもない建築空間を創造することに成功した。

ボフィル建築がしばしば映画などに用いられるのはおそらくそのためだが、ボフィルがフラ

『バロックの館』

ンスの各地で展開したこの様式は後に、『ボフィルの古典様式』と呼ばれることになる。

さらにRBTAは、このプレキャスト工法を、さらに進化させ洗練させて、その空間の中にいると、自分がなんとなく空間の主人公になったような気持になる、どこか舞台的な、あるいは演劇的《ドラマティック》な空間性を持つとともに、新しくできたものでありながら、なぜかずっと前からそこにあったように感じる、大規模でローコストでエレガントでモニュメンタルな建築群、さらには新たな街を出現させていく。

このような建築群を創り出す場合に、リカルド・ボフィルは基本的に、建築を、広場を取り巻くように配置する。逆にいえば、その建築を利用する人々は、自分たちのための広場を持つことになる。

広場は彼にとって、都市的空間を構成する極めて重要な要素だ。なぜなら、太古の昔から、寄り集まって共同体をつくり、助け合いながら暮らすために言葉や絵や音楽を編み出し、それを駆使して文化を創り、逆にそのことによって個性を際立たせてきた人間にとって、さらには異質な他の共同体との交流によって文化を飛躍させてきた人間にとって、広場は、人間性を促進し文化を醸造するための重要な創造的空間だからだ。

個的な場である家を出た人々は、広場で誰かに会い、あるいは家にはない開放的な場所でぼんやりと寛ぎ、知らない人に出合って会話を交わし、時には大道芸を見たり、朝市で何かを買ったりする。そこで誰かがヴァイオリンやギターを奏でることもあるし、時には広場は、年に何度かのお祭りの重要な舞台となったりもする。

つまり広場は、何もなくても成立すると同時に、あらゆる目的を許容する、包容力を持った空間であって、人と共に生き、文化と共に生きる人にとって、なくてはならない空間なのだ。

だからリカルド・ボフィルは広場を、近代的都市計画手法におけるゾーニングにおける空き地や公園や緑地とは考えず、それを取り巻く建築空間と一体となり、それに中心性を与える重要な空間だと捉える。

たとえば、一つの身近な例を挙げれば、たとえば、私もチームの一員として参加した日本の川崎駅前の『ラゾーナ・カワサキ・プラザ』という大きな商業施設創造プロジェクトにおいて、駅に直結した最も重要な場所に広場をつくったのはそのためであり、施設の背後に広がる住宅街、ならびに川崎という都市に、一つのシンボリックな中心性を付与したいと考えたからだ。

同じく、街区をつらぬき、あるいは広場につながる街路もまた、リカルド・ボフィルの価値《ヴィジ》観《ヨン》と概念《コンセプト》にとっては極めて重要な、単に交通という機能を満足させるためだけのものではない、街を人間的な空間として成立させるための都市的空間構成言語だ。

近代に入って道路は、自動車が我が物顔に行き交う車道化し、出発点と目的地をつなげるためのパイプのようなものに成り下がってしまったが、二本足歩行を始めることで人となった人間にとって路は、太古の昔から重要な働きを持ち続けてきたし、街や都市という空間が成立してからはなおさらだ。

モンペリエ新市街内部

街路は、街に住む人々が自由に行き交い、あるいはベンチで休み、子どもが遊び、市場に行ったり、恋人と語り合いながら、たとえば広場に向かって手をつないで歩くための、さらには、その場所から遠く離れた別の街とつながるための重要な空間にほかならない。

たとえば、パリのオペラ座に近い、マルシェ・デ・サントノーレ広場に一九九七年に建てられた『BNPパリバ銀行』。かつては花市場が開かれていたといわれているこの場所は、すぐ側に多くの高級ブランドやブティックが建ち並ぶサントノーレ通りがあるパリの中心部であるにも拘らず、近代に入ってから、広場を占領するかのように、その真ん中に、コンクリートのかたまりのような陰気な警察署と消防署ビルが建てられ、もともとは広場を抜けてつながっていた路も分断され、パリの恥とまで言われるほどの醜い場所と化していた。

そこにリカルド・ボフィルは、大きな全面ガラス貼りの透明感に溢れた、建築の真ん中に空も見える公道《パサージュ》を設けた建築構想案をクライアント不在のまま独自の提案として発表した。

幸いそれが、フランスの老舗銀行のパリバ銀行の当時の会長の目に留まり、その構想案は、透きとおった建築の中に警察署とパリバ銀行本店とが同居する不思議な建築として実現された。

建築のガラスの壁面に、広場の周囲の街並が美しく映りこむ広場はたちまち評判となり、多くのレストランやオーガニック食品を扱う店などが集まる、パリの新たな名所となったが、この建築では、そうなることを見越し、周囲の土地使用権が高騰すると踏んだパリバ銀行が、計画がスタートした時点で周囲の地権を買い集めており、それを売って建設費に充てるという、銀行ならではのエピソードまでついた。

リカルド・ボフィルが、この仮想構想案を創ったことの背景には、フランスのおかげで、各地で多くの大規模集合住宅建築や都市計画を実現することができたＲＢＴＡの、一種の恩返しのような気持もあっただろうが、それよりも、幼い頃から醜い景色を見ると気分が悪くなったリカルド・ボフィルにとって、華のパリのど真ん中に、自分の気分を滅入らせるような醜い建

周囲の建築を美しく映して自らの存在感を消す

築が、広場の歴史や景観を抹殺して立っているという現実が、ようするに我慢ができなかったということだろう。

このプロジェクトで採用した、路の役割を再創造するような方法は、身近なところでは東京の原宿の『ユナイテッドアローズ』でもとられている。ここでは狭い敷地を敢えて二つに割って、誰もが通れる小さな可愛い小路を建築ではさむコンセプトを創ったため、通路の両サイドのガラスを透して建築内部のファッションアイテムが見える。私有地の真ん中にパブリックな小路を設けたこの建築は、しばらくして、いわゆる裏原宿通りの活性化の基点となる役割を果たした。

リカルド・ボフィルの方法の基本にあるのは、造形的なことや個人的な表現スタイルにこだわる多くの建築家のように、建築を単体としては捉えず、それが建つ場所の歴史性や文化性や関係性に

立脚し、あくまでも、都市計画的な観点から対象建築を捉えることだ。

この方法は、あらゆるプロジェクトで用いられるため、結果として出現する建築の表情は、自ずとバリエーションに富んだものになる。国が違ったり場所が違えば、あるいは目的や関係や風土や文化がちがえば、そこに建つ建築も、自ずと違ったものになるはずだからだ。

同時にＲＢＴＡでは個々のプロジェクトに対して、その場所や都市や文化が潜在的に求めて

『バルセロナ空港』

いるものを発見し、それを未来に向けて具現化する方法をとる。つまり個々の建築に求められている目的や機能などを満たすと同時に、そこから、その場所や都市が失ったもの、あるいはなぜか欠けていたもの、さらにはあっていいはずだと思える営みや景観を、目に見える形や景色として創造する。

だからＲＢＴＡの建築は、いったんでき上がると、その場所に、どうしていままでこのような建築がなかったのだろうという印象を、しばしば人々に与える。

たとえば、バルセロナオリンピックに備えて、一九九七年に建設された『バルセロナ国際空港』は、一枚の巨大な、構造や設備を内蔵した天井を大きな柱で支え、塞がれた壁を極力なくして、天井の存在があまり意識されないほどの高さの天井から床までを、ガラスの壁面とし、陽光溢れる地中海の都市ならではの、極めて開放的な大空間を実現した。

そこでは建築は、通常のスケールを大きく超えているために、その内部から空港を見れば、巨大なジャンボ機さえもが、まるでおもちゃのように可愛く見える。それはボフィルによれば、飛行場や飛行機という、ある意味では非人間的な大きさを持つものに圧倒される感覚をなくすためであり、天井が高いのも、極力圧迫感をなくすためだと言う。

ところが、スーツケースを受け取る場所に至る、幅が極めて大きな通路にところどころあるショップは、それを利用する人のために、かなり小さなモジュールの可愛いガラスのボックス状になっている。

つまり一つの建築に、大きなスケールと小さなスケールの、二つ《ダブル》のスケールを併用する方法は、リカルド・ボフィルが、ローマ時代の大きな広場に面して建つ建築の、都市的なスケールを必要とするファサードと、その内部にある居住部分を構成する人間的なスケールを両立させる知恵から学んだ方法で、川崎の『ラゾーナ・カワサキ・プラザ』もそうだが、彼は大規模建築では、しばしばこの方法を用いる。

そして床には全面的に、スペインの大地を感じさせる、赤茶色の穴あき大理石《トラバーチン》を敷き詰め、しかも、大きな出入国ロビーには、四本のナツメヤシの大木がそびえていて、南国バルセロナに着いて胸をときめかせる人々を待ち受けるという空港を創った。

外国への旅という、人が抱く憧れを重視し、出入港をする人々が主役となるよう空間化されたこの建築は、国家と機能を重視する近代が産んだ飛行機の発着場である空港の、どこか権威的、閉鎖的で機能ばかりを重視した無機質の非人間的な空間だった、それまでの空港の概念を一新した。
バルセロナ・オリンピックのために創られ、当時は十分に大きかったと思われたこの空港は、その後、観光客の急増にともない、スペイン空港公社がＲＢＴＡに再び設計を依頼し、さらに大きく、より解放感に溢れた国際空港、ターミナル１が二〇一〇年に開港したため国際空港の役目をターミナル１に譲った。

ひとつひとつのプロジェクトのなかで、常に新たなチャレンジを試みるリカルド・ボフィルの建築を語ろうと思えば、ＲＢＴＡが創り出した建築空間の全てに言及しなければならなくなるが、最後にもう一つ、リカルド・ボフィルが、故郷のバルセロナで展開した、彼らしいプロジェクトを紹介する。

私事になるが、私は一九七六年に日本を離れてバルセロナに渡り、そこに住み始めた。その頃のバルセロナは、港町でありながら港の周辺は、大きな客船が停泊する辺りを除いて、貿易のための閉鎖的な建築や倉庫が建ち並ぶばかりで、しかも、まるで密輸品でも売っているのではないかと思われるような怪しげな店や、なにやらいかがわしいネオンをともした小さな卑猥な店などが立ち並び、港街に特有の、どこか危険な気配を感じさせる猥雑さに満ちていた。
もちろん、海産物などを安く提供する店もいくつかはあり、それにひかれてときどきそんな店に行ったりもしたが、安っぽいテーブルと椅子が店一杯に並べられたその店の床には、そこらじゅうに食べた海老の殻や、スペイン特有の薄い口拭き紙《セルビジエータス》が散乱していた。

もちろん、それはそれで庶民的でバル的な風情と活気に満ちてはいたけれども、どうみてもレストランと呼べるような雰囲気ではなく、港の辺りは全体的に、お洒落とはほど遠い場所だった。

バルセロナでお洒落な場所といえば、それはなんといってもガウディの『カサ・ミラ』があり、ロエベなどの高級ブランドが軒を連ねる、パセオ・デ・グラシアのあたりで、高級住宅街もみんな、海から離れた高台に向けて広がっていた。

街の景観には、その場所が何を重視しているかが如実に表れる。街の中心に豪華な市役所がある街は、市民生活より行政機関を重要視していると映るし、日本でよく見かける、車道に白線を引いた舗道しかない道は、人間よりも自動車交通を重視していることを表わしている。たとえ舗道があっても、そこに無神経に電信柱が立てられているような場合は、街の景観や人間の歩行の快適さより、電線を張り巡らせることを重視していることの表れにほかならない。

そのような意味でいえば、バルセロナは、もともと港町として栄えてきたとはいえ、ガウディの章で述べたように、近代以降、産業革命をいち早く取り入れ、産業化によって豊かになり、財をなした人々がこぞって、旧市街を離れて、新しく計画された新市街に館を建てるようになった街だ。

海に向かって立つWホテル

そのため港は、工業製品を生産するための材料を輸入し、さまざまな商品を輸出するための場所に過ぎず、近代における大きな港町がおおむねそうであるように、バルセロナの港の周辺も、沖仲仕《おきなかし》などの港湾労働者や船員たちが集う、なかば閉鎖的なゾーンであって、客船のターミナルなどを除けば一般人が気楽に立ち入ることができるような場所ではなかった。

これに対してリカルド・ボフィルは、バルセロナはもっと、地中海の海に面した街としての魅力を再創造しなければならない、産業重視から人間重視の時代に向けて、美しい海を市民の手に取り戻すべきだと主張し、そのためのヴィジョンやプランを提示した。

おりしもバルセロナは、バルセロナオリンピックに向けて、産業都市から文化観光都市へと変貌しようとしており、バルセロナ市は、これをきっかけにして、海辺を大々的に、市民と観光客が地中海の海と光を風を満喫できる場所にする大都市計画を断行した。

そうして、岩がごろごろしていたバルセロナの海岸に、新たに砂浜さえつくられ、現在では、バルセロナのベイエリアには、ウッドデッキを敷き詰めた開放的な広場や、海に面した多くのレストランに人が溢れ、地中海クルーズを行なう何艘もの豪華客船が停泊、往来し、オリンピックの選手村だった辺りには、おしゃれな高級マンションが建ち並ぶなど、海に面した一帯は、極めて魅力的な場所になった。

同時に、かつてのモデルニズモの時代に、多くの建築家が競い合って建築を創ったように、サグラダファミリアを基点にして、内外の一流の建築家たちの設計になる個性豊かでシンボリックな、新たな高層建築が要所要所にそびえ、そして、広大なベイエリアの先端には、その大計画を締めくくるかのように、RBTAは、リカルド・ボフィルとジャン＝ピエール・カルニヨーを中心に、海に向かうバルセロナを象徴する、バルセロナのもう一つのシンボル建築を誕生させた。

建築は詩と同じように、あるいは優れた絵と同じように、それと触れ合う相手を選ばない。あるいは意味を限定しない。触れあう人との、そのときどきの関係のなかで、それらは無限のありようを持つ。

しかし近代は、物事をパターン化し続けてきた。男と女、生と死、仕事と遊び、光と闇、資本主義と社会主義、貧富、喜びと悲しみ、心と身体、近代はあらゆることを、分離し対立させ、そこに類型的な意味を与えてきた。しかし人間にとって、それらはもともと渾然一体となってこそのものだ。それらが融合するところから、人の命が生まれ心が生まれ、文化が生まれた。

その意味では、人より国家と産業を優先してきた近代社会は、いかにも面妖な嘘っぽさに満ちている。金で幸せが買えるかのような、議員議会制が民主主義を保障しているかのような、合理や機能や効率や目的で全てが測れ、全てが意味をなすかのような……。


建築空間を創るにあたってリカルド・ボフィルにとって最も重要なのは、その建築が建つ場所の歴史や文化や仕組、そして、それらと建築と未来との関係のなかで自ずと姿を現す、あるべき理想《ヴィジョン》と、それを街や社会の一部として、現実的に実現させる為の手立《コンセプト》にほかならない。

そこでは、私的な嗜好や算段や表現願望などは意味を持たない。近代建築は、建築家に個有の建築表現言語を過剰に重視し、ともすれば、それをオリジナリティと混同してきたが、それは人を包み込むものとしてある建築にとって、本来のあるべきあり方ではない。

だからこそリカルド・ボフィルは、モンペリエの新市街をまるごと創造するような巨大なプロジェクト（口絵一六頁）においても、多くの建築家との協働を果すことができた。それは参加した建築家たちが、彼のヴィジョンを共有し得たからであり、それは同時に、彼のヴィジョンとコンセプトが、それだけの推進力と包容力を持っていたことを表している。

リカルド・ボフィルは、たとえば私が特別設計チームを編成して設計を行なった『東京銀座資生堂ビル』プロジェクトでは、私がつくったヴィジョンとコンセプトに共感したリカルド・ボフィルと彼のパートナーであるジャン＝ピエール・カルニョーは、それを実現するために、RBTAを率いる世界的な建築家でありながら、ヴィジョンを建築化するスペシャル・アーキテクトとして、チームの一員として参加することを表明し、見事にその役割を果した。

パリバ銀行でも、バルセロナ空港でも、リカルド・ボフィルは常に、そこにどのようなものが、どのような営みのために、どのようにあるべきかを優先的に構想し、そしてそれを実現するため、材料や構造や技術を含めて、あらゆる方法を動員し、時にはボフィルのオルミゴンやバルセロナ空港の屋根や、Wホテル（口絵一六頁、三九五頁）のための海や空を美しく映し出すガラスの壁面など、新たな技術を開発したりさえする。またそのためにこそ、RBTAという、多彩な能力を持つ人々が集まった創造集団がある。

建築空間創造は、社会的、文化的な存在である人々や街にとって、あってもよいと思われる新たな価値観や美意識や営みや仕組を、具体的に社会化する最も優れた方法のひとつだ。

学校や病院や図書館などの存在は、そこでの営みが、あるいはそれを稼働させる仕組が、この社会に必要であることを端的に表す。だから近代は、それらを含め、道路や鉄道や役所や公民館など、近代国家を稼働させるに必要と思われるものをまず、近代国家の仕組のなかで整備した。

だがそれはすでに過去の話。これから私たちは、近代を超えて、というより、近代が、ともすれば蔑ろにしてきた、人間性や命や、美や知や喜びを求める人間の本性が健やかに育まれる社会や街や新たな仕組を創り出さなくてはならない。そのために、それでは私たちは何をしたらいいのだろうと考え、そしてそれを社会化しようとするとき、そのような理想《ヴィジョン》を体現するのは、どのような場所なのか、どのような建築空間なのかを構想し、そこで行われる営みのありようを考えることで、物事は、よりわかりやすく、そして鮮明になる。


リカルド・ボフィルは、静と動とが融合しているような、そんな建築を創りたいと言う。また建築空間創りとは、未来の記憶を創る仕事なのだとも言う。そのとおりだと私も思う。そしてそれは可能だとも思う。

地球という自然の物理と、人間がつくりあげてきた人間的記憶ともいうべき文化と、そしてそれを生み出す原資となった、イマジネーションという、人間になぜか備わった、虚を実に、実を虚にする能力を活かせば、それが自ずと自在に働くような美と気配を空間にまとわせることができるならば、たとえ建築それ自体は動かなくとも、それと触れあう人によって、あるいはそのときどきの気分によって空間は無限に変化し得る。それを可能にするのが、知ることを求め、喜びを求め、確かさを求め、美を見いだそうとし続けてきた人に備わった人間本来の力。

建築空間と触れあう私たちは、物理的には固定された建築空間と不可逆な時間のなかにいながらも、しかし同時に、過去や未来、その場所ではない別の時間、別の場所をうつろうさまざまな、イマージナティヴな想いと共にいる。

つまり人間は基本的に常に、時間と空間とが渾然一体となった時空の中で生きている。文化というものが持つ人にとっての意味がそこにある。

たとえば私たちは書物をとおして、何百年も前に死んだ詩人の想いと触れ合うことができる。千年も前につくられた建築の向こうに、それを創った人たちの息遣いや夢さえ感じとることができる。


だからリカルド・ボフィルは、これからの新たな社会に向けた、人々の未来の記憶を育むべき建築空間を新たに創るなら、さまざまな場所や文化や関係や時代や偶然に根ざしつつも、そこから、より普遍性の高い、あるいはより豊かな、美と命と喜びと未来を育み得る確かな空間を、一つひとつ、そのつど目指さなければ意味がないと考える。

道路であれ建築であれ、いったん創られれば、何年も何十年も、あるいは百年もの長きにわたって人々に影響を与え続ける。そんな構築物が、醜いものであっていいはずがない。単に個人的な欲望や刹那的な流行や短期的な利益だけを考えて、あるいは国家と産業を重視した近代の画一的な、過去の百年と同じような価値観と方法のもとでつくられていいはずがない。

リカルド・ボフィルを見ていると、そんな強い意思と理想《ヴィジョン》と、建築空間を創り出す仕事に対する深い愛情を感じる。

そしてそれは、本書で見てきた、未来に向けて美を求め、さまざまな方法で、私たちの心と文化とその多様な時空の広がりを創り出してきた天才たちと、その仕事のありようにおいても同じだ。

●リカルド・ボフィルとタジェール・デ・アルキテクトゥーラ（ＲＢＴＡ）の建築とは世界中で触れ合える。

空路でバルセロナに行けば、二つの『空港』が出迎えてくれるし、船で向かえば、美しく光を映す『Ｗホテル』が近づいてくる。『カタルーニア国立劇場』ではさまざまなイベントが行なわれているし、オリンピックの舞台となったモンジュイックの丘に上れば『オリンピックプール』や巨大な『体育学校』がある。ＲＢＴＡの拠点である近郊の街サンジュストには『ウォールデン７』が、そしてマドリッドには『マドリッド市議会』がある。

パリには『パリバ銀行本部』や『バロックの館』や『クリスチャンディオール本社』が、そして南仏の大学都市モンペリエの、『アンティゴネ』と名付けられた大きな新市街は、その総体がＲＢＴＡの作品である。

日本には『東京銀座資生堂ビル』『ラゾーナ・カワサキ・プラザ』『ユナイテッドアローズ原宿』などがあり、ロシアでは、モスクワやサントペテルブルグなど、各地で大規模な都市空間創造が行なわれている。

おわりに

日本とスペインとは、極東と極西と言っていいほど違う。日本はユーラシア大陸の東の端の先にある海の中の島国であり、スペインは西の端の、ピレネー山脈を超えたところに、アフリカと向かい合い、地中海と大西洋に突き出た半島としてある。もちろん、そこで育まれた文化風土も気質も極端にちがう。生き方も、社会のありようも、建築も街もみんな違う。にもかかわらず、多くの日本人がスペインを好み、多くのスペイン人も日本人のことを好ましく思ってくれている。もしかしたら、違うからこそ興味を持つのかも知れない。あるいはどちらも、いわゆる欧米文化とは異質な何かを宿しているからかもしれない。

私は七十年代の後半にスペインに渡り、八十年代の初めまでそこで暮らした。不思議なことに、日本にいた時は、それほど日本の文化のことを考えなかったにも拘らず、スペインに行ってからは、なぜか日本のことを常に考えるようになった。そして日本に戻ってからは、いつもスペインのことを考え、そして仕事のこともあって、しばしばスペインを訪れてもいる。

スペインでは、ギリシャ、ローマ、フェニキア、カルタゴ、アラビアなどの時代から現代に至るまで、世界史に登場するような、多様な文明や文化が時空を超えて折り重なり、ピレネー山脈と海によってヨーロッパやアフリカと、どこか縁を切りながらも密接につながりあう、イベリア半島というるつぼの中で、独自の文化が醸成された。

スペインでは、あらゆる美が、もう一つの自然のように、まるであたりまえのように街の風景のそこやかしこに刻印されてある。またあらゆることが、大地の下の闇のなかに眠り、あるいは強い太陽の光を浴びながら、あらゆるところからやってくる風に吹かれ、すべてが混じりあって、ここから向こうへと、何事もなかったかのように、吹き過ぎて行く。

そこで人々は、いかにも生命力に溢れて、活き活きと生きているように見えるが、同時に人々は、ロルカが言ったように、常に死と背中合わせに、まるで光と影の間を往き来するように生きていて、彼らの活力は、一瞬たりとも、生を死にからめとられたりしないようにするための作法のようにも見える。

ほとんど誰もがそうなのだから、そんなスペインでアーティストとして美と共に生き、過去と永遠を見つめて、さらに新たな美をつけ加えようとすれば、そのために必要なすべてを身体化しながら、同時に、それ以外の全てを捨て去る自然体の覚悟のようなものが要る。

あるいはそれを当たり前のこととする胆力と、全てを平然と包み込むほどの人間的な魅力《オーラ》のようなものがいる。そしてなにより、さりげない笑顔と共に毎日を、一歩一歩、前を向いて進む脚力のようなものがいる。

そうしなければ、その存在を、誰も認めはしないからだ。スペインの大地の地霊に脚を取られてまっすぐ歩くことさえできず、ましてや高い空の下を吹く風に乗って飛んでみせることなどできないからだ。スペインの天才たちの強靭さと、おおらかさと、人間味溢れる仕草と生命力の秘密がそこにある。

本書は、そんなスペインが生んだ天才たちとその仕事について考察した本である。


人間の、美を求める表現という行為とその成果の素晴らしさは、先人がかたちにして遺してくれた美を、私たちが共有できることだ。それによって遠く遥かな時空を生きた表現者の存在を身近に感じられることだ。彼らの視た美や夢の確かさが、想いの豊かさが、表現に立ち向かう姿勢が、まるで自分自身の身近な友の存在のように、あるいはその何気ない言葉のように、今を生きる私たちを鼓舞してくれることだ。あるいは確かさを感じさせてくれることだ。

何万年も前に、一人の人が洞窟の中に描いた絵を、今もなお私たちが目にすることができるという不思議。

ラ・アランブラが、無数の人々の想いと手によって創られ、いまなおグラナダで、夕陽をあびて、それを見る者を魅了し続けている不思議。

セルバンテスが四百年も前に感じた無念や義憤や絶望や希望、あるいはささやかな願いや喜びが、今を生きる私たちの内にもあって、それを身近なものと感じる不思議。

エル・グレコやベラスケスの作品の向こうから、彼らが直接、私たちに語りかけてくる不思議。

私の寝室の壁にある一枚の版画が、ゴヤが彼の手で銅版を彫り、それを刷った、その一枚であることの不思議。

ロルカが生きた時空が、そこで発した言葉や息づかいまでもが、彼が遺した言葉をとおして、すぐそこで聞こえ、ロルカが笑いながら、こちらを見て佇んでいるかのように感じられる不思議。


ガウディやピカソやミロやダリが、彼らの作品をとおして、また私の友人たちとの会話をとおして、一人の親しい友のような存在として、私のなかで生きている不思議。敬愛するリカルド・ボフィルが、なぜか私の友でもあるという不思議。

もしバルセロナのモデルニスモという文化ムーヴメントがなかったとしたら、スペイン市民戦争という、独裁政権に抗して市民が闘った記憶が、もしスペインになかったとしたら、彼らの存在や作品と、もしかしたら私たちは、触れあうことができなかったかもしれないと感じることの不思議。

美と喜びを求める人の想いと想いとが重なり合い、やがてそれらが共鳴し合って、大きな文化的ムーヴメントとなって行くことの不思議。

そんなことを想う時、人の表現や、その積み重なりとしての文化こそ、また、なにかの拍子に人と時空を得て発熱するかのように開花し、多くの人々を魅了していく文化的なムーヴメントほど、人と社会にとって、豊かで生産的な営みはないと感じる。それは過剰なまでの創造力を持つ人間が、そのポジティブな面を生かして生み出した文化というものの、命を輝かせる美と呼応する感性と心を持った人という存在の、不思議なまでの素晴らしさ。

私たちにとって唯一無二の、命の星である地球の奇跡的な生命環境を致命的に損ない、そこで健気に生きている命たちを奪う、核兵器や原子力発電所などという破壊装置をつくってしまった、愚かな不遜で傲慢な人間ではあるけれど、また、金もうけのために戦争をしかけて、国家と大義の名のもとに、人が人を殺す犯罪をし続けている人間ではあるけれど、それでも人が、太古の昔から美を求め、心を求めて共に生き、美をかたちにして心を伝え、営々と文化を育んできたという事実を見る時、それと触れ合う時、もしかしたら人間も、それほど捨てたものじゃない、とも想う。

この原稿を書く作業を終えるにあたって最後に、私を育ててくれた日本、そして、どこかその対極にあるようでありながら、なぜか深く通じ合う何かを持ち、日本人である私を温かく受け入れ、多くの学びと喜びと美と愛をあたえてくれたスペイン、そこで出会った、私にこのような言葉を綴る心を育んでくれた多くの友人たち、そしてこの原稿に共感し、本にして出版してくれた未知谷の編集発行人である飯島徹氏と伊藤伸恵女史をはじめ、すべての関係者の方々、この本を印刷し、本の形にし、それを誰かの手に届けるために運んでくれた人たち、この本を書棚に飾ってくれた本屋さん、そして今、この本を手にして下さっているあなたと、すべての読者の皆さまに、心からの感謝を捧げます。

二〇一六年春

谷口江里也

たにぐち　えりや

詩人、ヴィジョンアーキテクト。1948年生まれ、石川県加賀市出身、横浜国立大学建築学科卒。中学時代から、詩と絵画と建築とロックミュージックに強い関心を抱く。1976年にスペインに移住。バルセロナとイビサ島に居住し、多くのアーティストや知識人たちと親交を深める。帰国後、イマジネーションと変化のダイナミズムをテーマに、ヴィジョンアーキテクトとして、エポックメイキングな建築空間創造などを行なうと共に、言葉による空間創造として多数の著書を執筆。音羽信という名のシンガーソングライターでもある。主な著書に『画集ギュスターヴ・ドレ』（講談社）、『1900年の女神たち』（小学館）、『ドレの神曲』『ドレの旧約聖書』『ドレの失楽園』『ドレのドン・キホーテ』（以上、宝島社）、『鳥たちの夜』『鏡の向こうのつづれ織り』『空間構想事始』（以上、エスプレ）、『イビサ島のネコ』（未知谷）など。主な建築空間創造に《東京銀座資生堂ビル》《ラゾーナ川崎プラザ》《レストラン ikra 》《軽井沢の家》などがある。

© 2016, TANIGUCHI Elia

España de los Genios

天才《てんさい》たちのスペイン

2016年5月10日印刷
2016年5月25日発行

著者　谷口江里也
発行者　飯島徹
発行所　未知谷
東京都千代田区猿楽町2丁目5-9　〒101-0064
Tel. 03-5281-3751 / Fax. 03-5281-3752
［振替］　00130-4-653627
組版　柏木薫
印刷所　ディグ
製本所　難波製本

Publisher Michitani Co. Ltd., Tokyo
Printed in Japan
ISBN978-4-89642-495-9　C0095

谷口江里也の仕事

Los Gatos de Ibiza
イビサ島のネコ

満月の夜ネコたちは噂話に花を咲かせる
話題に上るイビサ島の人間は、誰も彼も
ネコたちが呆れるほど変わっていて……

既存の価値観にすり寄っては生きられない
だが、何を恃みに生きるべきか分からない
つまり、生きている世界がしっくりこない
折から美しい旋律に乗った♪バルセローナ

青年はスペインへ、イビサ島に移り住んだ
誰もがそこを自分のための場所だと思える
地中海に浮かぶ地上の楽園、そこイビサで
著者はさまざまなネコに出会うことになる

島は田舎なのに風俗がとんがっていて
奇妙な人間たちが世界中からやって来る
人がその人らしく生きられる自由都市イビサ
世界中から集まる奇人とネコそれぞれの物語

四六判上製240頁　本体2400円

未知谷